一页 folio

始 于 一 页 ， 抵 达 世 界

郑非

著

为什么会有美国

帝国的失败

②

帝国三部曲

GUANGXI NORMAL UNIVERSITY PRESS
广西师范大学出版社
·桂林·

图书在版编目(CIP)数据

帝国的失败：为什么会有美国 / 郑非著. —
桂林：广西师范大学出版社，2021.12
（帝国三部曲；2）
ISBN 978-7-5598-4284-8

Ⅰ. ①帝… Ⅱ. ①郑… Ⅲ. ①英美关系 – 国际关系史 – 18世纪
Ⅳ. ①D856.19②D871.29

中国版本图书馆CIP数据核字(2021)第194882号

DIGUO DE SHIBAI
帝国的失败：为什么会有美国

作　　者：郑　非
责任编辑：谭宇墨凡
书籍设计：陈威伸
内文制作：燕　红

广西师范大学出版社出版发行

　广西桂林市五里店路 9 号　邮政编码：541004
　网址：www.bbtpress.com

出　版　人：黄轩庄
全国新华书店经销
发行热线：010-64284815
北京九天鸿程印刷有限责任公司印刷
开本：880mm×1230mm　1/32
印张：12.25　　字数：250千字
2021年12月第1版　2021年12月第1次印刷
定价：69.00元

如发现印装质量问题，影响阅读，请与出版社发行部门联系调换。

目　录

导 言

一

1776 年，北美十三殖民地的人民，手持武器，高呼"独立"，从大英帝国（British Empire）分裂了出去。这件事（美国革命）的历史重要性向来引人疑窦。不少人问，它何德何能，可以与英国、法国和俄国诸革命相提并论？

从最简单的地方讲，它只是将一个远处的政府替换成本地政府。如果这也能叫作革命，那世上先例何止千百。高明的辩护者，比如比尔德夫妇（1927）、戈登·伍德（1991），则声称美国革命创造了一种独特类型的政府，在社会、政治、经济和文化上是对旧秩序（旧制度）的突破。但假如说英国、法国、俄国诸革命所推翻的是"旧制度"，18 世纪 70 年代的大不列颠显然没有那么"旧"，环比当时的世界，它的制度、社会遥遥领先，即使与当代某些国家相比，也仍属先进。

那么，美国革命的独特性到底在哪里？

其实，"美国革命"这个词就很有误导性。当诸北美殖民地在1775年同英国开始全面军事冲突的时候，还没有"美国"，迟至1781年（独立战争接近完结），马里兰才最后一个签署了邦联条约。这么一个没有总统、行政机构、司法机构，也没有独立财税，战时军事联盟意味浓重的邦联，是否能算是一个国家，还难说得很。联邦国家的形成，还要等到1789年。中文中把American Revolution翻译成"美国革命"，会让人误以为，革命的主体是一个已经存在的"美国"国家——它其实是革命的后果，而不是革命之前的现实。

或许有人会说，"尽管这块地方没有国家政权形式，但是它有自己的疆域和地方政府，有独特的社会，也有自己的历史，为什么不能把它看成国家？毕竟当时的英国人在议会辩论时，会用this country和that country分别指代不列颠和北美殖民地，会称不列颠是母国，北美殖民地人是属民。在《独立宣言》中，大陆会议代表也用this people[1]指称自己。

对此，比较妥当的回答是：这是在用现代观点回看历史。自近代以来，民族主义已成思想潮流，统一的政府、社会，一族一国以及国家独立是人们普遍接受的模式。country、people、nation和state基本上可以相互指代。但在过去，几种人群共同生活在一个

1　当前对《独立宣言》的翻译中，将people翻译成"民族"。这并不是非常恰当。见赵一凡编《美国的历史文献》，生活·读书·新知三联书店，1989，第16—21页。

国家之中才是常态。比如说奥地利哈布斯堡王朝属下,有德意志人、匈牙利人、捷克人、斯洛伐克人、克罗地亚人等不同人群,其中很多都有自己的地方议会、行政机构与历史家园,但是他们还是属于同一国度。历史学家霍布斯鲍姆曾经也指出,1789 年法国大革命时,还只有半数的法国人会说法语。直到法国大革命后,人们还是坚持认为成为法国人的要素是公民权,不管你是说德语的阿尔萨斯人,还是说奥克语的加斯科人。

在当时的人们看来,统治就是统治,跟统治者下属什么人群没有关系。固然,人群与人群之间有区隔,但是这种区隔的政治意义,并没有 19 世纪民族主义兴起之后那么醒目。即使一人群所在的政治体以"国"自称,也不意味着其国、其社会就是孑然一体、独立自主。比如说,捷克人生活在波希米亚王国之内,这个王国本身也是奥匈帝国的组成部分。这些不同的政治单位、社会与人群按照一定的惯例、传统或利益结合在一起,就构成一个更大的国家。

以 country 而言,查诸《牛津词典》就会发现,country 这个词在中世纪至近代有多种含义,作政治词语用时,它既可以表示独立国家,也可以指一国中具有语言、地理、文化或人种独特性的政区,还可以表示被兼并的某块领土。[1] 它主要代表的是土地与人民之间的政治或社会区隔。直到 19 世纪,这个词才越来越多地向 state 靠拢,变成同义词。

1　参见 http://www.oed.com/view/Entry/43085?redirectedFrom=country#eid。

这么说来，中世纪以来至近代的所有欧洲国家，多多少少都有邦联或联邦性质。当时的不列颠和北美殖民地也是这么一回事。

移居到一个新的地方，拥有一段新奇的、共同的生活经历，确实能造就一个新的人群——美利坚人。在 18 世纪六七十年代，这个新人群的存在已经被人们所意识到（或者创造出来）了。1766 年 1 月，约翰·亚当斯在《波士顿报》发表文章说："如果有哪个年幼的国家值得爱护，那就是美利坚；如果有哪群人民应当得到荣誉和幸福，那就是它的居民。"[1]

但是这种"美利坚"认同，在当时是否同英国认同有冲突，却是很难说的。里亚·格林菲尔德在《民族主义：走向现代的五条道路》中指出：

> 美利坚独特感的形成丝毫没有妨碍北美人对英格兰民族及其民族认同的忠诚……一方面是不列颠民族和不列颠帝国，美国人都是该民族的成员；另一方面是美洲或美洲的某个殖民地，人们碰巧生活在那里，把它当作"我的国家"。……二者反映的并非分裂的忠诚，而是位于同心圆上的忠诚。两者并不矛盾，正如一个家庭成员、一个城市居民或一个国家公民之间没有矛盾一样。[2]

---

[1] 李剑鸣：《美国的奠基时代》，中国人民大学出版社，2011，第 455 页。

[2] 里亚·格林菲尔德：《民族主义：走向现代的五条道路》，王春华等译，上海三联书店，2010，第 508、513 页。

当时的北美殖民地人民，能够意识到自己与不列颠的区隔与
不同，但同时对英国也抱有忠诚与羡慕之心。对他们而言，英国，
不仅仅是不列颠的具象，也是在全球枝叶蔓延的英语民族的共业，
它既是一个帝国，也是一种文明。"13 个殖民地的居民有一个突出
的共同点：他们都自认是英王臣民或英国人。"[1] 特勒味连在《美国
革命史》中就引述美国革命人士的回忆说："当日人士当犹忆一种
实在情形。爱英之情感非常恳挚，凡移民所认为优秀者即赐以英
国之名。住居英国固大众之志望，亦人人所怀抱之希望也。视英
国为可爱之避难所，只有此处始有和平与幸福可言。父之遣子赴
伊顿或威斯敏斯特者皆云'吾遣吾儿返国读书'。"[2] 弗兰西斯·霍普
金森（Francis Hopkinson）在 1766 年说："难道我们不属于同一国
家同一民族吗？身在美洲的我们无论从哪方面来说都是英格兰人，
尽管我们被大西洋的波涛重重隔开，但我们的忠诚依旧。"约翰·亚
当斯是殖民地权利的重要呼吁者，他评论说，"不列颠政府与殖民
地之间的论争是……一个重大的民族主题"[3]。换言之，这是一个民
族内部的争端，而非其他。他日后更恼火地说："难道只因为立法
方式有别，征税办法完全不同，我们与不列颠人民就不再是兄弟，
不再是同胞了吗？"[4] 富兰克林则声称："我感到高兴，不仅因为我

1　李剑鸣：《美国的奠基时代》，第 450 页。
2　乔治·特勒味连：《美国革命史》，陈建民译，安徽人民出版社，2013，第 33 页。
3　里亚·格林菲尔德：《民族主义：走向现代的五条道路》，第 513 页。
4　里亚·格林菲尔德：《民族主义：走向现代的五条道路》，第 522—523 页。

是一个殖民地居民，还因为我是一个不列颠人。"[1]

与此相对应的是，"在同一时期，英国人通常把殖民地居民视为外省人，有时也用美利坚人来称呼他们，但主要是为了区别于本土的英格兰人。实际上，直到独立战争爆发，英国人一般都把殖民地居民称为同胞居民或同胞国民，视之为本国人，而不是当成外国人对待"[2]。"英国人将殖民者看作生活在远方的英国公民，殖民者也是这样认为的。"[3]

简而言之，不拿后世的现代国家形式与既成事实来观察此时的英美关系，我们就会发现，此时的北美和不列颠实为一体。北美不是被征服的对象，也不是面和心不和的异端。无论从合法性上，还是从人心上，它都是一个跨大西洋共同体（大英帝国，国外的学者有时称之为 an extensive empire）的一部分。所谓的美利坚民族与国家是革命的产物，而不是革命的先声。

其实，革命之后对此就有两种经典解释：一种来自革命者，说"这场革命是善良的人民的一次基于义愤的起义"；一种来自保王党，认为"独立战争是由门可罗雀的讼师和走私商人领导的乡巴佬进行违法活动的暴力结果，其目的在于规避那些广泛考虑英语帝国的利益而制定出来的明智和温和的法律"[4]。但不管是"官逼民反"

1　里亚·格林菲尔德：《民族主义：走向现代的五条道路》，第 513 页。
2　李剑鸣：《美国的奠基时代》，第 454 页。
3　斯坦利·L. 恩格尔曼、罗伯特·E. 高尔曼主编：《剑桥美国经济史》（第一卷），高德步等译，中国人民大学出版社，2008，第 262 页。
4　查尔斯·A. 比尔德、玛丽·R. 比尔德：《美国文明的兴起》（上卷），许亚芬译，商务印书馆，2011，第 212 页。

还是"刁民叛乱",都在官民关系的范畴内,而不是反民族压迫或独立运动的框架。

又比如,在美国独立战争中,有大批殖民地人自愿为英国而战(或者用其他行动表示对英国的拥护),这批人被叫作"效忠者"(loyalist)。据史家估计,在白人成年男子中,有大约 15% 到 20% 的人是效忠者,他们遍布全美殖民地各地与各个阶层(革命者大约在 40% 到 45% 之间,其他的人则持中立态度,不愿卷入争斗)。[1] 这一比例足以显示美国独立战争的内战性质:效忠者若没有英国认同,效忠何为?

所以认真讲起来,美国革命其实是"英国"革命,只不过革命的后果是英国的分裂。

二

这样,从政治空间和时间顺序上讲,美国革命就是第二次英国革命。此外,如果我们探究这场革命的起源,也会发现它与 17 世纪 40—80 年代那场革命有着千丝万缕的联系。其逻辑如下图:

1　Robert M. Calhoon, "Loyalism and neutrality," in Jack P. Greene and J. R. Pole edit, *A Companion to the American Revolution*, Blackwell Publishers Ltd, 2000, p.235.

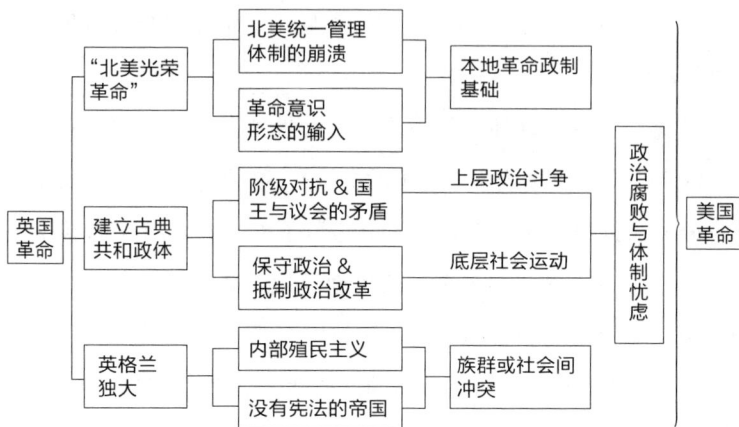

简言之，英国革命虽善，但也有重重隐患。这些隐患大体可以分为三类：英国革命削弱了不列颠的美洲管理体制；英国革命所建立的古典共和政体是一种离心型政治制度（centrifugal political institution），蕴含政治对抗的风险，无法适应不列颠的社会转型需要，由此产生的政治与社会动荡大大削弱了殖民地对母国的信心；英国革命并没有考虑到不列颠日益成为多元帝国这一现实，忽视了处理横向的社会间关系，从而造成帝国政治结构中的巨大漏洞，为边缘与中心的争斗打开了大门。这些隐患聚合起来，最终摧毁了第一大英帝国，造就了美国革命。

在复辟王朝末期，不列颠曾经打算建立一套统一的北美殖民地管理体制，"打算取消所有业主殖民地和自治殖民地的特许状，同时在北美的北部、中部和南部设立三个大政府"[1]。到 1686 年，不

---

[1]　李剑鸣：《美国的奠基时代》，第 142 页。

列颠成立了一个试验田，名为"新英格兰领地"，将马萨诸塞、新罕布什尔、缅因、普利茅斯、罗德岛、康涅狄格、纽约和新泽西都囊括进来。该领地不设议会，由总督全权管理，原有各殖民地的自治大受打击，"新教徒不得不接受痛苦的现实，新的统治者是伦敦官僚的臣下，那些人更关切的是缔造严整有序的帝国而不是新英格兰特殊的宗教梦想"[1]。随着 1689 年光荣革命的发生，殖民地人乘势推翻了这套体制，将各殖民地的实际控制权收归己有，史称"北美光荣革命"。光荣革命之后的不列颠政府，以治国清净为要务，也就听之任之。

英国革命对美国革命的直接贡献之二是为北美人民提供了一整套革命话语资源。伯纳德·贝林在《美国革命的思想意识渊源》中直截了当地指出："殖民地人士把自己当成了 17 世纪那些自由英雄"。[2] 他们看待政治与政治冲突的方式、视角与观点，受到英国革命及其后果的极大影响。英国革命给后代留下了一个历史教训，那就是要对权力（不管是哪种权力）保持警惕，英语民族之所以能超脱同侪，就在于对自由传统的珍视。其直接后果则表现为"基于对个人权利可能被侵害的极度担忧以及对政府采取同等敌视态度的思想观念"。李剑鸣教授恰如其分地把这种心理状态称之为"危

1 加里·纳什等编著：《美国人民：创建一个国家和一种社会》（上卷），刘德斌译，北京大学出版社，2008，第 99—100 页。
2 伯纳德·贝林：《美国革命的思想意识渊源》，涂永前译，中国政法大学出版社，2007，第 33 页。

机想象"[1]：对自己的政治安全作过低的评价，认为"权力的扩张"自然以"权利的消逝"为代价。这些话语与心态无疑是革命性的。

如果以上两种影响可以说是某种"政治机会"的话，那么，下面两种影响则可以说是英国革命所造就的结构性的紧张。

所谓政治，最简单来说，就是调适一个国家上下纵向的阶级关系，以及左右横向的族群或社会间关系（inter-society relations）。英国革命在这两者上都不能说是无懈可击的，其政制原则中包含相当的自我矛盾，因之含有自毁的种种诱因。

首先，我们从阶级关系的角度来看。大致说来，英国革命之后的不列颠所奉行的政制是古典共和之一种。古典共和制据说上承自古斯巴达和古罗马共和国，其政治理想简言之：强调公民美德，认为政治应该有公共道德关怀，其运作应该奠基在"超越自我的政治道德"而非简单的政治程序之上；认为政府施政应该具有公共性与中立性，不能偏向某一集团或社会阶层；认为政治程序的重心不是演说和投票，而是辩论、协商与领导。这种政治理想，很显然是对"古典民主政治"的反动，历来的共和主义思想家都强调不能用"数人头"的方式来办政治。那该怎么做？无论是亚里士多德、波利比乌斯，还是马基雅维利，这些前代共和主义理论家设想的都是某种混合政体，直接在掌握权力的人身上做文章，对各阶级赋以

1　"危机想象"的具体内容，可参考李剑鸣《"危机"想象与美国革命的特征》，《中国社会科学》2010 年第 3 期。

不同的权力，在政制中各享特权，各司其职，以兹做到平衡与相互制约。

英国革命之后所建立的政体明显是此类混合政体。革命的鼓吹家弥尔顿、哈林顿、西德尼等无一例外主张阶级分权。[1] 这应该是那个时代之后的政治共识，柏克后来论及光荣革命之时也指出："我国的政府机构是基于国王、贵族和平民三者之上。"[2] 简言之，英王掌行政权，贵族掌立法权，虽然有上院、下院之设，但贵族的势力显然超出上院，凭借其家世、财富与关系，贵族能牢牢控制选举，将议席交给自己或受其庇护之人。英国政治学家芬纳指出，"下议院在很大程度上只是上议院的附属"。[3] 平民通过选举（有时也通过骚动）来达到政治参与的目的。贵族乃至绅士阶层自然有很强的政治实力，1749 年时人称"地主阶级才是我国政治航船的真正主人，而资本家不过是船上的乘客"[4]。不过，在这一时期，国王也并非形同虚设——国王能否决议会立法，任免官员，享有对行政机构的实质领导权，主持外交，掌管军队，一如今天的美国总统。英国史家贝蒂·肯普（Betty Kemp）就认为，在 1716 年至 1783 年间，国王和下院处在"均衡"之中。[5] 芬纳也说："（当时）英国的行政机构

1　晏绍祥：《17 世纪英国革命期间共和派对古典民主与共和制度的运用》，《世界历史》2012 年第 2 期，第 57—68 页；阎照祥：《英国政治思想史》，人民出版社，2010，第 63—67 页。

2　Iain Hampsher-Monk, *The Political Philosophy of Edmund Burke*, Longman Group, 1987, p.240.

3　塞谬尔·E. 芬纳：《统治史》（第三卷），王震译，华东师范大学出版社，2014，第 320 页。

4　转引自阎照祥《英国贵族史》，人民出版社，2000，第 202 页。

5　Betty Kemp, *King and Commons, 1660-1832*, Macmillan, 1957, p.5.

的运行和议会没有什么关系……议会肯定可以阻止国王为所欲为，但是却不能迫使他听命于议会。"[1]

这种阶级分权方式内含的紧张关系也是很明显的。首先在于权力的不平衡。这体现在王权具有潜在的优势。试想一下，假如美国总统是终身任职，且其行政经费在相当程度上不受议会制约，这会对美国的政治造成何种影响呢？

其次，虽然当时的理论家和实干家都认为，君主、贵族、民众三分天下最有利于相互制约，从而实现政治稳定（确实也能做到，虽防止革命绰绰有余，但阻止政治动荡则力所不能）。这实际上体现的是一种政治分割而非政治聚合的思路。国王、贵族各视自己的政治地盘为禁地，往往抵制任何改革，因之政治具有明显的保守性格。以国会而论，当时的人们对国会的批评，一是没有代表性，二是不均衡，国会议席并不是按照人口多寡划分，而是按照一套复杂的封建遗留行事。原因是，选区设置往往迁就贵族的利益，既然光荣革命是贵族抵制专制君主的胜利，那么就倾向于维护既有的特殊利益格局，不管好坏。后来柏克在论及国会事宜的时候，直指人们对国会的批评来自国王的阴谋（国王是想借此铲除辉格党贵族的势力），部分人是好心办坏事，所以国会改革不能搞、不好搞。

英国史家屈勒味林在回顾英国革命的时候，对此国会改革事宜说道："革命外表上的目的本不在更改，而在保守。詹姆斯二世常违法地侵犯若干种的已定权益……革命之力排违法的侵犯而拥

<hr />

[1]　塞谬尔·E.芬纳：《统治史》（第三卷），第315—319页。

护以上的利益固为当然之事，但它也因此转给它们以一种神圣不可侵犯的性质，即优良合法的改革亦历百四十余年而不能提出。""革命解决有它性质上的缺点。它太过于保守。……后世之人回顾起来，每会觉得当时的执政者如能乘机将国会议席依人口的多寡而重行分配，则日后的形势或将较佳。"屈勒味林又说，"1689 年的人们更不敢改弦更张，驯至代表的基础日益腐化，而各种的弊病亦相至沓来。英人和美洲的龃龉或许即为此种大弊之一"。[1]

所以，这种阶级分权体制内蕴危机，专制国王与寡头贵族的阴影在政治舞台上若隐若现。这种政治上潜在的危险或威胁，对美洲危机起了推波助澜的作用——面临这些漏洞，当遇到问题，当时的人们就被迫时时从最坏处考虑问题。伯纳德·贝林在《美国革命的思想意识渊源》中，用整整两章内容描写了美洲人对英国权力运行的猜疑。美洲人列举英国政府的种种作为，倾向于把它们看成"权力蓄谋侵犯自由的主要明证"[2]，是某个宏大阴谋的一部分，而不仅仅只是政治缺陷。其原因恐怕就在于这份政治信心的缺失。

英国革命的另外一处痛脚是，它基本上是一场英格兰革命。在这场革命中，英格兰在政治上的胜利，是以不列颠群岛上族群关系的恶化为代价的。表现得最明显的就是英（英格兰）爱（爱尔兰）关系。

不列颠群岛是由若干具有不同历史与文化的地域构成的——

1　屈勒味林：《英国史》（下册），钱端升译，中国社会科学出版社，2008，第 565 页。
2　伯纳德·贝林：《美国革命的思想意识渊源》，第 109—110 页。

英格兰、苏格兰、威尔士与爱尔兰。英格兰是这一文明圈的中心，具有明显的优势。理所当然，普通英格兰人对其他地方抱有几分优越感。18世纪的英国文豪塞缪尔·约翰逊喜欢同朋友开苏格兰的玩笑，比如这样几段对话——

包斯威尔："你现在总算是去过苏格兰了，难道你敢说苏格兰人缺少吃的吗？"

约翰逊："啊，当然不缺少，先生，因为当地的居民要吃饱喝足了，才有足够的力气逃离苏格兰啊！"

有人想去苏格兰旅游。约翰逊："去苏格兰，看到的只不过是个更糟的英格兰罢了，就像看到一株花渐渐凋成一根秃枝。"

在英国革命之前，威尔士在中世纪中叶即被英格兰征服吞并，苏格兰则与英格兰时战时和，基本维持独立。只有爱尔兰最为不幸，处于半征服状态，既非内属，也非敌国（没有被完全征服，就不能被看成是自己人。没有独立的国家保护，也就不享受外侨待遇）。

中世纪以来，爱尔兰就迎来了若干拨英格兰征服者。自16世纪中期以来，英格兰政府开始比较成规模地派遣移民，进行垦殖。都铎王朝没收了大批盖尔人领主的土地，驱逐当地人，将空地分配给英格兰和苏格兰的新教徒移民，建立自治市镇。"一项统计表明，1600年时新教徒定居者仅占爱尔兰总人口的2%，然而1700年时这一数字却上涨到27%。"[1]但对爱尔兰影响更为巨大的则是亨利八

1　谢宏克：《立法独立与合并之争——英国与爱尔兰关系研究》，硕士学位论文，陕西师范大学，2008，第15—16页。

世及其后续君主发动的宗教改革运动，强行推行国教，打击本地的天主教信仰。这样，爱尔兰古老的盖尔人社会同英格兰社会之间的分歧就不只是单纯的政治矛盾，而是上升为文化压迫。

爱尔兰与英格兰关系的大滑坡发生在革命时期。在英国革命的两次大事件中，爱尔兰都选择了错误的盟友。在英国内战之中，爱尔兰人选择同斯图亚特王朝结盟，对抗清教徒国会。克伦威尔随即率大军入侵。镇压之后，爱尔兰至少损失三分之一以上的人口，全国的土地泰半落入征服军官兵手中，到 1685 年詹姆斯二世即位时，爱尔兰只有 22% 的土地属于天主教徒。[1] 到 1700 年，则只剩下 15% 了[2]，结果是在爱尔兰形成了一个占主导地位的新教徒地主阶层。

在光荣革命中，爱尔兰人再次做出错误的选择，同被废黜的詹姆斯二世结盟。这一轮反抗被压服之后，国会开始制定各种严厉的法令（号称"惩治法典"），对爱尔兰天主教社会进行政治、经济与社会各个层面的压迫，包括禁止爱尔兰天主教徒拥有武器、从军、从事法律职业、进行选举或进入政府就职等。爱尔兰天主教徒只能选择进入有限的几种行业：亚麻工业、畜牧业、农业、酿酒行业等。[3] 马克思曾经评价说，惩治法典的目的是"使'财产'从天主教徒手

1　John O. Beirne Ranelagh, *A Short History of Ireland*, Cambridge University Press, 1994, p.67.

2　参见江振鹏《18—19 世纪爱尔兰天主教问题研究》，硕士学位论文，福建师范大学，2007，第 50 页。

3　Michael Hechter , *Internal Colonialism: The Celtic Fringe in British National Development*, Rutledge and Kegan Paul. 1975，pp.76-77.

中转入新教徒手中，或者使'英国国教'变为财产权的法律基础"[1]。这些举措将爱尔兰人与英格兰人之间的分歧又进一步上升为社会隔离。

此外，值得一提的还有英国国会通过多种法令对爱尔兰的工业、贸易进行限制，使之完全依照英格兰的需要而运转。[2]之后，迈克尔·赫克特（Michael Hechter）用"内部殖民主义"（Internal Colonialism）来形容英格兰的这种做法，即一国的核心地带利用政治手段，将种种限制强加到边缘地带社会之上，在社会层面以文化为边界进行垂直"劳动分工"——限制边缘地带人民的向上流动性，在经济层面则造就边缘对核心地区的经济依附。[3]简言之，政治控制，社会隔离，经济剥削。

英国君主对待爱尔兰天主教徒还有几分温情脉脉。一般来说，君主本人对被统治者持何种宗教信仰并不特别挂在心上，只要这种宗教不碍他／她的事。而且，爱尔兰天主教徒中有相当的忠君分子。但新教徒国会显然不这么看。光荣革命之后，威廉国王曾经对爱尔兰天主教社会表示同情，但是也表示，不可能为这点事就忤逆国会。[4]

1　马克思：《1867年12月16日在伦敦德意志工人共产主义教育协会所作关于爱尔兰问题的报告的提纲》，载《马克思恩格斯全集》（十六卷），人民出版社，1964，第510页。

2　江振鹏：《18—19世纪爱尔兰天主教问题研究》，第51—54页。

3　Michael Hechter , Internal Colonialism: The Celtic Fringe in British National Development, p.30, pp.38-43.

4　君主与国会之间态度的差异，可见艾德蒙·柯蒂斯《爱尔兰史》（下册），江苏师范学院翻译组译，江苏人民出版社，1974，第529、533—534页。

　　这么做的后果，就是爱尔兰人的普遍贫困。在 18 世纪中期，爱尔兰著名作家乔纳森·斯威夫特（Jonathan Swift）估计，爱尔兰年收入的三分之一，都作为土地租金付给了英格兰地主。[1] 爱尔兰人后来被称为"白人中的穷鬼"，不是没有因由的。

　　对爱尔兰处置的不当，历来有人批评。斯威夫特讽刺英格兰的当政者是"用商店老板唯利是图的精神为别的民族制定法律"[2]。埃德蒙·柏克则说："所谓新教优势，恰恰就是一部分人决心只把自己看作国家的唯一公民，并借用武力使其余的人沦为奴隶，从而对他们实行统治。"[3]

　　在地区关系上，艾德蒙·柯蒂斯在《爱尔兰史》中直接批评英格兰的爱尔兰政策与光荣革命并不相称："辉格党人在英格兰大肆吹嘘的光荣革命结束了斯图亚特王朝国王们的个人统治，然而它没有给爱尔兰新教徒的寡头统治带来一个责任制政府制度。"[4] 爱尔兰只是在名义上有一个独立的议会，但在现实中无时无刻不受到英格兰国会的制约。首先，爱尔兰议会中的多数席位都控制在英格兰移民的手中，"爱尔兰议会不能通过政府所不能接受的议案……整个政府都依赖于英格兰，并把捍卫英格兰的利益作为他们的首要任务"[5]。

1　Michael Hechter, *Internal Colonialism: The Celtic Fringe in British National Development*, p.30, p.86.

2　艾德蒙·柯蒂斯：《爱尔兰史》（下册），第 570 页。

3　艾德蒙·柯蒂斯：《爱尔兰史》（下册），第 574 页。

4　艾德蒙·柯蒂斯：《爱尔兰史》（下册），第 530 页。

5　艾德蒙·柯蒂斯：《爱尔兰史》（下册），第 564—565 页。

　　对于本地的爱尔兰人来说，英国革命并不是一个改进。相比国王，国会对爱尔兰的统治要残酷得多。国王只是贪恋个人权位，而国会则想把一个社会甩到另一个社会背上。本地人的观察是，"对两国来说，这个时代确实是一个极不光彩的时代，是一个在国王和人民之间挤进了自私自利、昏庸腐朽的寡头政治的时代"[1]。在英国治下，普通爱尔兰人既非公民（否则就应该有参政权），亦非臣民（否则就应该同其他英格兰人享有同等的经济或社会待遇），而是更低下的"贱民"。

　　说到底，在不列颠国家的政治架构中，似乎只有两条思路：要么边缘社会从属于核心社会，双方的关系以等级–依附剥削的面目出现（如1801年之前的英格兰–爱尔兰）；要么核心社会吞并边缘社会（如1707年之后的英格兰–苏格兰）。除此之外，别无他法。这样，当美洲危机爆发的时候，也有相当多的美洲人不安地盯着爱尔兰，思忖爱尔兰的现在会不会是美洲殖民地的将来。迪金森在1774年致信阿瑟·李：

　　　　爱尔兰则变得赤贫，几乎只剩下最后一个法新……只有北美诸殖民地是他们的压迫和巧取豪夺尚未完全触及的地方。[2]

1　艾德蒙·柯蒂斯：《爱尔兰史》（下册），第561页。
2　伯纳德·贝林：《美国革命的思想意识渊源》，第118页。

这段话就可以看成是这种忧虑的结晶。

如上所述，英国革命遗留了很多问题，为将来的冲突提供了潜在的结构性诱因。正如我们通常所能观察到的那样，中心的问题往往在边缘爆发。日后，英国政制中这种潜在的阶级矛盾与地区矛盾，就以某种变形的方式，在美洲引爆——美国的革命。[1]

三

这些矛盾之所以能在美洲殖民地引爆，又跟大英帝国的政制结构有关（请注意，大英帝国跟不列颠不是同义词）。帝国（empire）之一物，自罗马以降至中世纪，语义已有所变迁。在使用上，帝国（empire）同王国（kingdom）相对，是王国的上级单位，指的是疆域内有多个相对分立而自治的政体这么一种国家形态。[2]16世纪之后，当英国人开始向海外殖民拓展之时，英国的海外疆域开始包含各种各样具有半独立性的政治实体，于是人们开始用帝国来称呼英国的政治状态，尽管国家的正式名称后缀还是王国。

大英帝国发源于英格兰，自然带有强烈的英格兰政制印记，

1　这个判断由根特大学戴勇斌博士启发而来，他给予了本书作者很多有益的意见，特此致谢。

2　empire在牛津在线词典（http://www.oed.com/）上的一个释义是：An extensive territory under the control of a supreme ruler (typically an emperor) or an oligarchy, often consisting of an aggregate of many separate states or territories. In later use also: an extensive group of subject territories ultimately under the rule of a single sovereign state。参见 http://www.oed.com/view/Entry/61337?rskey=Je6m04&result=1&isAdvanced=false#eid。

而非另起炉灶。自中古起，英格兰就有地方乡绅自治的传统，这主要体现为不拿国家薪酬的地方乡绅执掌教区、郡的行政与司法权。[1] 在都铎王朝与斯图亚特王朝时期，中央政府曾力图争夺之，至光荣革命发生，"地方政府和中央政府的分离"遂板上钉钉。[2] 中央政府并没有一支专职的官僚队伍来对全国进行管理，所以"政府的施政……有赖于中央和地方绅士间的一种政治谅解"[3]。在地方上，乡绅充任治安法官，以司法岗位代行地方行政且几乎完全独立，很少受中央政府控制。"治安法官的主要功能不是作为一个近乎专制的政府的代理人，而是作为地方寡头势力获得了事实上的独立。"[4] 但吊诡的是，这种独立与自治同时只具有事实习惯上的意义，在国家的正式政制架构中并无容身之地。虽然英国号称"地方自治之母"，但各地方也可以说是"自治不自主"。英国宪法（与别国不同，英国宪法不是一部成文宪法，而是不同时期形成的制定法、普通法和判例的集合）中没有对地方制度做专门的规定和保障。议会主权（parliament supremacy）是英国宪法的基调，白芝浩在《英国宪法》中直截了当地说：

在英国政制中，所有的事情只决定于一个权威。……英

1　陈日华：《中古英格兰地方自治研究》，博士学位论文，天津师范大学，2005，第99—105 页。

2　塞谬尔·E. 芬纳：《统治史》（第三卷），第308—319 页。

3　屈勒味林：《英国史》（下册），第574 页。

4　Basil William, *The Whig Supremacy, 1714-1760*, Oxford Clarendon Press, 1962, p.51. 转引自塞谬尔·E.芬纳《统治史》（第三卷），第310 页。

国政制中的最终权威是新选的平民院……英国宪法是在选择
一个单一的最高权威并使这个权威能够发生作用的原则基础
上创制的。[1]

白芝浩特别将英国与美国的联邦政治做了一个对比,认为英
国政制是美国的反面。戴雪(Albert Venn Dicey)也说:"四境之内,
无一人复无一团体能得到英格兰的法律之承认,使其有权利以撤回
或弃置巴力门(parliament)的立法。"[2]

议会主权使权力集中于中央,中央有权通过议会立法决定地方
政策,或规定其治理机构职权范围(用或不用是另外一回事)。地
方乡绅对国会的立法并无政制内反抗的余地。当然,当时的主政者
及政治理论家有这样的辩护意见:"为防割据,国会的权力必须无
限。但权力的行使则必须审慎。"比如戴雪说:"巴力门主权,在
理论上虽是无限,在实际上却受约束于种种外部制限。"[3]但反过来
也说明,政制内部对国会的权力无所限制,要"玩得不过火"必
须有赖于主政者对外部限制条件(比如民心)的内部体认。戴雪
自己也说:"一个主治者往往好为在事势上所不能为之事,由此即
可见内部制限未尝有定。至于外部制限的边际更为渺茫,是以反
抗的起点最难测定。"他以苏格兰为例,说帝国议会以法案废除苏
格兰旧有法院,故将不免引起公众愤怒,但公众愤怒到什么地步,

1　沃尔特·白芝浩:《英国宪法》,夏彦才译,商务印书馆,2005,第235—241页。
2　戴雪:《英宪精义》,雷宾南译,中国法制出版社,2001,第116页。
3　戴雪:《英宪精义》,第152页。

事先不得而知——也就是说，如果议会打算不理公众，废除苏格兰法院这一层地方自治机关，也是做得到的。[1]

与这种"自治不自主"的地方政制相伴而生的现象还有，在19世纪30年代英国开始进行地方政治改革之前，无论各教区、郡还是自治市，都缺乏地方民选议会这一层政制设置。[2]换句话说，英国议会相当缺乏跟国内同侪打交道的经验。

于是，英格兰的中央—地方关系就出现了一种很奇怪的场景。一方面，国家的治理不过是"一堆散乱的零零碎碎"（边沁语），地方享有很高的实际自主权；但在另一方面，从道理上讲，英国议会是英国社会一切事务的立法者。议会之命令，全国上下一体遵从，并没有挑挑拣拣的余地。这种名实不副所蕴含的中央与地方政府之间的潜在紧张关系之所以一直不曾显现，按照芬纳的说法，"这是因为拥有、支配并操纵这个统一体的是同一个社会阶层的成员，即议会里的大贵族和乡下的贵族地主。……总之，司法、立法和行政三个机构，还有各个郡，全都掌握在同一个社会阶层手中。这一事实使英国的政制有了很强的统一性。所有的争执都变成了家族内部争执"[3]。正如在美国弥合行政、立法与司法三权的力量是政党一样，在英国，沟通上下的是一个非常同质化的少数精英团体，

1　戴雪：《英宪精义》，第153页。
2　陈国申：《从传统到现代：英国地方治理变迁》，博士学位论文，华中师范大学，2008，第78—82页；彭献成：《英国政体与官制史》，湖南师范大学出版社，1999，第189—191页。
3　塞谬尔·E.芬纳：《统治史》（第三卷），第321页。

其成员可以轻松地在地方乡绅与国会议员之间转换角色，不同层级的主政者也多持有"绅士之间的谅解"，因此演一出"将相和"不算特别难。但也许正是因为长久以来没感觉有什么不便，英国的当政者也就把这种地方"自治不自主"的矛盾置之度外。

不过，当不列颠人迈出自己的那个岛去组织一个帝国的时候，这种矛盾就一步一步显现了出来。

当英国移民在北美组织殖民地的时候，出于地方自治传统，也出于现实（不列颠并没有专职的官僚队伍，也没有一支庞大的常备陆军），殖民地只能留给当地人自行管理。去国万里，情势迥异，当地确实也有自由发挥的社会需求。各殖民地议会在早期即相继成立，"它们最初是微不足道的，并不引人注目，以后逐渐有了地位，最后带有某种与英国下议院长期连在一起的气派和境遇。随着岁月的推移，议会要求有权征税、募兵、举债、发行通货、规定国王任命的官员的俸禄和任命同伦敦政府交涉的代表，并在事实上行使了这些权利，而且，它们甚至越出了这样一些职能的范围，通过自己的立法把民法和刑法的广阔领域全部包括在内"。[1]这些殖民地议会所享有的活动空间可比同时期的英国地方政府要大得多。随着时间的推移，各殖民地生齿日繁，地方实力逐渐增大。换言之，名实之间的差距日益扩大。但是，由于英国议会中并没有北美的代表，过去沟通上下的乡绅集团在新形势下并不存在。

如果当时的人们意识到大英帝国虽从不列颠脱胎而来，但已

1　查尔斯·A. 比尔德、玛丽·R. 比尔德：《美国文明的兴起》（上卷），第130页。

经异于不列颠，不能自然而然地把大英帝国看成英格兰政制的扩大版，也不能自然而然地套用英格兰的宪法，而是一种需要全新政制建构的实体，这一问题也许能够解决。但是，英格兰—不列颠的旧有宪法传统为这种改革企图制造了相当大的困难。

不列颠以不成文宪法著称，其一大特色就是议会主权的无限性以及宪法的软性（flexibility）。议会主权上文已经谈到，至于宪法的软性，就在于其不成文上。认真说来，不列颠是没有宪法的，只有一系列被大家所公认的具有宪法效力的普通法律。它的权威，全在共识。如果非要更改它，普通议会程序也就够了。正是由于这种软性，古今都有学者犹疑，认为英国宪法只有表面意义。

在一个单一国家之中，这种不成文宪法也许足矣。但当一个国家是由多元成分组成（或由内部衍生，或由征服、合并而来）时，对该国政府来说，如何处理这些异己成分，就始终是一个政治难题。再持这种柔性宪法，很多时候不足以应付局势。原因很简单，各成分自成一体，都有自己的利益要维护。当利益发生冲突时，需要"合同"与"契约"来仲裁。一部软性宪法很显然不足够"郑重其事"。

假使各殖民地向英国国会派出代表，一如 1707 年后的苏格兰、1801 年后的爱尔兰，这实际上也不能解除各殖民地对中央政府的忧虑。因为在英国国会之中，不列颠代表必定占据多数，而他们将据此人数优势主导中央政府。据此软性宪法，不列颠就可以对各殖民地予取予求，整个帝国的政治结构将处于连续的动荡不安中。

那么，该怎么办？吸纳、合并？上面已经说了，这要变更不列颠宪法，政治难度很大。由不列颠单方面进行统御、管制？可根据英国政治传统，在下者在国会中无代表也就无服从的义务。

英国人采取的答案可以归结为三个字："装糊涂"——表面上仍然把大英帝国看成一个统一的王国或民族国家，不列颠议会御策四方，是最终立法者和裁决者，但是在实践上则自我限制，不去干涉地方事务。中央尽管有主权者的全部外形，但是殖民地事务，其实是殖民地说了算。不列颠和殖民地政治家对于名实"两张皮"这件事，都睁一只眼，闭一只眼。对此，我称之为"单一国家的多元化治理实践"。

对殖民地久而久之自成一体这件事，沃尔波尔等早期辉格党权臣看在眼里，只是听之任之。当时的议会表现得极不愿意去更改殖民地的宪章和内部管理体制，而只是关注关税、贸易法规及投资保障等经济事务。相应地，各殖民地投桃报李（毕竟在英国这样的大国里面生活有很多好处），承认不列颠议会的立法在北美的有效性，承认不列颠议会在某些领域内是高级立法机构。

对这件事，埃德蒙·柏克在 1774 年写就的一篇关于美洲事务的评论中说："从一开始，殖民地便受大不列颠的立法机构的支配，至于它据的原则，他们则从没有探问过；我们允许他们享有大量的地方特权，至于这些特权又如何与英国的立法权威相一致，我们也不加过问。"[1]"在此期间，双方对这一重叠的立法机构，都不曾感觉到不便；是人不能觉察的习惯和古老的风俗，导致了这一机构的形成，而这些，则正是人间一切政府的重要支柱。这两个立法

1　埃德蒙·柏克：《美洲三书》，缪哲译，商务印书馆，2003，第 197—198 页。

机构，虽时常发现它在履行着同样的功能，却没有发生过严重的、制度性的冲突。这一切的起因，或完全是我们的疏忽，但也许是事情自然运行的结果；凡事只要不管它，它往往会自成一局。"[1]

简而言之，长期以来的政治实践将不列颠议会的立法范围限制在英帝国整体事务上，而殖民地议会对本地事务有专断权。这种状态可以说在帝国内部建立了某种双重立法体系。这种惯例按照英国政治传统有没有宪法意义？按道理讲是有的。在这里，"议会主权"原则跟这种政治惯例有没有冲突？自然也是有的。在大西洋两岸，有许多政治家、理论家对待殖民地—母国关系的态度都是强调共同利益、共同情感是帝国的纽带。因为帝国政制，实在是不好谈、不必谈，谈了对不列颠和殖民地都不是什么好事。不列颠的首脑地位是历史承袭而来，但自治领的地方议会拥有群众政治代表的合法性。双方如非要争个高下，实在是两败俱伤的事情。还是那句话，装糊涂最好。

糊涂要装得下去有一个前提条件，那就是主政者的内部克制。但正如日后的历史所显示的，聪明人并不是时时在位，这样一个同时把若干个球抛在空中的把戏，所需要的灵活度，总有些人应付不来。在本书中，我们将会看到，一群"死脑筋"的出现是如何摧毁了大英帝国的。

回到文首那个问题——美国革命为何重要？我们似乎可以说美国革命很重要，但不在于它是对"暴政"的反抗，甚至也不在于

---

1 埃德蒙·柏克：《美洲三书》，第 199 页。

它开启了一个"民主时代"——这是它的副产品。它的独特性在于，它是英国革命的后续，其目的是解决英国革命所不曾解决的问题，它也意味着一个帝国的覆灭，进而它回答了一个英国革命没有能回答，也不会想到的问题：社会与社会之间的关系应该是什么样的？

四

美国革命的结果是大英第一帝国这个前所未有的自由帝国的崩溃与分裂。一般认为，大英帝国分成两个阶段。自 16 世纪初至 1783 年，是大英第一帝国。自 1783 年至"二战"，是大英第二帝国。[1]本书所关注的美国革命，也主要是从国家分裂这个角度来考察。从研究的严肃性来说，本文应该对"国家分裂"这个主题做一简要介绍，以便在更宽广的理论框架下、更丰富的多案例环境中审视美国革命这个案例。

为了精简概念，本文中的"国家分裂"主要指的是一国之内某一或若干地区、族群主动从国家中脱离出来的举动或事实，它不包括内战之后的被迫分离（比如大陆-台湾），也不包括外国势力干涉下对一国的分割（比如朝鲜-韩国、东德-西德）。

关于国家分裂的因由，最简单的描述是，某个地区、某个族群对另外一个地区、族群进行了压迫和剥削，导致后者的反抗与

1　详见郭家宏《从旧帝国到新帝国：1783—1815 年英帝国史纲要》，商务印书馆，2007，第 9—55 页。

谋求独立。关于这个，迈克尔·赫克特的"内部殖民主义"就是一个很好的工具，可用来分析边缘族群为什么不愿意或不能融入主流社会。但是，更复杂的思考则认为，分裂不仅是过去和未来之间的斗争所引起的，也不仅是善和恶之间的斗争所引起的，国家分裂源自政治制度与社会环境的失衡。大致而言，这样的思考按其不同的视角可以分成三类：情感—心理视角；资源动员视角；政治过程视角。

分离主义运动到底是由什么引发的？ 情感—心理视角的回答是，"不安全或不平等"。换句话说，是因为一个族群或社会由于现实的利害冲突或其他原因所产生的危机感或剥夺感。这种视角下，有一位重要的理论家：唐纳德·L. 霍洛维茨（Donald L.Horowitz）。

霍洛维茨（1985）的理论预设是这样的：在国家内部，各族群彼此相互攀比、竞争，攀比、竞争的对象既包括经济财富，也包括政治控制能力。一个族群普遍教育水准越高、资产越多，经济"等级"就越高；与此相同的是，一个族群越能够控制国家或所在地区的政治程序，它的政治"等级"就越高。由于这种攀比和竞争，各族群存在着不同程度的"族群焦虑"（group anxiety）。许多族群冲突的研究者是从族群偏见和歧视这一角度来分析的，这种分析角度具有浓厚的心理学色彩，这一角度下有资源竞争理论（歧视与冲突由资源竞争导致）、社会学习理论（歧视与冲突是族群成员社会化的结果）、挫折进攻论（歧视与冲突是族群成员遇到挫折的结果）、权威主义人格论（歧视与冲突是褊狭的人格导致的）等解释路径。霍洛维茨的理论应该属于资源竞争理论的一支。这些理论的问题是，它们也许能够解释族群冲突的来源，但是都太笼统，没有对冲突进程做出详细的分析，无法用之于预测。[1] 霍洛维茨的视角是一个集体主义视角，他假定一个族群有共同的心理特征和偏好，能够做出同样的利害计算，以族群共同体为中心来衡量族群的政治行动和要求。简而言之，当甲族群威胁到乙族群的现有地位或阻碍它继续发展时，乙族群就对自己的社会地位产生焦虑，乃至回报之以冲突甚至分离。

霍洛维茨将一国内族群分成以下四种类型[2]：落后地区的落后族群、落后地区的先进族群、先进地区的先进族群、先进地区的落后族群。

霍洛维茨认为，对落后地区的落后族群来说，他们的焦虑心态是所有类型中最严重的（在落后地区他们往往也占人口多数，因此有一定实力），因此，他们也最有动机发起冲突甚至分离。对落后地区的先进族群来说，由于在地区内部不存在竞争，他们有能力、资源跟国内其他族群竞争，他们的压力较小。除非受到歧视，否则他们的经济动机将压倒一切。对先进地区的先进族群来说，保

1　对这些理论的介绍，可见王军《族群冲突及其进程的心理基础与心理解释》，《黑龙江民族丛刊》2012 年第 1 期。他认为，族群冲突激化和分离主义就是这种族群攀比（group apprehension）和集体焦虑的产物。Donald L. Horowitz, *Ethnic Groups in Conflict*, University of California press, 1985, p.259.
2　先进族群有"（比例）超出平均的大学毕业生、官员、商业人员和专业人员，人均收入也占优"，先进地区指的是在全国范围内人均收入较高的地区。落后族群与地区则反之。Donald L. Horowitz, *Ethnic Groups in Conflict*, p.233.

持国家的完整（即商品市场和就业市场的完整）对他们更加有利，所以他们一般不会尝试分离。对先进地区的落后族群来说，由于面临着竞争，他们也有动机分离。但是由于他们很少能够控制自己所在的区域（人口占少数），因此他们并没有足够的实力发动分离。根据以上判断，最有可能发动分离主义运动的就是落后地区的落后族群。

什么时候特定族群开始发动冲突乃至分离呢？霍洛维茨开列出三项一般条件：第一，该族群无法对统治者施加任何的影响；第二，该族群遭遇到大规模暴力；第三，该族群面临同化而失去大量成员，或有大量外族群移民进入该族群的居住地。[1]

资源动员视角的理论家，比如保罗·科利尔（Paul Collier）、赫夫勒（Anke Hoeffler）和布克曼（Milica Zarkovic Bookman）则认为，集体行动应该还原到个人的利害计算的层次去解释。他们的主要观点是，应该从成本 / 收益的角度来考虑分离主义运动问题，而不是看少数族群有无怨气。假如成本小、收益大，分离主义运动就有可能发生。

科利尔和赫夫勒认为，所有的分离主义运动都可以从利害的角度来考虑。"我们发现，经济上的不平等和政治上的压迫，在统计意义上并不显著……高度的不平等、政治压迫、族群与宗教分歧可能会引发部分人群的不满，但是，在大多数情况下，人们没有机会发动一场叛乱……在一个各种叛乱条件成熟的地方，总是会有一些

1　Donald L. Horowitz, *Ethnic Groups in Conflict*, p.262-263.

团体被激励起来诉诸暴力，不管他们的怨气是真是假、是薄是浅。"[1]
简而言之，他们认为，人们发动一场政治行动与否，关键不是看有
没有怨气（怨气总是有的），而是看有没有机会和利益。[2] 结合桑巴
尼（Sambanis）[3]、利克莱德（Roy Licklider）[4] 和 State Failure Project[5]
所提供的数据，科利尔和赫夫勒分析了 1960 至 1999 年的 46 场内
战，将其中 31 场划分成分离主义／认同战争（Secessionist/Identity
war），通过回归分析来寻找关键的要素。他们发现：第一，在收
益方面，如果一个地方有很多自然资源，分离活动爆发的危险度会
增加。原因是，一旦爆发冲突，这些资源容易被利用起来为分离活
动提供资金支持，如果分离成功，该族群就能将这些资源彻底据为

1　P.Collier, A.Hoeffler, "The Political Economy of Secession," Development Research Group, World Bank Report, 2002, p.9. http://core.kmi.open.ac.uk/download/pdf/6464805. pdf.

2　这跟社会运动研究的演进趋势是一致的。赵鼎新在《社会与政治运动讲义》中提到，"传统的社会运动理论均强调个人的心理状态（如剥夺感、挫折感和压抑感）在产生社会运动中的作用……新一代的社会运动研究者指出，决定社会运动和革命消长的因素是社会运动组织能够获取的资源总量或者是政治机会的多少。一个社会中能为社会运动所利用的资源或政治机会越多，社会运动发生的可能性就越大，该社会运动的规模也就越大。因此运动所能利用的资源的多少或者政治机会的有无才是社会运动产生与否的关键"。见赵鼎新《社会与政治运动讲义》，社会科学文献出版社，2006，第 181—182 页。

3　Nicholas Sambanis, "Partition as a Solution to Ethnic War," *World Politics*, Vol 52, Number 4, July 2000.

4　Roy Licklider, "The Consequences of Negotiated Settlements in Civil Wars, 1945-1993," *American Political Science Review* (September 1995.), 89:3.

5　Esty, Daniel C. et al. 1998. "The State Failure Project: Early Warning Research for US Foreign Policy Planning." In Davies, Hohn L. and Ted Robert Gurr (eds.). "Preventive Measures: Building Risk Assessment and Crisis Early Warning Systems." Rowman and Littlefield, Boulder, Colo. and Totowas, N. J.

已有。在非洲，很多地方发现石油之后，就爆发了分离主义运动[1]；第二，在成本方面，如果一个地方人均收入较低、经济成长率较低、教育水准较低，那么这个地方爆发族群冲突的概率也会相应增高，原因是个体参与叛乱活动的机会成本降低了。简言之，无产阶级是最积极的革命者。另外一种解释就是，教育水准与族群认同成反比，教育水准比较低的话，运动的组织者更容易利用族群认同发动行动。

　　他们认为，以上两个条件虽然最为重要，但是也还存在其他一些影响因子，比如说少数族群既有的组织结构、军事技能、当地的地形、政府效能、人口密度与都市化程度。值得注意的是，从其数据分析结果来看，族群或宗教仇恨、政治压迫、政治歧视（Political Exclusion）和经济不平等动机因素，在预测分离运动冲突方面并没有意义。

　　布克曼也从经济角度考虑分离主义问题，她检验了 37 个成功或未遂的分离主义运动案例。[2]总的来说，她的结论是，一个地区经济发展程度（level of development）越高、对母国依赖程度越小、跨边界流动的资源和资本的净流出量（net outflows）越大、在经济体制上该地区的独立程度（decentralization）越高，这个地区发生分离主义运动的可能性就越大。

　　无论是讲动机，还是说利益，上述两个视角都把分离主义运

1　这样的地区有很多，比如说尼日利亚的比夫拉地区（Biafra）、刚果（金）的 Katanga 地区、印度尼西亚的亚奇（Aceh）地区、南苏丹、厄立特里亚。

2　Milica Zarkovic Bookman，*The Economics of Secession*, St. Martin's Press, 1993, p.42.

动发生与否归结为少数族群个体或集体的主动选择,仿佛个人情绪或利害计算的变化就能直接反映到社会或政治结构上,一步跨过其他许多社会或政治因素,直接指向分离主义运动的产生。但社会与政治运动的既有研究告诉我们,怨气、政治机会或社会运动组织力量的增强其实仅仅只是社会运动发生的必要条件而不是充分条件,它们最多能够为社会运动的发生提供一个潜在的结构条件。要了解一项社会与政治运动能够发生的条件,必须看有关各方在一定的社会结构或情境下是如何互动的,观察在其中起作用的社会机制。

这正好是泰德·罗伯特·格尔(Ted Robert Gurr, 1993)的观点。在20世纪90年代,格尔根据四个社会机制构建了一套族群政治叛乱(Ethnopolitical Rebellion)的模型。[1]这四个机制分别是:认同、机会、压制(repression)、怨恨(grievance)。机会在这里指的是外在于族群的、有助于族群进行集体行动的条件。[2]其基本架构如下:

1　Ted Robert Gurr, *Minority at Risk, A Global View of Ethnopolitical Conflicts,* United States Institute of Peace Press, 1993. 又,格尔在马里兰大学建设了一套数据库,名字叫作 Minorities at Risk(简称 MAR)。这个数据库含有人口50万人以上、在政治上活跃的283个少数族群。MAR数据库将这些族群的特质、(政治、经济、历史与社会的)环境与行动用各种指标加以标准化描述,然后进行了比较和相关分析。见 http://www.cidcm.umd.edu/mar/。

2　见 Ted Robert Gurr, *Peoples versus States, Minorities at Risk in the New Century,* United States Institute of Peace Press, 2000, p.80。

格尔的族群政治叛乱简明模型

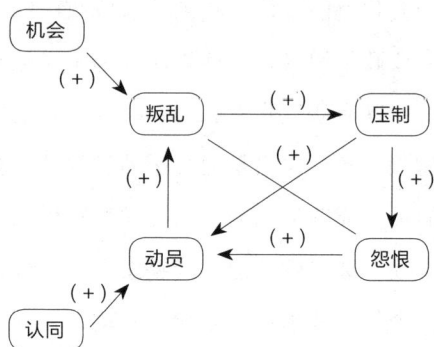

简单地说，一个族群之所以发动叛乱，是由这四个互相影响的机制共同决定的。这四个机制本身也是复合机制，由若干因素决定（具体是何种因素起作用，要视特定情境而定）。[1]

（一）怨恨机制的构成。少数族群的怨恨和要求主要受哪些因素的影响呢？格尔认为，导致少数族群要求自治或独立的主要因素，并不仅仅是当下政治或经济上的歧视、生态或人口上的压力，还要看历史上该族群是否有过独立的时期。如果该族群没有独立的历史经验，那么一般只会要求在国家内实现政治、经济、社会和文化权利。

1　比如 Gregory D. Saxon 曾经以西班牙为案例验证过格尔的理论，他的公式是：Grievances= α + β_1 Lost Autonomy+ β_2 Repression+ β_3 Regional Political Control+ β_4 Education+ β_5 Regional GDP+ β_6 Unemployment + ε 。见 Gregory D.Saxon, "Repression, Grievance, Mobilization, and Rebellion: A New Test of Gurr's Model of Ethnopolitical Rebellion," *International Interactions*, Vol. 31, No. 1, p.97。

(二)认同机制的构成。在内,共同的语言、宗教信仰、种族特征,共享的历史和文化会为族群认同加分。[1] 在外,某族群相对其他族群处境之不利的程度,某族群同其所交往的其他族群的文化差异程度,同其他族群或国家冲突的密度,都会增加族群中人对该族群的认同程度。[2]

(三)动员机制的构成。一个族群能否动员起来,仅仅有认同是不够的,要看其本身的组织资源(社会资本)的多寡。认同造就对共同利益的认知,但是只有组织才能跨越集体行动的困境。决定这种组织资源多寡的因素有:居住地域的集中性、传统权威结构的完整程度与被认可程度(比如说宗教)、族群内有多少派别、族群内部的冲突程度、掌握了多少通信手段、有没有外界的援助、族群内是否存在广为认同和尊重的领导成员和积极分子。此外,格尔还认为,一个族群其绝对人数越多,在全国人口中所占比例越大,其得到动员的可能性就越高。[3]

(四)压制机制的构成。什么样的政府容易采取压制行为,在什么情况下采取压制行为? 对格尔来说,决定压制机制的因素有三个:叛乱、过去压制行为是否成功、政权的类型。第一个因素意味着,政府的压制措施是跟随着叛乱的起伏而发生变化的;第二个因素意味着,如果过去政府的压制措施(在政府看来)起到了作

1　Ted Robert Gurr, Barbara Harff, *Ethnic Conflict in World Politics*, Westview Press, 1994, p.89.

2　Ted Robert Gurr, *Minority at Risk, A Global View of Ethnopolitical Conflicts*, p.127.

3　Ted Robert Gurr (1993b) , "Why Minorities Rebel: A Global Analysis of Communal Mobilization and Conflict since 1945," *International Political Science Review*, Vol. 14, p.175.

用，那么政府就容易继续采取压制行动；格尔认为，民主政府更少依赖暴力和强制措施来进行社会控制。

（五）机会的构成。一项社会与政治行动能够发生，除了上述机制的作用，还要看行动者本身是不是有有利的政治机会。[1] 比如说经济繁荣会导致劳动力需求的增长和资本家让步余地的增大，所以一个国家的工人一般在经济状况较好的时候更容易发起罢工。在这里，经济的繁荣对工人而言，就是一个机会。对格尔来说，这种政治机会既可以是结构性的，比如说国家的性质和能力、全球经济的发展，以及该族群是否拥有跨边界的亲缘团体；也可以是非结构性的，比如说民主的建立、政治盟友的转换，等等。在这里，格尔特别指出四项机会因素：国家能力、族群冲突的弥散和传染、民主和民主化。首先，国家控制社会的能力越强，特定族群发动叛乱的阻碍因素就越多。其次，在多项研究中都发现，族群叛乱是相互激励的。在相邻地区或相邻国家发生的族群叛乱，会为本地区的族群冲突提供行动模范（战略与战术榜样），有的时候也会带来实质的物质资源支持。至于民主与民主化，格尔认为，一个国家如果拥有稳固的民主体制，那么他们吸纳特定族群政治、经济与社会要求的可能性就会增加，使用暴力强行镇压的可能性降低。民主化则

---

[1] "政治机会"是在西德尼·塔罗（Sidney Tarrow）的倡导下，在20世纪80年代成为一项重要的理论。塔罗提出了导致政治机会结构变化的四个基本结构要素：第一，原来被政体排除在外的社会群体，由于某种原因对政体的影响力增大，这就为这一群体中的某些人发起社会运动创造了机会；第二，旧的政治平衡被破坏；第三，政治精英的分裂；第四，社会上有影响力的团体成为某个社会运动的同盟。格尔在这里借鉴了塔罗的理论框架。

意味着国家控制能力的下降，也意味着族群动员能力的上升。[1]

　　以上若干类理论，放在美国革命上都有一些方枘圆凿的地方。如果将美国革命看成是一场反对暴政的起义，是于史无征的。这种说法是革命宣传与 19 世纪辉格党史观的产物。无论在当时，还是在 20 世纪研究者持更反思的态度下，都不乏正当的异议。一般而言，当今的研究成果已经否定了这种说法。美国革命更不是落后地区的落后族群的反叛，与自己的英格兰表亲相比，美利坚人登堂入室并不困难。甚至有若干殖民地人（其中就有那位大名鼎鼎的富兰克林）认为盎格鲁－撒克逊的文明中心正在西移，各殖民地日后将成为大英帝国的中心。革命前美洲各殖民地的焦虑，明显不是来源于族群或社会竞争，不是美洲殖民地人同不列颠人的民间社会、经济或政治冲突导致的。

　　那我们是不是能够把美国革命看成是某些人私心作祟、利害计算的产物？或者说，美国革命是某些人、某一派别或整个殖民地在羽翼渐丰或条件合适下的逐利行为？

　　例如，有一些人对美国革命做出了这样的理解："在被自由粉饰的主张下面，利益的分配和商人的私有产权才是这场革命的核心问题。战争主要是由于两大商业集团——北美商人和英国商人——之间的经济利益冲突和贸易收入分配失衡引发的。"[2]持该论者认为英国的种种做法主要侵害的是北美商人集团的利益，如《航海条

1　Ted Robert Gurr, *Minority at Risk, A Global View of Ethnopolitical Conflicts*, pp.129-138.
2　高程：《商人集团、私有财产与北美独立战争》，《世界经济与政治》2007 年第 10 期。

例》及其修正案（1760）增加了北美商人进口商品的运输成本；英国对殖民地发行纸币的干预给殖民地商人从事商业活动造成货币不足的困扰；对殖民地制造业的限制损害了北美制造商的利益；阻止西部扩张的政策（1763）切断了北美投机商人和农场主对西部土地进行投资的利润通道；打击走私贸易和海上缉私活动的法令在北美商人最重要的营利途径上设置了障碍；印花税（1765）和汤申税（1767）的实施中，北美商人成为这些税赋的主要承担者；英国在1773年赋予东印度公司在北美直接销售茶叶的垄断权，减少了北美贸易代理商的收入。于是，操纵各殖民地的商人集团鼓吹抽象权利，挑起了革命。

说实话，这种观点并不新鲜，认为美洲革命是一小撮"蛊惑民心的政客所造成的"，是美洲革命期间英国人的主流偏见。杰斐逊在写给英国友人的一封信中愤怒地指出，"这些官员们不断地把美方的反对说成是一个小派别的反对，广大人民置身事外，这是不真实的"。[1] 如果说美国革命的起因是美国商人对英国施加美洲的贸易和生产限制措施感到不满，那么美洲殖民者抗议的重点就应该在这上面，比如外部税。[2] 但历史证据表明，美洲人在美洲革命之前始终承认英国有权收取外部税，殖民者同英国议会争执的重点

---

[1] 托马斯·杰斐逊：《杰斐逊集》（下卷），刘祚昌等译，生活·读书·新知三联书店，1993，第822页。

[2] 内部税、外部税是当时人们的用语，用来区分税收的种类。一般而言，外部税指的是殖民地海外贸易征税，这包括《航海条例》中规定的税收，而内部税是从殖民地人民身上直接征税，比如印花税。

始终在内部税上。事实上，到了美国革命的前夜，第一次大陆会议召开的时候，即使是在激进的革命者杰斐逊所起草的《英属美利坚权利概观》一文中，美洲人仍然承认英国管理美洲贸易的合法性，原文是这样的："（对于英国对美洲的援助）我们可以靠授予英国居民以对他们有利且对我们自己不过分限制的独占的贸易上的特权来报答。"在 1774 年《权利宣言》中，大陆会议声称"这些法案（《航海条例》）对管理殖民地对外商业是个善意的限制，其目的是母国及整个帝国获取共同的优势，对帝国的每一个成员都有益处"。1774 年 9 月 5 日，在给英国人民的致辞中，大陆会议也指出，七年战争（1763）之前的固有关系是合法的。换句话说，美国的革命者并没有明显的经济目的。[1]

1　依个人之见，持此说者颇有断章取义之嫌。其一，北美商人集团怎么界定各殖民地是否真的为商业精英及其控制的政客所把持，这些问题恐非断言即能支持。各殖民地情况不一，拥有不同的政府形式、不同的法律、不同的利益，相互不合的情况也颇多，并非一个可统一行动的整体。持该说者只看到利益变化，没有讨论确实的社会结构和动员结构，未免想当然了。其二，革命这样的社会运动是不能仅仅因为选择性激励、关键集团的存在就爆发出来的，必须同时存在某种普遍的结构性的怨念。为什么会存在这种怨念，就不止是商人集团受损一事可以说明的。其三，观察美洲殖民者的意图和行动，我们可以看到体现在其中的理性与妥协精神始终是很显著的。要达成利益，不必非要是革命不可。美国革命并非登高一呼、一蹴而就，而是在较长的一个时间段里面双方关系逐步走向破裂的一个结果。用合法斗争与妥协，而不是过激的冲突达成目的，从一开始到最后，一直是绝大多数殖民者的愿望。这其中的曲折，就不是商业精英蓄意反叛所能解释的。还有一些小细节，例如在 18 世纪 70 年代之前，美洲人在英国最大的同盟者，除了像柏克这样的辉格党人，就是英国的贸易商。从种种迹象看，把美洲革命的起因归为经济上的冲突，是一种大而化之又较偏颇的说法，也许说出了一个侧面，但肯定不是全部与真实。刻薄一点说，不过又是一种阴谋论而已。虽然商界在启动集体行动时有些作用，但如同在任何一次大的社会运动中一样，私利占有一定的位置，但不会是完全的位置。（转下页）

至于走私，根据经济史学家劳伦斯·哈珀的研究，"非法交易（即走私）与殖民地合法交易相比仅是很小的一部分"[1]。所以一般来说，人们不太相信走私者煽动革命这个说法。

对整个殖民地来说，现代经济史学家们一般认为，殖民地与不列颠之间存在某种良性的相互依赖。不列颠的重商主义政策，由于种种原因，并没有对美洲殖民地经济造成重大损失。"就整个情况来说，美洲殖民地的人们享受了经济的繁荣和 [18] 世纪时所未曾有过的政治自由。"[2] 不列颠为美洲殖民地提供了一大市场，尤其是南部的靛蓝、烟草和棉花。如果说殖民地对不列颠有大量年贸易逆差，但这部分逆差很快又以美洲航运业的利润、补贴和政府行政与军事开支的方式在很大程度返还给了各殖民地。[3] 在 1772—1774 年间，在英国的进口贸易中，美洲与非洲的货物占到 37%；在出口贸易中，美洲和非洲的份额达到了 42%。[4] 在独立战争期间，由于不列颠的禁运政策，美洲经济蒙受了很大的打击，烟草产量下跌三分之二，美洲殖民地的靛蓝、松脂生产由于失去英国的补贴而

（接上页）美国人自己也是懂得这一点的，在波士顿，每年庆祝国庆节的时候，会有一队人装扮成印第安人模样的私酒贩子，重演波士顿倾茶事件。扮演者挤眉弄眼，并不讳言"自己的"行为。美国人并不把这些人说成是追求抽象正义目的的革命者。也许用一句话可以解释："假如无利可图，他们不会行动，但他们行动，又不仅仅是为了有利可图。"

1　Lawrence A. Harper, *English Navigation Laws: A Seventeenth-Century Experiment in Social Engineering*. Columbia University Press, 1939, p.263.

2　福克纳：《美国经济史》，邸晓燕等译，商务印书馆，1989，第 148 页。

3　杰里米·阿塔克、彼得·帕塞尔：《新美国经济史：从殖民地时期到 1940 年》（上），罗涛等译，中国社会科学出版社，2000，第 47—48 页。

4　李剑鸣：《美国的奠基时代》，第 208 页。

蒙受巨大损失，航运业和造船业趋于停顿，"各地市场到处都空空如也"[1]。这种情况实际说明了美洲殖民地对不列颠经济的依赖程度。甚至在革命之后的若干年内，英国仍然是美国的最大贸易国和资本输入地。这也表明美洲经济并不那么独立，那么美国经济独立导致分离倾向上升之说似乎也可略去。

　　就当时普通美洲殖民地人民的经济收入来说，杰里米·阿塔克、彼得·帕塞尔两位经济史学家断言说，"殖民者从未真正穷过"[2]。以人均收入来看，1775 年的美国人比 1989 年全世界的半数国家的公民都要富有。[3] 当时，殖民地居民的境况远胜于欧洲大部分人口，也要高于英国同胞。[4] 在满足生存需要后还能购买奢侈品或积攒财富的人，在殖民地白人中居多数。[5] 与这种富裕程度相称的是，殖民地的识字率达到了惊人的 70%—100%。[6] 殖民地居民拥有书籍的家庭在比例上也要高于英国，大多数家庭都有藏书。那么，美国革命爆发的理由，显然与理性选择观点（即穷人、教育素质低下者较易生乱）相悖。

　　至于格尔的"政治过程理论"，不像是一个单一的因果解释模

1　斯坦利·L. 恩格尔曼、罗伯特·E. 高尔曼主编：《剑桥美国经济史》（第一卷），第281 页。

2　杰里米·阿塔克、彼得·帕塞尔：《新美国经济史：从殖民地时期到 1940 年》（上），第 14 页。

3　杰里米·阿塔克、彼得·帕塞尔：《新美国经济史：从殖民地时期到 1940 年》（上），第 15 页。

4　李剑鸣：《美国的奠基时代》，第 217、432 页。

5　李剑鸣：《美国的奠基时代》，第 431 页。

6　李剑鸣：《美国的奠基时代》，第 412 页。

型，倒像是对一个复杂系统的描述。在这个系统中，一个因素的变化将同时引起其他所有因素的变化，并导致一连串连锁反应。本书认为，美国革命的发生，确实是若干复合机制的共同作用，是一个复杂系统中若干因素相互反馈的结果。[1]但是，格尔对怨恨、认同、动员、压制、机会等机制的描述是否能够完全适用于美国革命，也是值得怀疑的。比如美洲人没有独立经验，但是最终依然寻求了独立，这就跟格尔对怨恨发生机制的描述有冲突。再比如，格尔对机会机制的描述似乎过于模糊，单单一个"民主与民主化"是无法说明美国革命所面临的结构性因素（如英帝国的宪政结构）的。[2]

　　总之，对以上这相当多的理论与视角来说，美国革命都构成了一个独特案例，在某个层面上挑战了它们。当然，单个案例无法建立什么理论，但是它也许可以向我们揭示一些我们以前忽略的因素。在美国革命这个案例中，上述理论家忽略的因素可能有三项：历史变迁、国家宪法结构、特定的政治话语。此外，国家—分离者之间的互动也值得关注。

　　（一）历史变迁。北美之所以从大英帝国独立出去，似乎是某

1　英帝国地缘与宪政格局的变迁、英国国内政治的变化对美洲的冲击、美洲殖民者的组织结构与资源变化、革命话语的兴起、英国的不当应对、双方的循环刺激升级反应等诸因素之间确实存在相互激荡的关系。

2　赵鼎新对"政治机会"一类学说有很尖锐的批评，认为其把任何有利于革命或社会运动的因素都说成是机会，从而导致概念不清晰，包罗万象，只是在玩弄辞藻而已。格尔对机会的解释恐怕也有相同的概念模糊的问题，赵的批评见赵鼎新《社会与政治运动讲义》，第197—201页。

种大历史的一部分，而非仅仅由于某个日常变量的变动所致——之前我们已经谈到过英国革命与美国革命之间似乎存在某种继承关系。我们也能观察到 18 世纪英国经历了某种政治与社会转型——随着人口与财富的增多，人们的政治生活方式开始发生变化，大众政治开始出现[1]，而这种转型很显然动摇了原有的统治秩序，影响了人们的政治期望。历史变迁有时蕴含着某种实体的"政治机会"（如同格尔所指出的那样），但意识到身处变迁之中这个事实有时也会刺激人们行动起来。

（二）国家宪法结构。从北美独立这个例子来看，一个国家的政制结构缺陷本身（不管存不存在实际的压迫）就有某种刺激作用，使得各参与方容易陷入某种危险的"囚徒"心态（如囚徒困境博弈）。这种缺陷以什么方式展现出来，影响如何，就值得更进一步研究。

（三）特定政治话语。那个时代的政治话语对北美独立这件事有明显的影响。自由、权利、腐败等概念在不列颠及北美的流行，明显为北美抵制不列颠的统治提供了精神上的资源。

（四）互动进程。不列颠政府与北美的抵抗者之间，存在着某种反应循环升级的过程。这种过程类似国际冲突或国内族群冲突中的"安全困境"，这种困境的存在使得双方很不容易解决纠纷（当然，这种冲突循环升级并不一定是必然的，而是出自当局者的选择）。

综上，如果我们从国家分裂的角度来考虑北美独立一事，那

1　H. T. 狄金森：《十八世纪英国的大众政治》，陈晓律等译，商务印书馆，2015，第六章。

么从变迁、结构、话语与进程四个层面对美国革命这个单一案例进行研究，描述其过程，还是有一定价值的。

五

本书的论述是按照以下结构展开的。

在第一章中，我首先叙述北美殖民地的由来与治理结构，指出大英帝国是世界上第一个自由多元帝国，不列颠在北美并没有施加政治上、经济上或者社会上的压迫。但是，由于缺乏历史经验，也由于不列颠本土的政治实践所限，大英帝国的政治框架与其现实并不匹配。

第二章首先描述的是大英帝国在七年战争之后的帝国改革运动中所造成的危机，其次则指出这种帝国危机同不列颠政治危机是联系在一起的——英国的社会转型同其古典共和政体的弊端所造就的权力斗争结合在一起，造成很大的政治动荡，使得人们对不列颠政治失去了信心。同时，不列颠在北美的错误人事政策也在为这场总危机推波助澜。

第三章展示了波士顿"大屠杀"事件的来龙去脉，以此作为一个案例来显示在殖民地中普通民众、激进派领导人、政府官僚与英国军队的互动是怎样逐步导致更大的冲突的。

第四章表现的是帝国不同阶层、群体想要挽救帝国的努力及其结果。有一些人提议改革帝国宪政结构以挽救帝国，由于多种"不可抗"因素阻挠而遭到挫败。不列颠历届内阁都企图用技术性手段解决北美问题，这一做法的后果是将僵局往后推延而已。英国国王面对这种僵局不免心焦，日益失去耐心，想要凭借强力解决问题，而这种心态日益成为高层共识。在日益成长的高压态势下，一部分心向帝国的殖民地人士，如富兰克林，被迫选边站队，被挤向革命者一方。不列颠内部的温和派，由于自身的缺陷，也无力动员起来阻止英美危机的深化。

第五章讲的是在两次大陆会议中北美走向独立的心路历程，指出独立并不是北美首要与必然的选项，英国的不当应对在很大程度上使独立成为现实。

* * *

历史地理疆域的变迁向来容易让人混乱，因此需要在这里做一简单说明。在本书中，凡涉及现代英国疆域的，概用"不列颠"称呼之，因为在当时，英国是涵盖几大洲帝国的总称，北美十三殖民地也是英国，不过只是英国的边地而已。凡书中讲到"美洲""美洲人"的时候，指的就是北美十三殖民地与殖民地人。当时的不列颠人称呼北美与北美人民，一般就是用这两个名称，为了同文献保持一致，遂沿用之。

引 子

　　"（他的）情绪会被任何一个小小火花点着，并燃成熊熊大火。"
詹姆斯·麦迪逊曾经有一次这样形容美国第二任总统约翰·亚当斯。
这个秃顶、矮胖的老头，在卸任之后心中就一直充满郁郁愤懑。美
国建国以来被华盛顿威望与人格力量所压制下来的相互冲突的力
量——不完善的政府体制、州权与联邦权力的对立、充满荆棘的外
交方略、新生的两党政治、对独立战争精神遗产的不同理解——在
他的任内互相交火，从而毁坏了他的政治名誉（尽管我们今日知道，
他干得其实还不错）。

　　退休之后，这个老头在田间与其他雇佣工人一起工作，一边
挥动镰刀，一边口中念念有词，咒骂他的政治对手。[1] 在所有让这
个顽强的胖老头愤愤不平的事件中，最难以忍受的是，有人——就

1　约瑟夫·J.埃利斯：《那一代：可敬的开国元勋》，邓海平、邓友平译，中国社会科
　　学出版社，2003，第261页。

是那个该死的托马斯·杰斐逊——窃取了他的历史荣誉。

约翰·亚当斯与托马斯·杰斐逊的恩恩怨怨是美国建国史的一桩著名公案。两者曾是最好的朋友，惺惺相惜，也都有着辛酸痛苦的政治经历，在华盛顿隐退后却成为互相敌对的政敌。亚当斯本人对杰斐逊有着复杂的感情，在亚当斯看来，杰斐逊"就像大河一样，深不见底，无声无息"[1]，但是有着无与伦比的吸引他人注意力的天赋。

让亚当斯分外郁闷的一件事情就是，他们这一代人最重要的政治遗产就是美国革命，但在后人所记得的革命历程中，华盛顿和杰斐逊一前一后，光彩夺目，自己却默默无闻。他写信给友人，自嘲道："没有人会为我建立什么陵墓或纪念雕像，没有人会为我撰写什么歌功颂德的传奇历史，或者说什么谄媚颂扬的话，让我以光彩夺目的面目示于后人。"[2]华盛顿自不必说，这位总司令的功绩与人格都已超越质疑。杰斐逊，在约翰·亚当斯看来，在大陆会议中只是一个小角色。整个大陆会议，杰斐逊通常只是安静地坐在角落里不做声（杰斐逊确实是一个很糟糕的演说家），他所做的唯一贡献就是起草了《独立宣言》，但是谁指定杰斐逊做起草人呢？是他——约翰·亚当斯。是谁推动大陆会议走到决定要起草一个《独立宣言》的地步？是谁决定宣言的主旨？是谁领导大陆会议的辩论，使这个宣言得以通过？是他——约翰·亚当斯。杰斐逊的起草

1　约瑟夫·J. 埃利斯：《那一代：可敬的开国元勋》，第 262 页。

2　约瑟夫·J. 埃利斯：《那一代：可敬的开国元勋》，第 279 页。

工作实际上只不过是"一次舞台穿插表演"。但是狡猾的杰斐逊通过对《独立宣言》历史意义的重新阐释,巧妙地占据了舞台的中央。他窃取了对独立战争这一宏大历史事件的描述权,用一些象征性的词语和想象遮盖了更加混乱的、但却更具历史真实性的事实,把独立战争前后的历史浓缩成《独立宣言》签署的那几秒钟,用黑白对立、单线发展的图画代替色彩更加斑斓多彩的历史画卷,仿佛是一群神人在天定命运的推动下坚定地演了一出自由对暴政的历史正剧,而他,杰斐逊,就是那个被上帝选中的新摩西,传达神谕(汝必得自由)。这让杰斐逊这个"三流演员"摇身一变成为这出历史剧之中的主演明星。

"亚当斯不是那种默默地忍受一切的人。他对杰斐逊的嫉妒是显而易见的……",但如果我们更客观地看,亚当斯的悲痛还在于,美国革命的历史过程在人们的记忆中被整个地改写了,这导致了对革命精神遗产的不同解读。"杰斐逊偷了舞台效果之后逃跑了,"亚当斯悲叹道,"(现在连)整个舞台的辉煌也被他窃取了。"[1]

简化版的历史叙述,如特朗布尔所绘的《独立宣言》中那众志成城的场景,在现实中是不存在的。亚当斯是大陆会议中的主角,也是美国革命大部分历程的主要参与者,按照亚当斯的记忆,现实之中的美国独立战争,其实质是混乱不堪的,事件的走向完全取决

1　约瑟夫·J. 埃利斯:《那一代:可敬的开国元勋》,第 270 页。

于一时一地的偶然选择，"当时的政策是碎裂斑驳的"[1]。

那么，美国革命究竟是什么样的呢？我们该相信哪个版本？亚当斯或杰斐逊？

1　约瑟夫·J. 埃利斯：《那一代：可敬的开国元勋》，第 274 页。

第一章

帝国政治结构

一 不列颠"善意的疏忽"

1740年,《统治吧,不列颠尼亚》这首歌首次回响在英国舰船上,不列颠人意气风发。王国不断扩展,遍及六大洲。海洋,确实在英国人的掌控之下。由于北美殖民地的开拓与欣欣向荣,大西洋几成不列颠人的内海。英国人环顾四海,世间尽是蝇营狗苟的专制政体,只有不列颠人保持着自由、法治、稳定与秩序,英国人也实在不得不豪情满怀!

大英帝国王冠上的宝石,此时还不是印度,而是北美殖民地。自英国殖民北美至此时,美洲殖民地欣欣向荣,人口已繁衍至两百万,蔚为大邦。在有识之士看来,美洲殖民地在整个北美大陆的扩展与繁荣是必然之事。

北美如此重要,有识之士自然会问:北美殖民地到底具有什么样的特征?它跟母国之间的关系是什么样的?

亚当·斯密在其代表著作《国民财富的性质和原因的研究》一书中，专门有一章论述殖民地问题。他把殖民地分成两类：希腊式殖民地和罗马式殖民地。陈其人先生则将前者称为移民垦殖殖民地，后者称为奴役土著殖民地。所谓移民垦殖殖民地，即找到一块空地（或者把地腾空），派出移民在当地垦殖。如古希腊社会各邦，把人民迁移到地中海沿岸地区定居下来，另立新邦。这些移民垦殖殖民地实际上是母国的分支，一般复制了母国的政治和社会模式，其社会内部没有尖锐对立。所谓奴役土著殖民地，是母国把国内的部分居民移到被母国征服的土地上，对当地的土著居民实行统治。这种殖民地仍然被看作母邦的一分子，如古罗马的殖民地。在这种殖民地里，母国派出的移民实际上成了当地居民的行政或军事官员，此类殖民带有很强的军事意味与征服色彩，上下、族群关系紧张，有殖民者与被殖民者的区分。斯密在比较了古希腊和古罗马的殖民地以后指出，"罗马殖民地，无论就其性质说或就其建立的动机说，都与希腊殖民地完全不相同"[1]。

那英国在北美的殖民地是属于希腊式的，还是罗马式的？

亚当·斯密的回答是："就良地（空地）很多这一点说，欧洲人在美洲及西印度所建立的殖民地，和古希腊殖民地相似，甚至超过古希腊殖民地。就附属于母国这一点说，它们虽和古罗马殖民地相似，但因为它们离欧洲很远，就或多或少地减低了这种依

1　亚当·斯密：《国民财富的性质和原因的研究》（下卷），郭大力等译，商务印书馆，1983，第129页。

附的程度。它们的位置，使它们在较小程度上受母国的监视和支配。"[1]换句话说，在亚当·斯密看来，英帝国的北美殖民地兼具古希腊与古罗马殖民地的特点，它没有尖锐的阶层、上下、族群对抗，但也没有独立主权地位。

比较西班牙的南美殖民地与英国的北美十三殖民地，可能会有更清楚的认知。如果让亚当·斯密来总结西属殖民地的特色，他就会说西属殖民地纯粹是罗马式的。

当西班牙人来到南美，他们发现土地富有金银矿产，还居住着众多有成熟社会组织的人民可充作劳力资源。他们的对策就是短期化的掠夺。西班牙殖民者建立封地、用贡赋制奴役当地居民，建立了等级森严的政治与社会体系。这些封地最后演变成世袭的大庄园，而征服者变成地主统治阶层。由于这种立足于掠夺的短期心态，最初的殖民者很少有携带家眷在拉丁美洲立足终身的打算，这就导致移民中妇女的比例偏低，1509—1539年妇女只占移民总数的5%或6%，到16世纪60年代和70年代，她们也只不过占28%。这就导致白人较低的繁殖率（较北美低）。由于当地人口密度大，西班牙也不需要从国内特别输入劳力（16世纪，移民到南美洲的西班牙人大约只有24万人，17世纪上半叶约19.5万人，但整个18世纪则下降到5.3万人[2]）。尽管英国殖民北美要比西班牙殖民南美晚一个多世纪，北美殖民地的移

1　亚当·斯密：《国民财富的性质和原因的研究》（下卷），第138页。
2　莱斯利·贝瑟尔主编：《剑桥拉丁美洲史》（第2卷），中国社科院拉美所组译，经济管理出版社，1997，第16、32页。

民总数却达到约 92 万人[1]。西班牙人并没有成为殖民地社会的主体，三个世纪的殖民之后，在总人口中，白人仍然只占到五分之一。[2]

对于到北美殖民的英国人来说，他们到达的新大陆土著人民稀少，也没有什么贵重金属资源，要获得财富，只有通过自己的建设和劳动。于是，他们相当依靠国内的移民和契约劳工。尤为重要的一点是，殖民北美的英国人，有很多不仅仅是为了获得财富，也是为了实现自己的宗教理想，建立一个清教主义社会，他们往往举家而来，男女比例平衡，社会文化完整，这导致北美的人口出生率相当高。1700—1775 年间，13 个殖民地的人口由 25 万人增至 250 万人，年增长率为 3%，大致每 25 年人口翻一番。[3]因此，英国移民及其后裔构成了当地社会的主体。

从殖民者的类型来看，英国移民是建设者，而西班牙殖民者则多是流氓冒险家。新英格兰殖民地的"早期领袖是大学里培养的牧师、有着丰富经验的下级贵族，以及努力实现上帝对新英格兰预言的人。大多数普通移民是有家室的自由男女，工匠和农场主也来自社会的中产阶级"[4]。他们的社会结构完整，而由于人力资源昂贵，社会财富的分配也较为平等。因此，他们在北美建立的这个新社会一开始就要稳定得多，社会冲突也少得多。

1　李剑鸣：《美国殖民地时期的人口变动及其意义》，《世界历史》2002 年第 4 期，第 23 页。
2　莱斯利·贝瑟尔主编：《剑桥拉丁美洲史》（第 2 卷），第 34 页。
3　李剑鸣：《美国殖民地时期的人口变动及其意义》，第 22 页。
4　加里·纳什等：《美国人民：创建一个国家和一种社会》（上卷），第 83 页。

从政治结构来看，英国北美殖民地和南美西属殖民地也有很大的不同。西属殖民地是按照中央集权制的方式进行行政管理的。西班牙将其殖民地划分成四个总督区，总督一般由国王信任的大贵族充任，是国王在殖民地的全权代表，根据国王训令及"印度等地事务委员会"的指示，掌握殖民地的行政、军事、财政和宗教全权，有权任命管区内的各级官吏和教会负责人，参与审理重大司法案件。他的意志就是殖民地的法律。[1] 在这种政治结构中，被殖民者毫无权利。即使是西班牙殖民者，也只享有非常有限的自治权利。市政会无法独立，往往沦为寡头统治。[2]

在上述两种社会、政治结构下，西属殖民地的普通居民很难发展出对西班牙的政治认同。西班牙美洲帝国在政治上、经济上、社会上都歧视克里奥尔人（黑白混血人种），这是日后西属殖民地独立运动的重要渊源。

与西属殖民地相比，英国北美殖民地的管理方式是非中央集权式的，基本上放任自流。现代史家通常公认，不存在英国本土对北美殖民地的政治、经济和社会压迫。[3] 自 1585 年英国人首次涉足美洲至独立战争，英国人的殖民政策与同期海外殖民的西班牙、

1　许海山主编：《美洲历史》，线装书局，2006，第 73—77 页。

2　莱斯利·贝瑟尔主编：《剑桥拉丁美洲史》（第 1 卷），中国社科院拉美所组译，经济管理出版社，1995，第 290—292 页。

3　杰里米·阿塔克、彼得·帕塞尔：《新美国经济史：从殖民地时期到 1940 年》（上），第 11—16、62—76 页；福克纳：《美国经济史》，第 141—150 页；杰拉尔德·冈德森：《美国经济史新编》，杨宇光等译，商务印书馆，1994，第 96—129 页。前两位作者直接认为殖民地在帝国内没有损失，而最后一位作者虽然对英国有较激烈的批评，但是也承认损失可能是将来的。

法国等国家有显著区别。同样追求重商主义，但是不列颠并没有试图在政治上控制殖民地，也未在经济上实现某一专营机构的贸易垄断。当然，不列颠希望独占殖民地的商品销售市场和原料供给，对殖民地生产和贸易仍实行了较严格的限制。从整体上看，英国的殖民地政策是"政软经硬"——比起控制美洲，不列颠显然更关心经济上的好处。

在英属北美各殖民地中，除纽约系英国动用国家力量从荷兰人手中夺取，其余均由私人或民间团体筹划和出资建立。英王向其中一些私人或民间团体（称为业主）颁发特许状，特许状通常规定了殖民地政府的形式与原则，列示了殖民地居民的权利和义务。英国根据特许状和相应的惯例对殖民地进行管辖，而殖民地则根据特许状组成政府，制定和实施不违背英国法律和习俗的法令规章。

业主殖民地类似中古的封地，虽然英王仍保留对土地的最终所有权，但其直接统治权则属于业主。业主不能随心所欲地统治，必须保证该殖民地人民享有英国人所有的政治自由权利。马里兰作为最早的业主殖民地，在这方面树立了一个样板。其特许状载明，英王将"自由、完全、绝对的"立法权授予业主；鉴于那里地域广阔，所有居民或他们的代表不能直接开会立法，因此，必须由一些官员来负责制定法令。依据这一规定，业主建立了由总督、参事会和民选议会共同行使立法与行政权力的机制。

此后的业主在获得特许状的授权后，通常和居民订立"特许协议"一类的文件，对业主的权力、居民的权利和义务，以及政府的形式做出明确的规定，以此确立合法的统治。纽约、新泽西、卡罗来纳等殖民地建立之初，业主均发布这类文件。在卡罗来纳和宾夕法尼亚，业主还试图用成文宪法的形式设计政府的模式，大名鼎鼎的约翰·洛克起草了《卡罗来纳基本法》，计划在卡罗来纳实行民主制和贵族制相混合的政体。

普利茅斯、罗德岛、康涅狄格、纽黑文等殖民地，在建立时没有获得英王的授权（所以称为自治殖民地，后来它们还是从英王手中拿到了特许状，获得了英王的追认），这类殖民地用民众契约来确立统治的合法性，缔约者同意遵守根据多数人意志制定的法律，服从共同推选的官员，从而形成政治和社会秩序。比如大名鼎鼎的《五月花公约》。

日后，一部分业主殖民地和自治殖民地转为王室殖民地，由王室直接管辖，但基本上，不列颠政府并没有借此建立一套非自治的地方体制。至 1776 年，王室殖民地有纽约、新罕布什尔、新泽西、弗吉尼亚、南卡罗来纳、北卡罗来纳、佐治亚与马萨诸塞。业主殖民地有马里兰、宾夕法尼亚与特拉华。自治殖民地有康涅狄格与罗德岛。一般而言，自治殖民地的自治程度还是要较王室与业主殖民地为高。

根据这些特许状的法律性质，似乎可以说，殖民地不是不列颠人的属地，而和不列颠本土一样是英王的直属领地，在政治和法律上与不列颠人没有从属关系，同是英帝国的一部分。从这一理论界定也从边地的实际出发，"殖民地依照英国的政体和习惯，建立了以总督（governor）、参事会（council）、民选议会（assembly）所构成的政府，其中总督代表英王，参事会代表社会精英，而议会代表民众，三者构成一种类似不列颠政体的'混合政府'。可见，每个殖民地政府在形式上均以不列颠政府为对应，其自主性和完整性高于英国的地方政治单位"[1]。当然，法律是法律，政治是政治。国王是不列颠的国王，其权力来源于不列颠提供的人力物力，也首先考虑不列颠的利益，自然，不列颠也居于帝国之首，对殖民地事务代行管理。当时的不列颠对殖民地的兴趣首先在于商业贸易（在很长时间内，不列颠对于物产丰富的西印度群岛的重视程度要大于北美殖民地），其次忙于内争与环球争霸，因而也就允许这奇特的封建关系一直保持下来。

值得注意的是，不列颠始终没有管理殖民地的明确体制。不列颠对殖民地的管理可以说是十分混乱，没有一个专门的机构来全权负责殖民地事务，而且枢密院、海军部、南方部、贸易委员会等有关机构互不通气，甚至相互掣肘。

历史学家们一般认为，不列颠对美洲殖民地的统治能力也是很薄弱的：军事上，除了战时，不列颠在美洲没有驻军；政治上，英国实际上缺少有力的政治控制。英国在殖民地的统治机构由国王任命的各殖民地总督和参事会组成，虽然从理论上讲，总督的权力范围很广，覆盖了殖民地政府各个部门，但在具体的操作中，总督受到参事会、议会的牵制，总督权力很难是专制的。去国万里，从北美到不列颠，一般的航程是五个星期到三个月，消息的传递也

1　李剑鸣：《美国的奠基时代》，第 246 页。顺便说一下，本章中关于不列颠对北美殖民地的政治控制的论述，受到李剑鸣先生论述的很大影响。

要花这么多时间，没有专职的统治工具，除了民兵，总督就没有维持治安的武装力量，因此，对于英国国王的旨意，总督很难认真执行。特别是由于殖民地议会控制着殖民地财政收支大权，连总督自己的年薪也要由殖民地议会表决决定，因而在总督与殖民地议会的斗争中，总督往往屈服。不列颠人对于殖民地总督一职非常不感兴趣，并不视之为一份美差，所以才德兼备的人才很少到美洲任职，这也是不列颠对美洲控制松弛的一个原因。

　　从制度上来说，英帝国从本土控制殖民地的一个基本合法手段，就是对殖民地法令行使审查和废止的权力。根据在弗吉尼亚确立的惯例，殖民地议会通过的法令，经总督同意后即可生效，但同时须报请英王审查和核准（在殖民地一方，如果在一定期限内未收到英国的决定，即可认为法令得到默许）。虽然在理论上英王有权取消殖民地的任何法令，但实际上遭到否决的法令很少。1691—1776 年间，殖民地提交英国审查的法律计有 8,563 项，其中的 469 项遭到废止，占总数的 5.5%。[1] 否决的理由通常是殖民地一方违背惯例，比如制定不符合宗教自由的法律，侵夺总督的固有职权，等等。在不列颠一方，总体来说，对于殖民地通过的法令持相当尊重的态度。在殖民地一方，殖民地议会在立法技巧和政治权谋逐渐成熟时，找到了许多对付英国审查的办法，以贯彻自己的立法意图。有时，英国的废止决议在殖民地得不到及时和认真的执行。反正去国万里，通信不便，查来查去的麻烦太大。

1　李剑鸣：《美国的奠基时代》，第 253 页。

回到地方政府的财政问题。总督及其他王室官员的薪水并非固定拨付——换句话说，不是吃中央财政饭的——而是由当地议会短期拨付，因此在权力斗争中极容易受到地方政治势力的挟制。新泽西的一位总督诉苦说："我左右为难，既要取悦国内的大臣，又要讨好这里的一批必须小心应付的公民。对一方面要抢风行驶，对另一方面要改变航向驶向下风。"[1] 可供他们支配的行政费用也是少得可怜。亚当·斯密指出英属殖民地花在行政上面的钱微乎其微，他估计总的费用约在 64,700 英镑(马里兰和北卡罗来纳除外)。[2] 由于行政费用微薄，总督可支配的资源就很少。

帝国政府不是没有想到过这点，为了摆脱这种制约，帝国政府在 18 世纪致力寻求将王家官员的薪俸固定化：一方面要求殖民地议会将官员的薪俸拨款纳入长期计划，同时力图在殖民地建立固定的岁入制度以解决官员薪俸和行政费用的财政来源问题。但是在殖民地议会的强烈抵抗下，这些想法都只能停留在纸面上。

相比政治上的放任自流，英国政府在经济方面就要上心很多。亚当·斯密曾论述："英国统治殖民地的主要目的，或更确切地说唯一目的，一向就是维持独占。殖民地不曾提供任何收入，来维持母国的内政，亦不曾提供任何兵力，来维持母国的国防；其主要利益，据说就是这种专营的贸易。此种独占，即是此等殖民地隶属我国的主要标志，亦是我国从这种隶属所得的唯一果实。"[3] 英

1　查尔斯·A. 比尔德、玛丽·R. 比尔德：《美国文明的兴起》(上卷)，第 136 页。

2　亚当·斯密：《国民财富的性质和原因的研究》(下卷)，第 145 页。

3　亚当·斯密：《国民财富的性质和原因的研究》(下卷)，第 185 页。

国政府对殖民地经济的政策是：力图使殖民地在经济上对母国保持依赖性和互补性，为母国创造财富。为了达到这个目的，英国从 1651 年开始颁布了一系列《航海条例》（又翻译成"海上贸易条例"），设立海关征收关税，制定和施行限制殖民地制造业发展的法令。

《航海条例》有四个主要内容：一，严禁在外国注册的船只在属于英帝国的港口进行贸易；二，殖民地不得直接从欧洲大陆国家进口制成品，这种贸易必须首先经过英国港口；三，奖励殖民地生产英国所稀缺的物资；四，将若干在国际贸易中十分重要的商品定为"列举品"，包括毛皮、桅杆、稻米和烟草等，这些货物只能运往英国港口出售。

禁止使用外国船只进行运输的目的有二：一，让运输贸易产生的收益留在英帝国之内，这是因为当时荷兰人能够以较低的价格提供运输；二，这样做旨在加强英国的海军力量，通过鼓励商业船只的增长，能够为海军提供潜在的船只与兵员补充。

列举品也分为两类。一类是英国本身不能生产的产品，这往往是美洲的特殊产物。这是为了确保英国商人能够在殖民地以较低价格购得商品，也可以以较高价格供应给其他国家，建立有利可图的中转贸易；另外一类是英国本身能生产的，但所产不足以满足国内需要的产品。用意是避免从其他国家进口（导致金银外流），可用美洲产品替代之。

传统的观点认为，英国政府的这些限制措施严重伤害了殖民地的经济，构成了经济掠夺，证据是殖民地的贸易逆差与庞大的债务。但与美国革命同时代的经济学家亚当·斯密认为英国的这些限制措施有害是有害，只是这祸害的多半是不列颠人，而不是北美人。

在他看来，英国在商业方面对美洲是有恩惠的。首先，"英格兰殖民者还没有对母国的国防或对母国文官政府的维持做出过什么贡献，反之，他们自己的防卫至今还是靠母国的开支"。所以他们能够把多出来的资金投入到生产及商业中去。

其次，英国人虽然实行的是贸易垄断，但是同其他欧洲国家对殖民地的垄断比起来，英国人的垄断是最温和的，也是弊病最少的。"有些国家将自己殖民地的全部商业交给一个专营公司去经营，殖民地必须向它购买自己所需要的一切欧洲货物，它们也必须将自己的全部剩余产品出售给它。""在能够想出来的阻碍一个新殖民地的自然增长的一切办法中，最有效的无疑是设立一家专营公司。""有些国家虽然没有设立专营公司，却将本国殖民地的全部商业限制在母国的一个特别港口。"而且要用巨款来购买特别许可证。英国"让所有的臣民能够和本国殖民地自由通商，能从母国的所有港口运出，只需海关的普通证件，不要求有特许证。在这种场合，商人的人数众多和住地分散，使他们不可能形成普遍的联合，他们之间的竞争足以阻止他们获得异常过度的利润。在这样自由的政策下，殖民地能够按照合理的价格出售自己的产物和购买欧洲的货物"。[1]换句话说，英国的贸易垄断更像是一种国内产业保护措施，

<hr>

[1] 亚当·斯密：《国民财富的性质和原因的研究》（下卷），第146—148页。

而不像是通常意义上的国家垄断。

再次，亚当·斯密指出，并不是所有的美洲商品都被禁止向其他欧洲国家出口，只有一部分是这样。

虽然禁止列举品向外国输出，降低了这些产品的价值，也就降低了美洲的经济福利，但是英国也推出了一些补偿措施。比如在第二类列举品中，为了避免从外国进口，英国向来自美洲的海军用品（例如桅杆、柏油之类的）发放奖金，鼓励它们的生产。英国同样给予铁条、生铁产品以免税待遇。

在有些场合下，禁令存在不存在都没什么关系。以食糖为例，食糖原来是列举商品，后来禁令被废除，但大不列颠及其他殖民地几乎仍是该美洲产品的唯一市场。这是因为该产品价格较高没有竞争力，而英帝国的消费能力也高。此外，英属美洲殖民地与西印度之间的贸易完全不受限制。

最后，英国并未阻止其他外国商品流入美洲，而且对于出口到美洲的外国商品还会退税，这导致有些商品在美洲买要比在不列颠买更便宜。这是为了商人的利益而牺牲了母国的利益。

综上，亚当·斯密的结论是，英国在对待其殖民地贸易方面可称得上是慷慨大方。

更能显示不列颠－美洲关系压迫色彩的另外一个政策是阻止殖民地制造业的发展，比如禁止任何英属殖民地建立钢厂和铁厂，又比如禁止开办羊毛纺织业。但是亚当·斯密考虑过后，认为这种禁令虽不公正，但是没有造成大的经济伤害。"土地仍然是那么低廉，因而劳动在他们中间仍然是那么昂贵，他们能从母国进口几乎所有的比较精密和比较先进的制造品，价格比他们自己能制造的更为低廉。"[1] 换句话说，由于双方不同的比较优势，不列颠与美洲形成了自然分工，这一禁令在很大程度上是多余的。出台这种禁令的原因是"母国商人和制造商的毫无根据的妒忌"。

亚当·斯密因此指出，这种禁令造成的危害与其说是经济问题，不如说是一个权利问题。"禁止一个伟大的人民去对他们自己产物的每一部分进行他们所能从事的一切制造，或禁止按他们认为最有利于自己的方式去使用他们的资本和劳动，这是对最神圣的人权的明显侵犯。"[2] 所以这是一个无礼的（虽然无害的）奴役标记。斯密也指出，将来美洲经济更发达的时候，这种禁令就很有可能成为不能容忍的真正的压迫。

对不列颠本身，这种贸易垄断有什么损益呢？亚当·斯密指出，贸易垄断使个别产业享受垄断利润，导致资源配置错误，阻碍了自由竞争。享受特权的行业不思进取，缺乏改进技术、增加产量的紧迫感和动力；没有享受垄断利润的行业，资金和劳动力被不自然地抽走，流向所谓有利可图的垄断行业。结果出现了制造业和商业发展之间的不平衡，造成不列颠经济的整体损失。得利的是个别行业和极少数制造业者和商人，牺牲的却是广大消费者和国家的利益。本来"消费是一切生产的唯一目的，而生产者的利益，只在能促进消费者的利益时，才应当加以注意"，但在这种重商主义下，"消

---

1 亚当·斯密：《国民财富的性质和原因的研究》（下卷），第153页。
2 亚当·斯密：《国民财富的性质和原因的研究》（下卷），第153页。

费者的利益，几乎都是为了生产者的利益而被牺牲了"。[1]

　　亚当·斯密认为另外一个危害是政治上的，那就是贸易垄断在不列颠内部造就了一个美洲利益集团，它是由与美洲展开贸易的商人和制造商构成的。为了维持这种不正常的垄断关系，他们反对对美洲加强管理。因为他们害怕因为政治方面的问题被关在殖民地市场之外，"预期同殖民地的决裂使大不列颠人民感到的恐怖就比对西班牙人的无敌舰队或法国人的入侵感到的恐怖更大"[2]。他们极力反对任何可能会导致不列颠—美洲交恶的举动，生怕将带来贸易上的停顿。

　　正是贸易垄断使得不列颠在美洲难以建立一个合适的、正常的统治结构，建立正常的财源收入渠道（比如收税）。大不列颠至此在维持这种依附上所做的开支（陆海军和政府开支以及丧失的可能的税收），实际上都是为了支持这种垄断权。"英国一向用以维持这种隶属的费用，其实都是用以维持这种独占。"[3]亚当·斯密继而抱怨说，"在现今的经营管理下，英国从统治殖民地，毫无所得，只有损失"[4]。"自由世界以来，也许只有英国一国，开疆辟土，只增加其费用，从没增加它的资源。"[5]

　　总的来说，贸易垄断的危害就是，一部分不列颠商人和生产

1　亚当·斯密：《国民财富的性质和原因的研究》（下卷），第 227 页。
2　亚当·斯密：《国民财富的性质和原因的研究》（下卷），第 175 页。
3　亚当·斯密：《国民财富的性质和原因的研究》（下卷），第 185 页。
4　亚当·斯密：《国民财富的性质和原因的研究》（下卷），第 186 页。
5　亚当·斯密：《国民财富的性质和原因的研究》（下卷），第 191 页。

者为了自己的利益牺牲了国家的经济和政治利益。

通观全局，亚当·斯密得出结论，在现行管理制度之下，不列颠统治美洲毫无所得，只有损失。之所以美洲对不列颠还有价值，完全是因为殖民地贸易的良好结果抵消了垄断的不良结果而有余。殖民地为不列颠的制造业开辟了一个巨大的市场和原料产地，但这一切好处，不通过贸易垄断也可以得到。

现代经济史学家的判断是，亚当·斯密的观察是可信的。比如，经济史学家福克纳就说："虽然这个（重商主义）政策是自私自利的，使殖民地为了母国的利益而牺牲自己的利益，但是，这个政策的实施没有产生不良的后果。"[1]

福克纳的解释同亚当·斯密的一样：一，殖民地的利益同母国的利益常常是一致的，他们之间的劳动分工对双方都有好处；二，英国人虽然在一些产业上损害了北美人的利益，但在另外一些产业或领域里给予了北美人补贴、优惠；三，英国重商主义政策之所以没有给殖民地造成严重的压力，最重要的原因是，许多危害殖民地人民利益的法令都被逃避过去或是根本没有执行，在这个方面，英国人的放纵和殖民地人民的无孔不入共同起着作用。

北美人大多承认分工利益的一致。亲英派查尔斯·英格利斯在 1776 年发表文章时说："过去的经历表明，英国能够维护我们的商业和我们的海岸线，我们没有任何理由对英国未来在这方面的能力有所置疑。当我们与英国联系在一起时，对我们贸易的保护

1　福克纳：《美国经济史》，第 148 页。

花费，不到我们出于这一目的而建立一支足够的海军的一半。当我们与英国联系在一起时，我们差不多每项出口品都可得到补助金，英国还可以比任何其他国家更为充足地供应我们所需的商品。……英国的制造业显然超过了世界上任何其他国家，尤其是在我们最需要的各种金属制品上，没有一个国家能够提供同等质量但价格更便宜的亚麻织品和毛织品。"[1] 如果说英格利斯受其立场的影响，那么富兰克林也说了同样含义的话，他认为只有土地少而人口密度大的国家，才必须以制造业来养活其国民，美洲有充足的土地，所以"这里绝不会出现什么有规模和价值的制造业"。

殖民地各个产业在《航海条例》下苦乐不均，比如烟草业因为被排除在利润丰厚的欧洲市场之外而大受损失，蔗糖业却从特惠关税中大受裨益，而没有英国的补助就没有美洲的靛蓝产业。殖民地造船业和航运业也得到了大发展，这是因为《航海条例》排除了其他国家航运业的竞争，为美洲成本较低的造船业打开了市场。到 18 世纪中叶，悬挂英国旗帜在海上航行的船只就有三分之一是在殖民地建造的。

当然，《航海条例》的坏处也是明显的。总的来说，《航海条例》迫使殖民者在进口时出价更高且消费量更小，而在出口时出价更低且销售量更小。据估计，经过英国的转运贸易为商品平均增加了 15% 的成本。

---

1 Charles Inglis, "The True Interest of America Impartially Stated," http://www.let.rug.nl/usa/documents/1776-1785/charles-inglis-the-true-interest-of-america-impartially-stated-1776.php.

到底利大还是弊大？按照什么标准衡量？在这里，值得一提的是经济学家罗伯特·托马斯的研究成果。[1] 他对两个方面的利弊进行了量化衡量。他问了自己一个反事实的问题：假如当时美洲并不从属于英帝国，那么它的福利会发生什么样的变化？

在弊的一面，托马斯计算了像烟草、大米这类列举品在《航海条例》下因为英国的贸易垄断发生的直接和间接损失（生产者剩余）。根据他的计算，在1763—1772年十年间，美洲每年在此类商品出口上的平均损失是381,000英镑。在进口上，欧洲商品因为要经过英国转运，价格随之上涨，有的时候美洲殖民者不得不购买那些价格较高的英国商品。这方面的平均损失（消费者剩余）为144,000英镑。

在利的一面，这十年，英国每年平均发放的补助是47,394英镑，减去因为补助而产生的资源浪费（资本流向经济效率低的美洲产业），在补助方面的收益大约是35,000英镑。至于税收优惠产生的收益为39,000英镑。

计算一下，十年间，《航海条例》对殖民地贸易造成的年均净损失为451,000英镑。

不能全算贸易账，英国统治的损益还必须加上英国以其他形式对美洲给予的隐性经济补贴。比如英帝国在美洲的驻军，1762年之后有7,500人。如果美洲独立于英国，当时的美国人估计要

1　Robert Thomas, "A Quantitative Approach to the Study of Effects of British Imperial Policy on the Colonial Welfare: Some Preliminary Findings," *Journal of Economic History*, Vol.25, 1965, pp.615-638.

自己招募 5,000 名军人来代替英国陆军提供的安全保护，要花费 145,000 英镑。通过计算货物保险率，我们可以得出英国的海军在保护美洲贸易方面的价值相当于 206,000 英镑。加在一起，英国人在安全开支上每年隐性补贴了美洲 351,000 英镑。此外，如果美洲殖民地当时就是独立国家，他们还必须承担独立外交的费用，包括派驻大使、签订并监督条约的实施等，这笔钱大约是 60,000 英镑（美国独立之后，发现自己要花 487,000 英镑才能达到英国人提供的安全水平）。

此外，由于《航海条例》打击了欧洲国家的航运业，这就鼓励了美洲航运业的发展。1770 年，美洲殖民地的贸易运费大概是 1,228,000 英镑，其中的 59.4%，也就是约 730,000 英镑是由美洲船只赚走的。但是托马斯对这个领域犹豫不决，因为美洲的造船业本来就有优势，所以他假定航运业既未获益也未受损。

托马斯用贸易的净负担 451,000 英镑减去英国军事保护的收益 351,000 英镑，然后再除以当时美洲的平均人口，得出美洲殖民地人均净负担 26 美分的结论（1770 年是 42 美分），这大大低于人均收入的 1%（当时美洲殖民地的人均收入大概是 60 美元左右[1]）。

当然，托马斯的这一结论也受到了一些学者的质疑，有一位学者认为，北美人民净负担的上界值是国民收入的 3%。[2]

1　杰里米·阿塔克、彼得·帕塞尔：《新美国经济史：从殖民地时期到 1940 年》（上），第 13 页。
2　杰里米·阿塔克、彼得·帕塞尔：《新美国经济史：从殖民地时期到 1940 年》（上），第 71 页。

具体数字不同，但经济史学家最后的大致结论都是，18 世纪
上半叶，英国与美洲殖民地之间纵然有些不愉快，但彼此相处得
还不错。贸易限制措施对殖民地的收入只有一点影响，而且这些负
担的大部分都落在烟草和大米的种植者身上。当然，如果贸易限制
措施得到确实执行，殖民者，尤其是北部的殖民者还是会受到较
重损失，但是英国人也小心翼翼，不去落到实处，对于新英格兰
殖民者同非英属西印度群岛之间的非法贸易睁一只眼，闭一只眼，
以避免同殖民地的正面冲突。补助金、关税优惠和海军保护这些补
贴措施也起到了缓冲的作用。

以上种种论述，同 17 世纪同时代人的观点是一致的。不列颠
对美政策，用同时代英国政治家柏克的话来说，就是"善意的疏忽"。
在治事上，任由移民组织地方政府；在经济上，用贸易垄断和管制
而不是直接课税来从美洲取得利润。让我们用几个量化指标来衡
量一下此种治理方式的结果，做一个简单的审视。第一个指标是人
均税负。以不列颠本土人民在 1765 年人均税负为 100，弗吉尼亚、
康涅狄格、纽约、马萨诸塞、马里兰、宾夕法尼亚诸地的税负只在
2 到 4 之间。[1] 第二个指标是居民身高。英法七年战争期间美洲殖
民地新兵的平均身高大约是 1.727 米，比同期的英国新兵的身高平
均要高上 7 到 8 厘米。[2] 也就是说，几乎在 200 年前，殖民地人民

1　杰拉尔德·冈德森：《美国经济史新编》，第 124 页；杰里米·阿塔克、彼得·帕塞尔：
　　《新美国经济史：从殖民地时期到 1940 年》（上），第 75 页。

2　杰里米·阿塔克、彼得·帕塞尔：《新美国经济史：从殖民地时期到 1940 年》（上），
　　第 4 页。

的身高就达到了现代水平。根据常识，身高反映营养水平，间接反映生活水平。第三个指标是人均寿命。在 1780 年前后，美洲殖民地人民达到了一个相对高峰，1800—1860 年之间反而是在下跌（工业革命之故）。[1] 根据时人的描述，新英格兰"显示出一种富裕和满足的气象"，"这里所有的居民看起来都吃得好，穿得好，住得好，在其他地方根本见不到比这里程度更高的独立和自由"，到处可见"相当好的城市，富足的村庄，宽广的田野"。[2]

本杰明·富兰克林 1766 年在英国下院声称，"（殖民地）全都欣然屈服于王室统治，它们的所有法庭都遵从议会法案。……他们对英国、英国法律、习俗以及礼节，甚至市场都不仅心存尊敬，而且感情深厚"。一名马萨诸塞总督也认为，"任何东西都不能根除他们（殖民者）内心对英国的那种发自天然、近乎机械的深情"。另外，即便是日后激进的反英人士詹姆斯·奥蒂斯也承认："我们作为人和生而自由的英国臣民所拥有的权利，足以使所有殖民地居民在和任何其他君主治下的臣民相比，显得生活十分幸福。"[3]

北美居民自认是英国人，并且以此为荣。约翰·亚当斯在给心爱的妻子阿比盖尔写信时，就骄傲地指出，新英格兰不仅要比美

1　杰里米·阿塔克、彼得·帕塞尔：《新美国经济史：从殖民地时期到 1940 年》（上），第 5 页。

2　李剑鸣：《美国的奠基时代》，第 447 页。

3　李剑鸣：《英国的殖民地政策与北美独立运动的兴起》，《历史教学》2002 年第 8 期，第 165 页。

洲其他殖民地优越，也要比世界其他任何地方高出一筹，重要的原因之一就是，这里的居民都是纯粹的英国血统。这种观念并非亚当斯一人独出心裁，而是久已有之且普遍存在。美洲殖民地人民政制、经济、宗教均五花八门，但最大的共同点在于，他们都自认是"英王臣民"或"英国人"。某政治家 1700 年对马萨诸塞议会说："我们是英语民族的一个部分，这是上帝的很大福佑。"[1] 罗德岛议会在 1723 年上书贸易委员会时则称，"我们谦恭地祈求尊贵的大人们相信，我们血管里流的血带有古老的不列颠血液的颜色"[2]。直到 1770 年，日后的革命家乔治·梅森还说："我们对自己的处境了解得太清楚了，我们知道自己的幸福，我们的存在都依赖于我们同母国的联系。"[3] 由于他们具有更高的英国认同，北美殖民地内部就一直没有发展出成形的分离运动或者团体。

如上所述，相比西班牙在南美，不列颠在北美的殖民，可以说是一种社会再分裂（生殖），英国人在北美大陆上所输入的，是一个一个成熟的社会和自治体，由于地理所限，势成联邦之实。由此建立的是一种人类历史上崭新的政治模式：自由多元帝国。这个帝国以法制以及人民的同意作为政制的根基，以妥协和利益交换作为距离遥远、占地极广的各社会阶层交流的纽带。有学者评价说：

1　李剑鸣：《美国的奠基时代》，第 450 页。
2　李剑鸣：《美国的奠基时代》，第 451 页。
3　转引自万昌华《论北美殖民地与英国议会间的冲突与斗争》，《齐鲁学刊》2005 年第 1 期，第 70 页。

"不列颠日益扩展的国家和海外帝国并不是建立在中央集权和绝对主义之上的。"[1] 在理论上，伦敦有彻底的权力，但在现实中，这个帝国是由多个政府共同进行管理的。甚至有学者如此评价："基本上，将帝国的不同部分统合在一起的是道德力量。"[2]

二　缺乏经验的帝国

那这样一个帝国该怎样管理？帝国各部分之间的关系是怎样的？帝国的边缘部分如美洲，该怎么看待帝国的旧中心不列颠群岛，不列颠群岛又该如何看待美洲诸邦呢？

无论从哪一条历史经验上来看（无论是世界历史，还是英国本地的实践），大英帝国都缺乏相应的治理经验。

如果一个国家是由多元成分组成的（或由内部衍生，或由征服、合并而来），对该国政府来说，如何处理这些异己成分，始终是一个政治难题。不过，这似乎是近代社会才会出现的难题。在人类的大部分时代，对统治者来说，社会多元与否根本不是问题。古代帝国，大多都是包容性的，很少建立在种族或地域压迫的基础之上。亚历山大征服波斯帝国之后，身着波斯服装，行波斯礼节，用波斯法律治理波斯人民，并且劝说其部下马其顿军人娶波斯妇女为妻。

1　Jack P. Greene, *The Constitutional Origins of the American Revolution,* Cambridge University Press, 2011, p.47.
2　Robert W. Tucker, David C. Hendrickson, *The Fall of the First British Empire: Origins of the War of American Independence*, John Hopkins University Press, 1982, p.182.

不独亚历山大如此，拿破仑也曾说自己如果治理犹太人，将重建所罗门神殿。麦克里兰在《西方政治思想史》里评价道："一个东征西讨缔造多种族帝国的征服者，最高明正莫过于以四海之内皆兄弟之名自视视人。"[1] 也有学者观察道："近代以前的帝国一般实行的政策大都接近容许保持差别特性……不强迫不同的族裔群体接受强势的语言、文化、宗教信仰的同化。（但）这种宽容只限于对社群内部事务，并不容许差异族群涉入政府事务。"[2] 奥斯曼土耳其帝国就是一个显著的例子，在帝国治下，犹太人、希腊人、亚美尼亚人都自成一体，对内部事务有自己的管辖权，也各自奉行自己的法律，除了缴纳税收，同帝国政府不产生直接联系，这被称为"米勒特"制度。帝国官吏也一视同仁从各族精英中选拔。[3] 当时的欧洲人对土耳其的多元性往往留下深刻印象，留下了奥斯曼帝国城市一般有三个休息日的说法——周五属于穆斯林，周六属于犹太人，周日则归基督徒。

实际上，根据迈克尔·赫克特的说法，不止帝国如此，近代以前几乎所有的国家都是包容性的（希腊城邦国家、罗马早期共和国除外）。原因在于，在前现代国家中，由于通信技术和货币经济的不发达，以及缺乏训练有素的官僚队伍，治理国家往往采用非直接统治（indirect rule）的方式，如中世纪欧洲的封建制就是很典型

1　约翰·麦克里兰：《西方政治思想史》，袁淮栋译，海南出版社，2003，第95页。
2　丹尼尔·希罗：《为什么不杀光？种族大屠杀的反思》，薛绚译，生活·读书·新知三联书店，2012，第152—153页。
3　黄维民：《奥斯曼帝国》，三秦出版社，2000，第162—164、190—194页。

的例子。由于国家边界与治理单位不对应，从统治者到民众一般都不会有什么民族思想。[1] 原因是，统治者对各次级集团（subgroup）的要求一般不多（因为需要它们提供中介服务），只需要，一，缴税，二，别添乱。在满足以上两条之后，统治者允许各次级集团根据自己的习俗治理，一国之内就很少有什么文化冲突，这对减少治理成本很有好处。古代国家社会服务功能极少，各次级集团唯求其不生事，也没有掌控国家为己牟利的打算。

在中世纪的欧洲，一王统治几域之地，从来不是问题。英国君主曾长期自称法兰西国王，也在事实上统治法国北部之地。哈布斯堡王室长期领有捷克，捷克人也不以为异。更小一些的单位（城市、公国）在各王公之间换来换去，就更不必说了。

这种包容能否被看成是一种内在稳定的政治秩序（政治共同体）则很难说。这视乎统治权力的稳定度而定。比较糟糕的例子是神圣罗马帝国，它曾地跨德意志与意大利，红胡子腓特烈要来回于两地之间奔波，"（他）回到了阿尔卑斯山以北。他一来，法兰克人（即德意志人）就恢复了和平。他一走，意大利人就失去了和平"[2]。

从中世纪到近代之间，欧洲通过政治协议从下而上在不同的地域和族群之间建立政治关系的例子不多，显著的只有1291—1798年的瑞士邦联和1581—1795年的荷兰共和国。13世纪至17世纪的神圣罗马帝国也勉强可以算上。这些政治安排都有几个明显的共

1　Michael Hechter, *Containing Nationalism*, Oxford University Press, 2000, p.35-55.
2　马克·布洛赫：《封建社会》（下卷），张绪山译，商务印书馆，2004，第654页。

同特点：它们都是为了战争而创建的军事联盟，其主要目标是进行共同防御；不存在统一的行政、立法、司法和征税权力，中央政府的权力极为有限，成员各自享有主权；它们都由各小单位聚合而成，没有一个力量强大、人口众多可占主导地位的成员。[1]

认真说来，这些国家也不算真正的政治共同体，因为它们是在特殊条件下由外力聚合在一起的，其内部还是充满了成员之间的合纵连横、尔虞我诈与阳奉阴违。假如有一个成员力量过大，整个邦联就会立即失衡与不稳。有一段时间，瑞士雇佣军名闻天下，向谁提供雇佣军，不向谁提供雇佣军，就能改变欧洲的战略态势，瑞士邦联有时会明令禁止向某些国家提供雇佣军，但是各邦多有不听号令的情况。

在这个意义上说，近代之前，几乎没有一个欧洲社会有和异己携手共建政治共同体的经验，它们的共存是机械堆积的结果，依赖的是人民的政治冷漠与顺从。

相应地，在当时的政治思想领域也明显缺乏这方面的讨论与总结。中世纪末期，随着近代国家的出现，让·博丹的主权学说开始流行。博丹认为主权绝对且不可分割，尽管当时的一些思想家们，

1　埃·邦儒尔等：《瑞士简史》，南京大学历史系编译组译，江苏人民出版社，1974，第 179—183 页；Lee Ward, "Early Dutch and German Federal Theory: Spinoza, Hugo and Leibniz," in Ann Ward and Lee Ward, ed., *The Ashgate Research Companion to Federalism*, Ashgate Publishing Company, 2009, pp.91-105；莫里斯·布罗尔：《荷兰史》，郑克鲁等译，商务印书馆，1974，第 91—92 页；亨德里克·威廉·房龙：《荷兰共和国兴衰史》，施诚译，河北教育出版社，2002，第 12—14 页；M. Forsyth, *Unions of States: the Theory and Practice of Confederation*, Leicester University Press, 1981, p.160.

如格劳秀斯、斯宾诺莎、莱布尼兹，都对主权的绝对性提出了质疑，但是他们也很少会认为，主权可以在地域的基础上进行分割。对他们来说，荷兰共和国和德意志帝国都还是主权国家联合体。现代学者评估了他们的学说，认为"我们必须小心谨慎，既不过高也不过低地估计格劳秀斯、斯宾诺莎和莱布尼兹在联邦主义上的贡献，但很清楚的是，把联邦主义看作一种政府与个人之间关系的政治安排，而不是一个国际体系，这种想法确实是直到 1787 年才出现"[1]。

自中世纪末期以来，英格兰自己也面临着一个难题，即如何处理与爱尔兰、威尔士、苏格兰之间的关系。这些国家、地方与英格兰并立于不列颠群岛上，由于皇室间的亲属关系，一个国王可以同时君临几地，但是从政治结构来看，却仍然处于分离状态。

以英格兰与苏格兰为例，自 1603 年苏格兰国王詹姆斯一世即位以来，两国共戴一君，但各自拥有议会与枢密院，在政治、宗教、法律、经济等方面都保持独立地位。查理一世在位期间曾试图从宗教入手统一两国，在苏格兰推行英格兰国教会的新祈祷书，结果却激起了苏格兰长老会派（Presbyterian）领导的大反叛，最终诱发了英格兰内战。克伦威尔曾使用武力一统两地，却也不能持久。

到了 18 世纪初，这种分离状态日益违背英格兰的利益。解决北方边患，拆散苏格兰与法兰西的结盟向来是英格兰对苏政策的重要动机，而只有控制苏格兰才能做到这点。在过去，可以通过王位联合弥合两国（英格兰无论在人口、财富还是军事实力上都远远超

1　Lee Ward, "Early Dutch and German Federal Theory: Spinoza, Hugo and Leibniz," p.104.

出同侪，不愁君主不偏心），但是随着时世迁移，这变得日益困难。

首先是因为安妮公主无后，斯图亚特王朝绝嗣，这就意味着苏格兰可能会在安妮公主死后停止与英格兰的王位联合，回到完全独立的状态。在苏格兰境内，前朝废君詹姆斯二世党人仍然颇有影响力，目前正在路易十四的庇护之下图谋复辟。

即使英格兰想办法让苏格兰继续尊继任君王为共主，英格兰也无法再通过王位联合达到有效控制苏格兰的目的。这可以说是光荣革命的副产品。内战之前，在苏格兰，王权的专制程度要比在英格兰大得多。现代学者的判断是，"苏格兰议会在苏格兰国家中的作用与地位，从来就不能与英格兰议会在英格兰政治生活中的作用与地位相媲美"[1]。1689 年之后，苏格兰迎来一位客君，苏格兰议会乘机扩张，也通过了自己的《权利法案》（Claim of Right Act），在这一法案中，苏格兰议会获得了罢黜君主的权力，也摆脱了君主对议会日程的控制。[2]这样，苏格兰议会就获得了对这个国家的实际管理权。1703 年 9 月，苏格兰议会又通过《和平与战争法》。该法规定，苏格兰对外宣战、媾和、缔结条约、结盟的权力全部归苏格兰议会。控制苏格兰，再也不能靠国王一言而决，而必须在社会层面也有所整合。

在苏格兰人方面，要么完全独立，要么与英格兰走得更近，

1　Rosalind Mitchison, *Lordship to Patronage: Scotland, 1603-1745*, Edward Arnold Ltd, 1983, p.128. 转引自李丽颖《苏格兰与英格兰合并的历史渊源》，《史学集刊》2011 年第 2 期，第 102 页。

2　李丽颖：《苏格兰与英格兰合并的历史渊源》，第 104 页。

两种选择都更符合国家利益，保持目前的共主体制最不可取。这是因为在共主体制之下，国王不可能平等地对待这两个国家。"斯图亚特王室一入主英格兰，就发现他们的新王国更舒适、更有利可图、更强大。"[1] 所以这些苏格兰国王迅速地英格兰化，凡两国发生利益纠纷，国王必定偏向英格兰。同样，由于国王主持外交政策，苏格兰不得不跟随英格兰涉入对外争端，这使它损失惨重。三次英荷战争，使苏格兰失去了与荷兰的贸易关系，在英法战争中，法国又宣布了对苏格兰的贸易禁令。同时，共主体制下两国的经济关系仍然是分立的，当时重商主义盛行，英格兰对苏格兰高筑贸易壁垒，进行贸易歧视。比如，在 17 世纪后期，英格兰将苏格兰列入《航海条例》的限制之中，将苏格兰关闭在海外殖民市场之外。[2]

不过，完全独立会招致英格兰的报复和入侵，与英格兰联合则会获得贸易市场与自由。议会中的重要人物罗克斯巴勒伯爵(Earl of Roxburgh) 在 1705 年 11 月的一封信件中写道："(合并的) 目的中，贸易占了很大部分，剩下部分是汉诺威王室，部分是安逸和安全的考虑，其他还有对国民混乱秩序、难耐的贫穷和持久的压抑的厌恶之情。"另一个重要的政治人物西菲尔德伯爵（Earl of Seafield）同样没有忘记经济因素："我认为和英格兰合并的正面因素如下……英格兰在贸易和其他方面将会给我们带来好处，这是其

1　李丽颖：《苏格兰与英格兰合并的历史渊源》，第 101 页。
2　杨琨：《繁荣的契机——经济视角下的 1707 年苏格兰英格兰合并》，《历史月刊》（台北）2008 年 11 月第 250 卷，第 4—10 页。

他的国家都不能做到的。"[1] 因此，苏格兰还是偏向于整合方案。

因此，无论从英格兰，还是从苏格兰来看，都有进一步整合的需求。但该如何整合两国，无论从过去的欧洲历史，还是从当时的政治思想资源中，英国人都找不到既定的模式可以遵循。也许就是因为缺乏经验，所以才会出现以下的争执。

双方的谈判从 1702 年开始至 1706 年结束。大体而言，英格兰人要求全体合并，苏格兰议会合并到英格兰议会之中，而许多苏格兰人要求保留苏格兰议会。苏格兰人约翰·霍奇（John Hodges）是此要求最有力的鼓吹者，他指出，"一旦合并，（苏格兰）将失去所有（已有的）独特的权利，也不能谋求与众不同的豁免或特惠"[2]。他要求两地各自保留议会组成邦联，而他心目中的模板则是荷兰、瑞士和古希腊城邦联盟。

"对（英格兰人）来说，他们从荷兰的例子中得出的教训是，邦联体制是一种较弱的政府体制。"[3] 对于两地各自保有议会，然后再平等选举代表组成联合议会解决两个议会之间的分歧这个提案，英格兰人也予以否决。理由是，这将造成管理上的种种困难。[4] 实际上，许多英格兰人、苏格兰人都对两元联邦的稳定性持怀疑态度。怀疑者引用西班牙和葡萄牙、瑞典和丹麦的例子来举证，历史上，当国家只由一大一小两个部分组成时，大邦尽可以靠自己在人口和

1　见杨琨《繁荣的契机——经济视角下的 1707 年苏格兰英格兰合并》。

2　John Kendle, *Federal Britain*: *A History*, Routledge, p.6.

3　John Kendle, *Federal Britain*: *A History*, p.5.

4　John Kendle, *Federal Britain*: *A History*, p.9.

财富上的优势主导国政，将小邦置于尴尬境地，最终酿成政局的不稳。[1] 英格兰大而苏格兰小，若两者在联邦或邦联体制下地位平等，对英格兰来说既不公平，也不现实。

说到底，英格兰人对主权分享这件事的可行性没有信心。在 18 世纪，英国人的主权观（国家结构观）可以用当时的法学权威布莱克斯通（William Blackstone）爵士在《英国法释义》中的一句话来形容："在每一个国家，都有且必须有一个至高无上的、不可抗拒的、绝对的、不受他者控制的权威，主权存在于这个权威之中。"持这种主权观的人认为，在一个国家内，不应该有两个及两个以上的主权实体，无论是横向还是纵向都是如此，否则只会徒增纷争。以英格兰的传统地方政治来看，过去也主要是行政、司法自治而已。其独立性是比不上德意志、北意大利诸城邦的。[2] 又由于英格兰是一个普通法国家，司法对立法有所取代，这使得英格兰人在历史上就缺乏同时处理几个平行立法机关关系的经验。

除前述经验不足之外，这种政体观还受到特殊时代的影响。光荣革命的重要成果就是限制君主之权，立国基础从君主主权转移到议会主权之上。当国内有大批托利党人还在尊奉"君权神圣"

1　Wm. S. McKechnie, "The Constitutional Necessity for the Union of 1707," *The Scottish Historical Review*, Vol. 5, No. 17 (Oct., 1907)，pp. 52-66，可见 http://www.electricscotland.com/history/articles/union.htm。

2　虽说中古时期到近世，英国的地方向来以自治而闻名，但此处自治主要是指行政上的自治，英国的城市有议会是在 1835 年《市自治法》颁布之后，乡村有议会则是在 1888 年《地方政府条例》出台之后。参考陈日华《中古英格兰地方自治研究》，南京大学出版社，2011；彭献成《英国政体与官制史》，第 190—191 页。

的时候，分权理论是不大可能被提出的，人们也不大可能强调政治
单位间的对抗。

此外，18 世纪也是一个政治保守的年代，英国的政治家们对
人民主权说（Popular Sovereignty）通常另眼相待。当时的政治共
识是，集权于中央政府（King in Parliament，君主、贵族、议会三
位一体）有助于保持尊卑有序的社会秩序与国家稳定。[1] 在这种政
治观下，为政最重要的是选"好人"，强调的是为民做主、贤人治国、
政治德性和议员的独立性，而不是事事听群众意见。议员仅作为地
方利益喉舌而存在。洛克在《政府论》中也提到，固然，政府是由
人民授权产生的，但是除非社会契约明显解体，人民也不能随意收
回其同意。这意味着社会契约是一个一次性的过程，政治的重心是
代议士而非人民。既然如此，地方利益不一定要地方代表才能维护，
也就不需要一个单独的地方立法机构。当时的政治观念也不强调
议会的代表性，而是把议会看成一种抗衡国王与贵族的平衡力量，
是一种消极制约手段。

以上两者，可以说是阶级秩序影响政体观的表现。

当时的英国人也同时接受"习惯造法"这么一个观念，知道
经过长时间形成的地方利益、地方治理模式是不能轻易用主权至上
的理论抹掉的。日后埃德蒙·柏克如此说道，一国对其属地的主

---

1   H. T. Dickinson, "The Eighteenth-Century Debate on the Sovereignty of Parliament,"
Transactions of the Royal Historical Society, Fifth Series, Vol. 26（1976），pp. 189-210.

权，从理论上来说，必定无限，但是从实际上讲，是根据各地环境、历史之不同而有权利边界的。尊重这一自然形成的边界，有赖于主政者的克制与智慧。毕竟主权是为人民福祉而设，"野猪被逼急了，会掉头冲向猎人。假如你要的主权，与他们的自由不相容，他们将何去何从呢？他们会把你的主权甩在你的脸上"[1]。柏克的这个说法虽然在后，但也基本上描述了 18 世纪早期英格兰主政者的心态，那就是主权在原则上虽无限制，但在实际的操作中要谨慎。这两者之间自然是有矛盾的，褒者认为这是英国人的模糊智慧，贬者认为这不过是自欺欺人罢了。

　　在整合苏格兰这个问题上，英格兰人的做法也非常符合这一观点，即一手硬一手软——制度坚硬，在政策上做弹性调整。大框架上的坚硬体现在 1706 年 7 月英格兰和苏格兰的合并协议中。根据该协议，自 1707 年 5 月开始，英格兰和苏格兰正式合并成为大不列颠联合王国，两国议会合并（在下议院议席的分配上，苏格兰 45 席，英格兰 513 席；在上议院中，苏格兰 16 席，英格兰 180席）。事实上出现的，是一个单一国家，而且是在伦敦控制下的单一国家。"虽然新的大不列颠议会取消了英格兰议会和苏格兰议会的独立性，但事实上，大不列颠议会只是扩大的英格兰议会。"[2]大不颠议会对两地事务有绝对权力。

　　政策柔软则体现为以平等换忠诚，且在许多领域内执行对苏

1　埃德蒙·柏克：《论课税于美洲的演讲》，载《美洲三书》，第 1—67 页。
2　Michael Lynch, *The Oxford Companion to Scottish History*, Oxford University Press, 2001, p.604.

格兰的特惠政策。在经济上，"不列颠的贸易、航运以及海外商业都在共同的关税和国内税的框架内向苏格兰敞开。在苏格兰接受伦敦的税收规则和贸易规则的同时，英格兰人保证会在苏格兰征收更轻的税"[1]。在法律和宗教上，合并协议规定苏格兰的教会和法律制度都保持不变。[2] 对英苏合并的这种做法，我们可以称之为"单一国家下的多元化实践"。

对于这场合并，大多数历史学家都持积极肯定态度。英格兰确实是全面对苏格兰人开放。有学者称："苏格兰在 1707 年后的所有发展都直接或间接地源于合并。"[3] 由于享受到英格兰提供的庞大市场、英国皇家海军提供的远洋贸易保护以及相对更文明的政治统治（更少贵族支配），虽然在最初多数苏格兰人对合并协议都持批评态度，但是渐渐地，这种反对声消失了（至少是勉强地接受）。塞缪尔·约翰逊在 1773 年访问苏格兰时，在其书中记载道，苏格兰是"一个每时每刻商业都在扩展中的国度，财富在日益增长"。[4]

也许就是这一成功，掩盖了一个重要问题：不列颠的正式成文政治结构没有为异己留下制度空间。在英国的政治社会运作中，多元成分的存在，要依赖人们对惯例、主政者智慧与合法性的信赖与信仰，以及主政者本身的谨慎。由于没有正式制度保证，这就使得中央与多元边缘之间的关系始终处于灰色领域和潜在的紧张状

1　Frank O. Gorman, *British Political and Social History 1688 -1832*, Arnold Press, 1997, p.58.

2　李丽颖：《1707 年英格兰苏格兰合并的特征》，《世界民族》2011 年第 6 期，第 84—87 页。

3　R. Mitchison, ed., "Why Scottish History Matters," *Edinburgh: Saltire Society*, 1991, p.39.

4　Samuel Johnson, *A Journey to the Western Islands of Scotland*, p.10.

态。有苏格兰学者如此说道，若干事例证明"苏格兰人民的情感要从属于威斯敏斯特的无上权力，而有的时候这种权力的行使相当令人不安"[1]。

随着不列颠在全球日益扩展，由一个王国成为一个真正的帝国，这种紧张关系就越来越明显。于是不列颠帝国面临着一个难题：如何处理由此而来的延伸政体（Extended Polity）问题。[2]

三　没有宪法的多元帝国

大英帝国是一个没有宪法的帝国。

依据《布莱克法律辞典》，宪法是"民族或国家的基本组织法"，旨在规范政府运作规则，调节、分配和限制不同政府部门的职能，规定主权行使的范围和方式。[3]其应有之意也包括对国家各个（地区）部分之间关系的规范，即说明国家结构问题。

众所周知，不列颠以不成文宪法著称，这是一整套包含基本规范和政治体制的成文法、普通法和惯例的宪法。对此不成文宪法，有几件事情要特别注意。

第一，近世以来，英国宪政中的第一大特色就是议会主权的无

1　Wm. S. McKechnie, "The Constitutional Necessity for the Union of 1707," *The Scottish Historical Review*.

2　关于 Extended Polity 这个术语，历史学家们用它形容近代早期欧洲殖民帝国中那些分布甚远的政治实体所组成的联合政治组织状态。

3　转引自张千帆《宪法学导论》，法律出版社，2003，第 11 页。

限性以及宪法的软性（flexibility）。戴雪在《英宪精义》中早已指出，英国议会"可以造法，亦可以毁法；而且四境之内，无一人复无一团体能得到英格兰的法律之承认，使其有权利以撤回或弃置巴力门的立法。是为巴力门主权的原理所有真谛，不能增多亦不能减少"[1]。换句话说，英国议会自己不受制于其他任何法律，包括宪法本身。"基本法或宪法可被议会修改，一如通常法律，其组织与手续均同。"[2]

英国宪法随时可以被议会变易。有学者说，在英国宪法中，没有一宗宪章（charter），更没有一宗法案（statute），无论关系如何重大，是议会不能修改的，又如，在英宪中没有一件司法判决，是议会不能撤废的；没有一条常法的规则，是议会不能毁弃的；没有一项惯例，是议会不能变更的。[3]正是由于这种软性，古今都有学者犹疑，认为英国宪法只有表面（facade）意义。[4]在此意义上，可以说英国政制同古希腊城邦民主有几分相似。

使英国政制确有宪政之实、免于动荡颠沛的是政治习惯和政治道德，而这两样都奠基于一个保守主义社会，即以社会层面的稳定弥补政治层面的空失。

第二，英宪中有若干层次，效力不一。英国宪法由重要典章（如《权利法案》）、议会立法、普通法与重要判例，以及惯例构成。

1　戴雪：《英宪精义》，第 116 页。

2　戴雪：《英宪精义》，第 158 页。

3　雷宾南：《译者导言》，载戴雪《英宪精义》。

4　Eric Barendt, "Is there a United Kingdom Constitution." *Oxford Journal of Legal Studies*, 1997, 17（1），pp.137-146.

一般而言，其受保障程度与效力限度由前往后递减。

　　在一个单一国家之中，这种不成文宪法也许足矣，但是在一个由多元成分构建而成的帝国之中，这种柔性宪法有时就不足以应付局势。后世所有的联邦国家，其宪法都是刚性的，这并非偶然。其原因在于，在一个多元（且大小不等）社会中，要组织政府，势必要消除弱者对强者以大凌小的担忧，也要抚慰强者对弱者摇摆不定的忧虑，这样就必须以确定无疑的正式条文来规范中央与边缘之间的权限划分，[1] 以便在发生争执的时候有所凭据。[2] 同时也要让宪法获得至尊地位，使得政府中无论是哪一个民意机关都不能单方面掌控宪法的解释与修订权。[3]

　　对于英帝国来说，有这么几个宪法问题是需要回答的：殖民地在帝国结构之中到底处于什么样的地位，是属民还是帝国的共同组织者？帝国的中央机关在哪里？它的管辖权止于何处？当帝国边缘与中央发生冲突的时候，裁定者是谁？自有殖民地以来，由于不列颠宪法的柔性特征，上述问题一直有争议，也使得不列颠宪法

1　强者易取中央之位，人口多、财富多的地方总是有更多的政治筹码，在中央政府中占据更多的席位。

2　戴雪在论述议会主权与联邦主义之异时也指出："原来联邦国家所有基础实是一部极复杂的契约。将欲使各个独立的政治团体能降心以相从，所有联合条件必须从长计议，而且彼此同意。倘不如是，联邦政治必无从实现……倘使当时只以口头商订，后来必多误会。因此之故，条约中所有条目必须用书面记载，遂有成文的宪法。在此际，宪法不但是成文的，而且须简明正确，方不至或起疑窦，而肇争端。"戴雪：《英宪精义》，第198—199 页。

3　美国最高法院之所以掌握释宪权和司法重审权的主要原因之一，恐怕就是因为它的非民选性质，从而可以超脱各种势力。

不能顺理成章地转型为帝国宪法。[1]

让我们从头讲起。不列颠与殖民地之间的关系，有一个显著的特点，就是没有专门立法。

17 世纪早期，英国政府并没有把殖民地团体当作一个独立的社会和自治体来看待，在他们的眼中，殖民地等同略大一些的特殊海外贸易公司。[2] 在相当的程度上，这也是实情。比如马萨诸塞殖民地政府最初在文件中自称"马萨诸塞海湾管辖者和公司"。[3] 正因为这种公司性质，殖民地政府最初的权力中心是总督，议会只有参赞之权，但是随着殖民地社会的日益发展，原本只是股东大会的殖民地议会通过自我授权，羽翼渐长，在同殖民地业主与总督的屡次争斗中，逐渐占据了殖民地政治舞台的中心，并开始寻求对殖民地立法的专断权。

内战之后，英国政府决心整顿北美殖民地，颁布了《航海条例》，以对殖民地产业及贸易进行控制，进而在斯图亚特王朝复辟末期，打算将殖民地纳入不列颠的行政体系之下。1684 年，英国吊销了马萨诸塞海湾公司的特许状，还打算取消所有业主殖民地和自治

---

1 "国会独尊被英国人认为是宪法的突出特点。用曼斯菲尔德勋爵（Lord Mansfield）的话来说，'（宪法）总是在流变之中，损益不定'这个观点……对美洲居民来说很荒谬，他们的看法可以用塞缪尔·亚当斯的一句话来概括：'在所有的自由国度里，宪法都是固定不变的。'" J. Ewing, *The Constitution and the Empire, from Bacon to Blackstone*, in J. Holland Rose, A. P. Newton and E.A. Benians ed., *The Cambridge History of the British Empire*, Vol.1,the Syndics of Cambridge University Press, 1960, p.632.

2 Jack P. Greene, *The Constitutional Origins of the American Revolution*, p.8，p.26.

3 李剑鸣：《美国的奠基时代》，第 259 页。

殖民地的特许状，同时在北美的北部、中部和南部设立三个大政府，以便实行更有效的直接统治。1686 年，英国建立了第一个大政府——"新英格兰领地"，囊括北部诸殖民地，废除了当地议会。[1]但此事因光荣革命而中止。

　　光荣革命可以说对北美有两大间接影响：一是民治政府的理念在革命之后成为确立不移的观念。如果说各殖民地议会在以前还要从属于王权，在革命之后，其独立性明显提高。以后再以行政手段来实现不列颠对殖民地的控制就变得分外困难，所谓师出无名，必须要在合理性上给个说法[2]。二是革命之后，无论是威廉、安妮还是以后的汉诺威王朝诸王，都立基不稳，斯图亚特王朝复辟风险时时在侧（1715 年、1745 年两度掀起货真价实的叛乱，直到1746 年卡洛登荒原战役叛党被彻底击溃，这项危险才算解除）。"在乔治一世及二世时，不列颠诸大臣的政策，无论对内对外，俱以维持汉诺威王室的命运为前提"，"内阁的举动常恐激起朝代的反革命而受牵制"。[3] 在这些年代主政的辉格党人，以罗伯特·沃尔波尔（Robert Walpole）爵士为代表，奉行的信条和政策就是三个字："不生事"（这当然也跟 17 世纪的长期争斗后国家亟需休养生息有关）。对外求和平，是沃尔波尔担任几十年首相之职一以贯之的政策。"否

1　李剑鸣：《美国的奠基时代》，第 161 页。

2　在 20 世纪二三十年代，马萨诸塞殖民地议会曾经拒绝按照国王指令给殖民地总督提供永久薪水（而不是一年一议），贸易委员会只能威胁说把此事提交不列颠议会，让议会做出最后裁决。见 Jack P. Greene, *The Constitutional Origins of the American Revolution*, p.43。

3　屈勒味林：《英国史》，第 691、696 页。

则战事一发生则田税必加重,而乡绅必为叛徒做爪牙。"[1] 对于北美,
沃尔波尔也一样是得过且过的心态。在他任内,议会曾经想向殖民
地直接征税,沃尔波尔说道:"我把向殖民地增收税款这件事留给
以后继承首相职务的人去干,他们也许比我胆量大。"[2]

18 世纪早期到中期,殖民地在人口、财富、商业贸易上的突
飞猛进为殖民地的自由增添了另外的保障,因为这似乎证明了放任
自流做法的正确性。[3]

由于帝国中心的这种自我限制,使得中心—边缘关系一时缓和
下来,不再如 17 世纪那么剑拔弩张,很多惯例就此产生。比如,
议会在 18 世纪三四十年代三次拒绝用其立法权威去支持行政机构
在北美加强权威的提议(比如说,拒绝支持国王的指令自动在殖
民地成为法律这一提议),表现得极不愿意去更改殖民地的宪章和
内部管理,而只是把自己的活动局限在为进出口商品定关税,为
大英帝国的内部贸易制定法规,以及保障不列颠在殖民地的投资。[4]
相应地,殖民地议会也表现出了对中心更多的尊重,很多人承认不
列颠议会的立法在北美的有效性,承认不列颠议会在某些领域内是
高级立法机构。尤其是当殖民地议会内部就某个议题吵成一团的时
候,还会主动寻求不列颠议会的裁决。[5]

1　屈勒味林:《英国史》,第 696 页。又,沃尔波尔本人老成持重,素喜暗中操纵而不
　　是强力压人,又打理财政。这些特点跟他的保守治国之策恐怕也不无关联。
2　杰拉尔德·冈德森:《美国经济史新编》,第 113 页。
3　Jack P. Greene, *The Constitutional Origins of the American Revolution*, p.22.
4　Jack P. Greene, *The Constitutional Origins of the American Revolution*, p.44.
5　Jack P. Greene, *The Constitutional Origins of the American Revolution*, p.41.

长期以来的政治实践将不列颠议会的立法范围局限在英帝国整体事务上，而殖民地议会对本地事务有专断权。这可以说在帝国内部建立了某种双重立法体系。这种惯例有没有宪法意义？按道理讲是有的。

柏克日后在其著作中说："从一开始，殖民地便受大不列颠的立法机构的支配，至于它根据的原则，他们则从没有探问过；我们允许他们享有大量的地方特权，至于这些特权又如何与英国的立法权威相一致，我们也不加过问。各种式样的管理机构，缓慢而无定制地在美洲形成。但它们逐渐适应了变动不居的环境。最初单一的王国，后来扩展为帝国，某种帝国的管理权（不管什么种类的），这时已变得大有必要。"[1] "在此期间，双方对这一重叠的立法机构，都不曾感觉到不便；是人不能觉察的习惯和古老的风俗，导致了这一机构的形成，而这些，则正是人间一切政府的重要支柱。这两个立法机构，虽时常发现它在履行着同样的功能，却没有发生过严重的、制度性的冲突。这一切的起因，或许完全是我们的疏忽，但也许是事情自然运行的结果；凡事只要不管它，它往往会自成一局。"[2]

习惯成法，大西洋两岸都承认这点。问题在于，同一个惯例，可以从不同方向解释。无论是不列颠一方，还是殖民地一方，都各有一套说法可以对现状提出有效挑战（只不过双方克制住了）。

1　埃德蒙·柏克：《美洲三书》，第 197—198 页。
2　埃德蒙·柏克：《美洲三书》，第 199 页。

在不列颠议会一方，可以说殖民地本身即来自王室的授权，前身不过是企业法人团体。从历史上看，不列颠确实一直在对殖民地进行管理和调节（尽管程度甚微），这一事实证明不列颠议会的高级属性（殖民地否认不了此种事实的存在）。虽说美洲殖民地在不列颠议会中没有正式代表，但是根据英国宪政传统，长期形成的习惯在某种形式上也是一种"同意"，所以国会为殖民地立法并不违反立法需得到受法律管束者同意这个宪法原则。[1]

在殖民地议会一方，可以反驳说，帝国源起于不列颠，且不列颠在人口、财富、技术方面都居上游，那么由不列颠充任帝国事务的管理者固是自然，不过帝国事务与邦国事务要分开。再说殖民地议会和不列颠议会建立于同等的基础上，都是一方民意代表，也都是习惯生成，不列颠议会获得主权也不过是光荣革命之后的事情，与北美殖民地议会同处于某一个时间段，那就应该得到同等待遇，在各自领域内互不干涉。况且在过去，大家都是各行各道。[2]一位殖民地重要人士耶利米·达默（Jeremiah Dummer）在1721年委婉地表示，不列颠议会固然有这个权力为所欲为，"但这里的问题并不是权力（power），而是适当与否（right）"，"权力越大，行使起来就要更谨慎才对"。[3]

解释虽多，却没有一个各方共同承认的仲裁者。一旦有争执，

1　John Phillip Reid, *Constitutional History of the American Revolution*, Volume IV, *The Authority of Law*, The University of Wisconsin Press, 2003, p.98.

2　Jack P. Greene, *The Constitutional Origins of the American Revolution*, p.52.

3　Jack P. Greene, *The Constitutional Origins of the American Revolution*, p.58.

双方都可以指责对方违宪。不列颠议会是既做运动员又做裁判，而且它是较大一方的代表，此状态自然有失衡的危险。当时的人们已经明显感觉到帝国政治的名实不副。表面上，不列颠可以说是天下共主，鞭策四方。但实际上，帝国明显不是一个单一国家。马萨诸塞总督弗朗西斯·伯纳德（Francis Bernard，1760—1769 年在位）在 1765 年写信给不列颠政府高官，说道："依我之见，在美洲发生的所有政治罪恶，都源于大不列颠与美洲殖民地之间关系未定这个事实。"他同时指出："谁来裁决这差异如此之广的分歧？是大不列颠议会吗？不。北美人说这使不列颠议会成了自己事务上的法官。那么是谁？国王吗？他被宪章所束缚……不能反对他自己授权产生的事物。所以，在当下，并没有一个高级法庭（superior tribunal）来决定美洲殖民地的权利和特权。"[1]

　　帝国宪法仍然处于某种空白缺失状态。这不是一个单一国家，但也不是联邦或者邦联。后世的研究者曾经对这个问题有过争论，安德鲁·C.迈克劳林（Andrew C. McLaughlin）认为此时的英帝国在实际操作中非常离心化，等同联邦。但是罗伯特·W. 图克（Robert W. Tucker）和大卫·C.汉德瑞克森（David C. Hendrickson）两位学者正确地指出，仅仅存在权力分立还不足以构成联邦，联邦是中央权威和地方权威根据事先的约定，在各自的领域内行使主权又相互合作的一种政治状态。我们还可以说，联邦是一种所有成员

---

[1] Francis Bernard, letters, 1765-68, in Martin Kallich and Andrew MacLeish ed., *The American Revolution Through British Eyes,* Row, Peterson and Company, 1962, p.126.

都在平等的基础上同时参与地方政治和全体政治的安排，在一个地域内同时存在两套政府体系。如果权力的划分是由一方单方面决定的话，就不是联邦。假如中央依存于地方，就是邦联。假如地方依存于中央，就还是单一政体。尽管中央可以在相当程度上让地方享有极广泛的自治权，只要授取由人，就只是普通的权力下放（devolution）而已。[1] 在美洲殖民地这个例子上，殖民地的权力范围在相当程度上是由不列颠限定的，但不列颠统治的有效性在相当程度上也依赖殖民地政府的配合。在这种情况下，体现的更多的是上下政治体之间的区隔与依附。这样一种政治联合状态，我实在无以名之。

　　应该说，面对英国已经是一个多元帝国这个事实，不列颠的反应比北美殖民地要迟钝。只有极少数不列颠人意识到这一点，其中之一，是托马斯·伯纳尔（Thomas Pownall），前殖民地总督，不列颠政府的中层官员。他在其著作《殖民地管理》（*Administration of the Colonies*）一书中说道："大不列颠不应再被视为仅仅是这个小岛的王国，连带着诸多作为附属品的省份、殖民地、定居点以及其他外来部分，而是应当作为一个庞大的海洋体系，包容我们在大西洋和美洲的全部属地，联合成一个单一的帝国。"[2] 但是，伯纳

1　Robert W. Tucker, David C. Hendrickson, *The Fall of the First British Empire: Origins of the War of American Independence*, pp. 172-179.
2　转引自查尔斯·霍华德·麦基文《美国革命的宪法观》，田飞龙译，北京大学出版社，2015，第150—151页。

尔的这一认知太过超前，几乎得不到同辈人的认可。人们发现，"在英格兰的宪法中寻找线索，来指导殖民地与母国之间的恰当关系，是徒劳无功的"。不列颠宪法已经不再适合"一个扩展了的、多元化的"帝国了。[1]

1　Jack P. Greene, *The Constitutional Origins of the American Revolution*，p.91.

第二章

帝国危机

一　北美殖民地的第一次危机

从 1756 年开始，大英帝国介入了一场欧洲列强争霸战争，这就是七年战争（1756—1763）。从某种意义上说，这才是"第一次世界大战"。英国与普鲁士联盟，对抗法国、奥地利与俄国，战场遍及欧洲大陆、地中海、北美、印度与加勒比地区。在北美，各殖民地均被动员起来，参与这场大战。在战争英雄威廉·皮特（William Pitt）的领导下，大英帝国大获全胜。在 1763 年 2 月签订的《巴黎和约》中，英国的海外竞争老对手法国被迫将整个加拿大割让给英国，并从整个印度撤走（除了几个小港口）。在非洲的加勒比，帝国也颇有斩获。帝国海军已成为大西洋和太平洋毫无争议的霸主。有人说："我们的钟都为欢呼胜利而敲得破旧不堪了。"另有人感叹："在这个庞大的帝国里，太阳永不落，帝国辽阔的疆域无边无际。"[1]

1　尼尔·弗格森：《帝国》，雨珂译，中信出版社，2011，第 30 页。

本杰明·富兰克林则在伦敦对着自己的朋友祝贺，"依我之见，这是任何史书上都没有记载的最光荣的和平，对所有的英语民族都有很大的好处"[1]。整个欧洲，如同富兰克林一般，都感受到了这一点。

这场胜利却不是没有后果的。哲学家大卫·休谟在 1764 年指出"（不列颠的战争动员）大大地超过了我们国家的自然能力所及，最伟大的帝国也是负担不起的"[2]。休谟在这里指的，是不列颠在战争期间急剧膨胀的战争债务。1763 年，不列颠政府负担国债 1.33 亿英镑（当年英国的 GDP 也不过是 0.84 亿英镑）。在当时，这笔债务可谓是一个极为庞大的数字。战争的胜利，并没有缓解不列颠的债务压力，此后十数年内，这笔债务都没有得到一丝一毫的削减。战争虽然给不列颠带来了广袤的领土，但同时也带来了需要出钱出人防御的新前线。这些领土要获利还是将来的事情，但为之开销则近在眼前。

战争胜利还有另外两个副产品。一是图谋报复的法国。路易十六的大臣韦尔热讷伯爵夏尔·格拉维耶（Charles Gravier, comte de Vergennes）在写给路易十六的备忘录中如此说道："1763 年《巴黎和约》足以显示……这个傲慢的国家津津有味地享受羞辱我们的快乐，以及英国宫廷里盛行的那种不公道……这份和约里面有最苛刻最不公正的条款……一有机会，您就应该废除它。如果您置之不理……您就会成为这个世代和未来所有世代蔑视的对

1　Brendan Simms, *The Rise and Fall of First British Empire, 1714-1783*, Penguin, p.502.

2　Brendan Simms, *The Rise and Fall of First British Empire, 1714-1783*, p.504.

象。"[1] 对法国人的这种报复心，英国人不是没有觉察。正是从此时起，英国海军保持两强标准就成为政治家的共识，这意味着英国海军要时刻比法国与西班牙的联合舰队还强大。这也意味着一大笔开销。

胜利的另外一个副产品，不那么直观可见，不过优秀的观察家们却可以揣摩得知。早在 1759 年，一位威尼斯的旅行者就观察道："这个岛屿似乎同欧洲大陆完全不同，其上所有的居民都有种特别的性格，他们觉得自己优于其他一切人。"[2] 战争的胜利，似乎在普通国民身上，塑造了某种自信和乐观心态。对于普通人来说，战争胜利应该意味着负担的减轻，他们万万也不能理解，为什么如此伟大的胜利所带来的是更不安全的处境和更多的债务。

正是在这种欢欣鼓舞和经济、安全焦虑交织的情况下，帝国的主政者开始审视其北美殖民地政策。一部分人心里大概想，战争期间英国在殖民地花了数目可观的钱（从巨大的国债可以看出），战争虽然结束，可 1763 年英国的国家财政支出仍然高达 1,400 万英镑，北美殖民地是不是应该负担一点帝国的防务呢？要么"使他们国家甘受破产，要么狠心地征收新税。"[3] 另一部分主政者想着，强敌虽去，但恐怕还会回来，必须在下次大战之前，先整顿一下内部这个乱摊子。

1　Brendan Simms, *The Rise and Fall of First British Empire, 1714-1783*, p.501.
2　Brendan Simms, *The Rise and Fall of First British Empire, 1714-1783*, p.501.
3　R.C. 西蒙斯：《美国早期史——从殖民地建立到独立》，朱绛等译，商务印书馆，1994，第 381 页。

说实话，七年战争暴露出英帝国在北美殖民地治理上严重的缺陷，殖民地商人交通敌国，走私贸易十分活跃。宾夕法尼亚总督罗伯特·莫里斯在 1755 年 3 月的一封信中说，在法军据守的路易斯堡，来自纽约、罗德岛和波士顿的商船一次就多达 40 艘，为"敌军"提供补给；各地议会和居民对英军不予配合，各殖民地军队更热衷于攻击印第安人，而不是法军。英军总司令托马斯·盖奇曾经要求纽约、新泽西、宾夕法尼亚和弗吉尼亚各提供数千兵员，结果纽约只派来 300 人，新泽西连 300 人都没有派到，而弗吉尼亚则公开拒绝派兵。[1] 而且殖民地军队在与法军作战时，表现得相当不好。英国保有北美殖民地的很大一个原因，就是预想将来北美可以作为英帝国的物资与人力基地，但七年战争暴露出来的问题对这个设想打了个大大的问号。

如何加强对老殖民地的管理？如何处置新近获得的北美领地？如何协调 13 个殖民地和新殖民地之间的关系？如何防卫如此广阔的地域？如何处理和西部印第安人部落的关系？如何削减战争负债和筹措殖民地事务开支？这都是摆在不列颠首相面前的重任。

马萨诸塞总督伯纳德 1764 年 7 月 11 日提出，"对美洲的管理进行全面改革，不仅是可取的，而且也是必要的"[2]。这种看法，恐怕反映了当时帝国统治者的普遍心态。

正是在这个前提下，英国出台了新殖民地政策。1763 年 4 月

---

1   转引自李剑鸣《美国的奠基时代》，第 458 页。

2   转引自李剑鸣《美国的奠基时代》，第 461 页。

16 日，英国国王乔治三世任用乔治·格伦维尔（George Greenville）组阁。格伦维尔出身显贵，久经宦海，是名老政客。他并不讨国王的欢心，不过当时乔治三世实在找不到其他人可以用，就将他放在了首相位子上。

格伦维尔把其主政的重心就放在加强对美洲的管理之上。他的第一批法令针对的就是加拿大的地位、印第安人的处置与西部土地问题。内阁在 1763 年 10 月发布公告，建立了东佛罗里达、西佛罗里达、魁北克和格林纳达四个新行政管理区，将大片西部领土留给印第安人，禁止在此类领土内进行土地授予与拓殖，与印第安人进行贸易要得到英国的许可和监督，由负责印第安事务的专门文官来统一同印第安人打交道（要做到此点，不列颠计划由英国军队在西部执行法律、维护秩序和推行政府法令）。

英国出台这样的法令，平心而论，确实有利于保护印第安人权益。之所以会制定这样的法令，一方面是为了避免与印第安人发生冲突，保护皮货贸易，另一方面恐怕也有养寇以自重的私心，以印第安人来制衡北美殖民者（这种猜测是否属实，尚待考察）。这样一项法令，打击了许多北美殖民者的利益。当时北美的许多重要人物都热衷于土地投机，比如华盛顿本人，他想在西部购买大量土地以从北美经济增长中获得高额土地增值利润，但是此项法令使美梦破灭。对许多普通人来说，禁止西部拓殖，无疑使他们的生计恶化，而且当时许多北美殖民者同印第安人的关系并不好。

格伦维尔内阁的第二批法令是在北美人头上征税。当时的英国议会议员以绅士（他们的主要财富来自地产）为主，他们盼望削减战时猛涨起来的土地税，于是将预备征税的矛头直接指向了殖民地（在这一背景下，殖民地人民固然是直接的受害者，但对美贸易的英国贸易商也大受其害。英国绅士准备在这里牺牲英国商人的利益）。格伦维尔上台的时候，在整个美洲殖民地的海关里，帝国的海关人员一共只征收区区 1,800 英镑关税。[1] 这还不够给海关人员发薪水（事实上，只够海关自身开支的四分之一）。这让绅士们大伤脑筋。

于是，1764 年 4 月，英国国会首先通过了所谓的糖税法，该法令将 1733 年糖蜜条例所规定的对外国糖蜜的课税降低了整整一半。

新英格兰殖民地的繁荣一向有赖于从西印度群岛进口糖蜜（据推测，应为甘蔗制品），然后用糖蜜做成甜酒来交换皮毛和奴隶。对英国人来说，很不幸的是，英属西印度群岛所产的糖蜜在价格上要高于法属西印度群岛的产品（由于管理不善、土壤耗竭和高昂的出口税，法国产品在价格上要比英国的产品低 25% 到 40%）。为了挽救高额的投资（英国在牙买加、巴巴多斯和其他产糖岛屿上的投资达到 6,000 万英镑，相当于在北美殖民地上投资数量的 6 倍），[2] 英国下令向法属西印度群岛糖蜜的进口贸易征收重税。但是这一招并没有难倒北美殖民者，他们用贿赂（串通海关官员）和走私等手段来规避糖蜜法令，当时北美外贸商人十有八九都是走私贩子。

1　Edmund S. Morgan and Helen M. Morgan, *The Stamp Act Crisis: Prologue to Revolution*, The University of North Carolina Press, 1995, p.23.

2　杰拉尔德·冈德森：《美国经济史新编》，第 151 页。

现在格伦维尔决定，要终止这种不"健康"的局面。糖税法从表面上来说，是将税率减少了一半，寄希望于商人能够少受诱惑，更加忠实。如果仅仅是这样而不包含其他的意图，本来此法也算善政，但是隐藏在该法令背后的是另外一些举动与企图。

一是严查走私，加强海关纪律，同时将该类案件交由英国海事法庭审讯（从而剥夺了殖民者受到陪审团审讯的权利）。在前者，税务人员从英帝国其他地区抽调而来，他们可从征集到的税款中取得佣金，作为自己的收入。这与以前的情况恰好形成鲜明的对照，以前收税的官员拿固定薪俸，并且住在殖民地上，逐渐对殖民地居民的态度比较随和。新的税务人员则克尽厥职。税务人员开始严格地执行每一条对他们有好处的法律，有的时候甚至到了诈欺的程度，这大大引起了殖民者对新的税收体制的不满。[1]在后者，人们感觉到海事法庭取代陪审团制度否决了一项传统的英国宪法保障（其震动就相当于现在宣布言论自由权利被取消）。

二是它对许多美洲商品征收新税。更要紧的是，它还公开宣称，为了保卫美洲，以后向殖民者直接征税是正当和必要的。这开了后来一系列税收法令的先河。在各殖民地，抗议声连绵不绝。马萨诸塞、罗德岛、康涅狄格、纽约、宾夕法尼亚、弗吉尼亚、南卡罗来纳和北卡罗来纳殖民地议会都提交了正式的抗议书。他们提出，征税权完全属于人民自己，而绝不能由他人事先控制，否则就不会有人民的自由、安全与幸福，糖税法的这一言论公开违反了"无

1　杰拉尔德·冈德森：《美国经济史新编》，第117、128页。

代表不纳税"的英国自由传统。

格伦维尔决定继续将强硬政策执行下去。1765 年 2 月，国会通过了印花税法，法令规定：殖民地凡报纸、历书、证书、商业票据、印刷品、小册子、广告、文凭、许可证、租约、遗嘱及其他法律文件，都必须加贴面值半便士至 20 先令不等的印花，方可生效或发行。印花税是不列颠国内行之有效的一种税收方式，格伦维尔把它移植到了美洲。

就在前一年年底，格伦维尔内阁又发布法令，禁止殖民地发行纸币来偿付私债和公债（这是为了维护英国债主的利益），在殖民地经济危机和通货紧缩的背景下，这项法令必定不得人心。还有其他一些因素让北美殖民者心中开始充满疑虑，包括英国看起来要在殖民地驻扎常备军（当时，英国在殖民地仍然留有 1 万人的军队，年耗 20 万英镑[1]）；英国要在殖民地推广国教（事后看来多半只是殖民者的猜疑）。

美洲殖民者不是一直在没有议员代表的情况下向帝国交纳贸易税吗？以前安然无事，为什么只是开征新税就会惹起这么大的非议？原因在于殖民者认为，贸易税和对北美直接征税是有区别的（前者被称作外部税，后者被称为内部税），后者"以国家收入为唯一目的"，而前者可以被理解为仅仅是出于管制贸易的需要。

1　Edmund S. Morgan and Helen M. Morgan, *The Stamp Act Crisis: Prologue to Revolution*, p.22.

18 世纪 60 年代，本杰明·富兰克林被宾夕法尼亚殖民地派到伦敦，担任该殖民地在议会的代理人，也就是说客。他在伦敦面对质询者时说："外部税收是针对进口商品课征的一种税，这种税加在了商品的初始价格和其他费用上，当（商品）进行销售时，这种税就构成价格的一部分。如果人们不同意这个价格，可以拒绝它；人们不负有支付义务。但是，如果不是人民的代表让人民来承担这种义务，内部税收是未经人民同意而向人民强行课征的。"[1]

任何一个明眼人都可以看得出来，北美殖民者对内外部税收的这种区分，无论是在理论逻辑上，还是在应用上其实都是说不通的。不过从实际上来说，它并不需要被讲通，它实际上反映的是北美殖民者与大英帝国之间模糊的分权和妥协的一种现实，即北美殖民者与不列颠之间存在一种未成文的原始契约，北美殖民者用对贸易管制的接受来换取内部自治权利。

这里需要讲讲这个"潜规则"。1763 年之前，不列颠与美洲之间的关系至少有两个重大的特点：一是两者之间存在一种模糊的平衡关系，否则在英帝国强力不及的情况下，两者怎能做到和睦相处两百年；二是两者之间也有一种潜在的紧张关系，一方面是殖民者渴求承认又自视甚高，另一方面则是不列颠人既轻视北美人又颇有忌惮之心。

这种模糊的平衡关系是怎样的呢？恐怕就像柏克所讲到的，

1　卡尔·范·多伦：《富兰克林》，牛伟宏译，中国社会科学出版社，1993，第 351 页。

在国家中心与属地之间，根据各地环境、历史之不同存在一条博弈产生的自然权利边界。[1] 在美洲殖民者方面，他们固然受到了工商业歧视待遇，但是这种歧视在政治、安全和经济诸多方面是有得到补偿的。在不列颠方面，也有人意识到这种自然权利边界的存在，"在大部分殖民时期，英国觉得允许北美殖民地自行其是是妥当的、可取的，因为北美远离伦敦、不易控制，而且在英国人眼中，北美殖民者是一群不肯安分守己的人"。

应该指出的是，由于不存在正式的政治架构作保证，这种平衡的存在，在很大程度上有赖于不列颠执政者的自我克制。不过同样应该指出的是，正因为模糊性的存在，所以不列颠和北美殖民者可以各取所需，北美地区的自治和不列颠的中央控制，可以在一定层面和谐共处。换句话说，殖民地的宪法地位及其与议会之间的关系实际上是模糊不清的，双方各自利用这种模糊不清的事实为自己牟利。

不列颠政府现在正在打破帝国统治的潜规则。事后来看，新殖民政策出台的时机选得非常糟糕。

首先，英国人在加拿大和法属西印度群岛之间做了一个很糟糕的决定——他们决定要加拿大。有位英国政治家已经意味深长地警告说："一个让我们总有些敬畏的邻居未必是最糟糕的邻居。"一位法国外交家在战争之后也说："他们已不再需要你们的保护。

1　埃德蒙·柏克：《美洲三书》，第63—64页。

当你们再次要求他们像过去那样帮助你们承担责任时，他们将以摆脱依赖关系作为回答。"[1] 言下之意是，消除法国威胁的同时也会使美洲殖民地保留对宗主国的从属地位变得没有吸引力。若法国人还在，地缘政治的现实就会迫使美洲殖民地人民向宗主国靠拢。法国从加拿大的消失，导致英帝国的地缘政治格局发生巨变，殖民地对宗主国所提供的安全保护所愿意支付的价格已经下降。

　　其次，1763 年之后，随之而来的就是经济衰退。大西洋两岸均发生此类现象。在美洲方面，七年战争期间由于英国军队人员、物资、资金的涌入，曾有一场战争繁荣。但这场繁荣在战争结束之后迅速消退，一时由于调整不过来陷入经济困境。在不列颠，此时也正值经济危机，加上七年战争给国家造成的巨额战费负担，导致不列颠对美洲商品的购买力下降。经济衰退直接造成英国重商主义情绪高涨，殖民地各沿海贸易城市均受到很大的冲击。新英格兰对不列颠的贸易直到 1770 年才恢复，弗吉尼亚和马里兰到 1775 年才达到 1763 年的数字。[2] 殖民地人民对不列颠的负债大大增加。由于英国限制殖民地发行和使用纸币，致使殖民地的通货紧缩更加严重。1766 年，北美居民欠伦敦商人的债务就达到 290 万英镑之巨。

　　不列颠购买力的下降对不列颠—美洲关系的影响是很大的。美洲之所以接受《航海条例》所带来的歧视性待遇，很大一个原因是不列颠旺盛的购买力吞掉了美洲大部分出口。由于存在这样一个稳

1　加里·纳什等编著：《美国人民：创建一个国家和一种社会》（上卷），第 158 页。
2　福克纳：《美国经济史》，第 162—163 页。

定的大规模出口市场，北美人的经济收益也是稳定的、丰盛的。《航海条例》规定，英国市场优先惠顾英帝国内部产品，这使部分美洲列举商品实际上享受英国的关税保护，北美殖民地的产品在英国市场上不需要与其他国家的同类产品竞争，可获得较高的垄断利润。不过这里有一个前提，即这些产品总量低于或仅能满足英国市场的需要，在这种条件下，生产这些产品的殖民地才能从《航海条例》中获得利益，否则就会遭受损失。但是经济危机降低了英国市场的容量，从而大大降低了北美人耐心的阈值。

除了时机不当，出台这些措施的方式也非常糟糕。1763 年之后，英国已经成为北美大陆上唯一的帝国，所以它便摆出帝国的架势，颐指气使起来了。一位英国官员自以为得计地说道："各殖民地周围现在都是陆军、海军和敌对的印第安人部落……目前正是时候，要求他们充分遵从英国议会公正而平等的要求。"另一位英国官员则吹嘘道："他能率领 1,000 名士兵去美洲，通过些许武力和哄骗就可以阉割所有的男人。"[1]

当然，在一开始，面对美洲的普遍反对，格伦维尔政府也是颇为小心的。殖民者每人预期负担的份额极少（每人大约 1 先令），这些款项将由北美人而不是英国官员征收，而且即便加上其他税收，英国政府仍要承担美洲防务一半以上的费用。[2]

出乎格伦维尔意料，北美殖民者以相当强硬的言辞和手段予

1　加里·纳什等编著：《美国人民：创建一个国家和一种社会》（上卷），第 158 页。
2　R.C. 西蒙斯：《美国早期史——从殖民地建立到独立》，第 386 页。

以回击。其中比较温和的是各议会的抗议，他们根据英国宪法和殖民地宪章来反对印花税法，同时申明自己是效忠英王、尊重议会的。各地的报纸和印刷所也发表了许多文章和小册子，《英属殖民地权利申论》《殖民地权利考辨》《英属殖民地权利探析》之类的文章、册子到处传播，广受欢迎。他们认为，印花税虽然不多，却是一个恶例：英国议会直接向殖民地征税，是侵犯个人权利、违反宪法的。罗德岛的伊莱莎·菲什说，印花税法的制定，引发了一场"吞噬我们珍爱的自由太阳的意外日食"，"我们自由的太阳进入幽黑的云层，一时带来了漫漫长夜的不祥之兆"。[1] 英国驻北美总司令托马斯·盖奇对殖民地人士的政治诉求颇为同情，他也说道："问题不是印花税法不合时宜，也不在于殖民地居民没有能力支付税额，而是它不合宪法，违反了他们的权利。（他们）支持各殖民地的独立性，不肯服从大不列颠的立法权。"[2]

对不列颠强烈批评的人中，有一个宾夕法尼亚人，名叫约翰·迪金森。他写信给朋友："我们的城镇无非砖、石、木、浆构成，可毁可弃。它们就像我们头上之发，割之若尽也可以再生。如与我们的权利与自由相比，它们不值一提。"[3] 过了几年，他以书信的方式写就了一部《宾夕法尼亚农夫来信》，以激烈的语言抨击议会的不当作为，这是这一时期十分畅销的政治书籍。

---

1 转引自李剑鸣《"危机"想象与美国革命的特征》，第 188 页。
2 转引自李剑鸣《美国的奠基时代》，第 467 页。
3 Jane E. Calvert, *Quaker Constitutionalism and the Political Thoughts of John Dickinson*, Cambridge University Press, 2008, p.222.

迪金森特别指出，"有些人觉得英国征收的税额很轻，不会产生什么严重后果，这种想法是一个致命的错误。他认为英国提出这样一项法案，其目的是要确立一种先例，为今后不断地征税开路；问题的关键不在于税额的轻重，而在于英国议会是否拥有向殖民地征税的权力。在他看来，如果他们有权力向我们征一便士的税，他们也就有权力向我们征一百万的税；如果他们有任何权力向我们征税，那么我们自己的钱能否继续留在我们自己的口袋里，就不再取决于我们，而是取决于他们了。他用一种强烈的口吻指出了这种趋向的可怕结局：那些未经自己或其代表同意而被征税的人乃是奴隶。他一再强调，如果以税额很轻而默认英国的征税，就会给自由带来极大的危险"[1]。应该说，迪金森这个想法是前后几年北美人的普遍想法。

简言之，关于印花税法，殖民地人民的回应是："这不是钱的问题，而是一个原则问题。"凡人可知，钱的事情好说，只是多与少的问题，争端上升到原则层面，那就很难有转圜的余地，双方就这么铆上了。

当时美洲殖民者还以贸易抵制来进行抗议。律师和商人这类最有组织能量的集团在抵制中居于主要地位。对律师来说，他们所要用到的文件要贴印花，无疑增加了他们的负担。对商人来说，当时多数殖民地正处于经济萧条期，英国的大批货物已经充塞了美

1　转引自李剑鸣《"危机"想象与美国革命的特征》，第 188 页。

洲的店铺，不进口运动允许商人清理存货。[1] 这种贸易抵制的结果是英美之间的贸易迅速出现萎缩停滞，给英国方面的贸易商造成了巨大损失，这些贸易商转而对英国议会施加巨大压力，这体现在英国的各城镇开始向议会提交请愿书，要求废除印花税，以结束美洲的贸易抵制。

尽管许多人言辞激烈，但是左右这一危机走向的关键行动点是一些殖民地居民开始使用暴力。在波士顿，在罗德岛，在纽约，都发生了一系列针对税收官员或英国总督的攻击事件。这其中以1765 年 8 月波士顿的印花税暴动最为激烈。当时波士顿人把印花税票代销人安德鲁·奥利弗的模拟像挂在镇子里的一棵树上，当副总督哈钦森（他恰好是安德鲁的姐夫）命令治安官把模拟像取下来的时候，群情汹涌，治安官不敢从命。群众砍掉奥利弗的模拟像，扛着它兴高采烈地穿过街道。然后他们把奥利弗的办公室夷为平地，因为谣传这是印花税票代销处。夜幕降临时，群众又把奥利弗的豪宅毁成废墟。12 天后，群众再次冲上街头，把哈钦森的房子也给砸了。一个观察员报告说，就连那些曾"亲眼见过敌人夺取城镇"的军人们也"声称他们从没看过这样的暴怒"。[2] 在此期间，马萨诸塞殖民地政府连一个民兵都召集不起来，政府完全瘫痪。

1765 年 10 月，在纽约举行了由马萨诸塞号召发起的、来自 9 个殖民地的代表参与的反印花税法会议，出席的抗议者都是备受

1　R.C. 西蒙斯：《美国早期史——从殖民地建立到独立》，第 403 页。

2　加里·纳什等编著：《美国人民：创建一个国家和一种社会》（上卷），第 161 页。

尊重的人。代表们制定出 12 个决议案，表示接受议会对殖民地的立法权，但否定议会拥有向殖民地直接征税的权力。1765 年年底，纽约出现了一个反印花税法人士组成的委员会，后来他们称自己为"自由之子"。随后，类似的组织在北美各殖民地遍地开花。每个殖民地的印花销售商，要么被迫辞职，要么答应停手不干。

　　一项集体行动的开始阶段，一方极端一点的行为和语言无疑将更加容易带来关注和让步，但这么做的危险是，它降低了对方下一次让步和妥协的可能性。在美洲这个事件上，许多英国人实际上是同情美洲殖民者的，但是美洲殖民者的这些暴力行为也使他们心生疑虑。他们自问：这到底是正当的抗议还是一次叛乱的前兆？"英国人觉得美利坚人是一群鲁莽无礼、好争论的家伙，他们不是通过现有的途径用辩论证明他们事业的正确，而总是准备诉诸暴力来实现自己的目的。"[1]

　　不列颠也观察到，一是印花税本身完全没有达到增加国家岁入筹款的目的，冒着这么大的风险，收入却极为微薄；二是在北美的帝国行政机构完全失效，面对群众的抗议，完全没有任何抵抗的力量与可能。

　　在不列颠方面，1765 年 7 月，正当北美人的抗议沸沸扬扬的时候，始作俑者格伦维尔辞去了首相职务（格伦维尔个性冷酷无情、作威作福，通常令人厌恶，但是他把政府管理得很有效率，并能够牢牢控制下院。问题是，他同国王的个人关系不好，乔治三世

1　杰拉尔德·冈德森：《美国经济史新编》，第 120 页。

最后也忍受不下去了），4 个月后由查尔斯·沃森·文特沃斯，即第二代罗金厄姆侯爵（Charles Watson-Wentworth, 2nd Marquess of Rockingham）继任。罗金厄姆的党派是同情北美人的，但是他们也斥责"（北美人）完全不承认大不列颠拥有向殖民地征税的权力并大胆攻击本国的宪法"。从一开始，英国朝野就担心议会主权遭到美洲殖民者的否定。这不奇怪，正如我们在其他历史中也可以看到的那样，不合法的统治（不合法的统治不一定是不合理的统治，合法与否在这里只是一个程序和制度问题）往往有个放大镜效应，也就是它会人为放大一般的争端。

罗金厄姆侯爵所属党派在是否废除印花税的问题上颇为犹豫。他们知道英帝国的政治结构并不合理，虽然不存在实际的压迫，但是殖民地的离心倾向始终是存在的。但也正是由于不存在实际的压迫，就存在着双方妥协的空间。只要按照传统相安无事，中道而行，慢慢行动，是有可能在将来化解这一危局的。贸然提出印花税法，无异于撕破脸皮，加剧对抗，所以非废除不可。但是既然已经提出，再要废除又是一件难事。一方面政府法令自有威严，一方面他们也害怕被人看作软弱无能，置英国主权于不顾。

1765 年 12 月 17 日议会开会，乔治三世在致开幕词的时候要求议会对北美的局势详加讨论。这场讨论持续了相当长时间。重量级政治人物威廉·皮特（七年战争的英雄）声讨了印花税法，他赞成北美人各种抗议的理由。这使得大量议员转向反印花税一边。最后，罗金厄姆侯爵的党派取了一个中道。1766 年 3 月，下院一致三读通过一项《权利申明法案》（Declaration Act），该法案宣称议会"无论什么情况，过去有，现在和将来都应该有制定具有足够效力和合法性的法律和法规的充分权力和权威，以制约殖民地和北美人，大不列颠国王的臣民"。与此同时，议会取消了印花税法。

北美民众听到印花税被推翻的消息，非常高兴。各地举行庆祝活动，为英王举杯，认为不列颠政府的这一举动是合乎宪法的，大西洋两岸的正义力量合作维护了英国人的自由。富兰克林的朋友写信给他，说："（在所有殖民者心中）的欢乐不是胜利的呼喊，而是对我们的国王深情厚谊的忠诚，也是对母国的公正与仁慈的感激。"[1]

这个行动被英方和美洲方各取所需，一时间，英国北美领地的第一次危机似乎已经平息下来。

二　战争爆发前的精神革命

美利坚殖民地居于大英帝国治下两百年，在这么长久的时间内，模糊的帝国统治体制应该说是一个常态。在不列颠一方，尽可以说不列颠御策四方，议会享有主权，各殖民地尽是属下臣民，只是由于疏忽或历史原因，不列颠对各殖民地管理不严而已。在美洲殖民地一方，有一些激进分子，已经打出了封建旗号，认为

1　Gordon S. Wood, *The Americanization of Benjamin Franklin*, The Penguin Press, 2004, p.120.

殖民地之创建，出于英王授予的特许状，因此从根本上讲，各殖
民地同不列颠一样，是平等关系，都等同于英王的封臣，不列颠
议会并无权力干涉殖民地内部事务。不列颠居民乃是英王的臣民，
北美人民怎么可能是"臣民的臣民"呢？ [1]

　　这个主张在我们看来自然颇为怪异。那个时候联邦制这种政
治结构还没有进入有识之士的视野（瑞士太小，大国采取联邦制
只有到美国建立之时才初次登上历史舞台），殖民地人民实际上是
通过引申古老的封建权利这种"向回看"的方式来达到向前走（建
立联邦制）的目的。正是在这种情况下，殖民地人士的炮火全开，
全向着不列颠议会的立法权而去。换句话说，他们承认自己是大
英帝国的一分子，并不否认英国的权威，但不承认具体的治理机构，
在这个情况下，就是不列颠议会的管辖权。

　　不列颠议会自然很恼火，作为 1688 年革命的继承者，议会正
以反对封建君主为其历史功绩，怎么能允许殖民地向后倒退呢。议
会的做法是重申自己的权威。1765 年，英国下院议员索姆·詹宁
斯针对殖民地以自由的名义否认英国议会征税权的做法指出，自
由无论如何也不意味着可以免除议会施加的税收，英王的特许状
所赋予殖民地的权利不能超越英国议会权威。当时英国最著名的
法学家布莱克斯通也说：在每一个国家都有而且也必须有一个至
高无上的、不可抗拒的、绝对的、不受控制的权威。按照英国宪法，
这个至高无上的权力就归属国王、上院和下院。因此，议会的法案

1　李剑鸣：《英国的殖民地政策与北美独立运动的兴起》，《历史研究》2002 年第 4 期。

对于北美殖民地具有一种约束力，它们构成大英帝国的一部分。

殖民地人士说，"无代表不纳税"是英国宪政的原则，由于美洲殖民地在国会并无代表，所以向殖民地征税是违宪的。格伦维尔内阁提出了一个"实质性代表"理论来回应。这个理论是这样的："征税固然必须得到人民通过其代表所表达的同意，但是，不能对代表权做狭隘的理解，一个议员并非选举他的那群选民的代表，而是整个大不列颠平民的代表，在这种意义上，所有大不列颠的国民都在议会得到'实质性的代表'，因此，帝国议会完全有权向殖民地征税。"还有英国议员指出："英国许多地方，如曼彻斯特、伯明翰等富裕和繁荣的商业城市，在议会根本没有席位，难道他们就不是英国人？难道他们就没有被征税？"[1]

这种"实质性代表"的政治观点，在当时的政治理论背景下其实可以得到理解。当时的不列颠政治家和理论家们可不是"民主"理想的拥趸，对不列颠已经有的代议制度，他们是从"共和"的角度去理解的。古典共和思想，简言之有以下特征：强调公民美德，认为政治应该有公共道德关怀，其运作应该奠基在"超越自我的政治道德"而非简单的政治程序之上；认为政府施政应该具有公共性与中立性，不能偏向某一集团或社会阶层；认为政治程序的重心不是演说和投票，而是辩论与协商。当然，这是一种贵族所偏爱的思想，因为在历史上它大致落实为限制群众的直接政治参与（因为据说他们太过自利与无知，因此需要被教育与领导）与阶级分

---

1   李剑鸣：《美国的奠基时代》，第468页。

权（混合政体即为典型）。在当时的政治舞台上，每一个被选出来的绅士（是不是真的被选出来的另当别论），都不会认为自己因此就是那个选区的仆人，而是把自己看成高人一等的领导者，屈尊纡贵来为公共事务贡献心力。因此，他们常常自诩自己的政治行为并不是为了一时一地的私利，而是出自对公共利益的考虑。既然如此，他们当然是在"实质上"代表了所有人。

不过对北美殖民地人士来说，这个理由却不是那么能说服人。因为北美社会，从根本上要比英国社会草根很多。戈登·伍德在写《美国革命的激进主义》一书的时候，虽然力陈美国革命的社会变革性质，但是他同时也承认，美国社会是一个"截头去尾"的社会。"虽然在北美洲殖民地确确实实地存在着真正的差别，但是殖民地的贵族却从未像他们所希望的那样安富尊荣，地位显赫。……尽管在殖民地，个人和亲族势力无所不在，可是中、上层人士在经济、宗教或政治领域所发挥的影响与英国本国相比，真是望尘莫及。"[1]虽然乔治·华盛顿是北美的大庄园主与富豪，可在同时期英国人眼里，不过只相当于英国富裕的自耕农，这种比较倒不至于过分荒腔走板。不过，北美社会也同时缺乏贫民阶层，大多数北美农民都有自己的土地。当时的观察者们普遍认为，"平等"是这个社会的显著特征，《康涅狄格通史》的作者写道："世界上没有任何地方像这里一样，小人物和大人物如此同等，没有人缺衣少食，人们不乏

1　戈登·S.伍德:《美国革命的激进主义》，傅国英译，北京大学出版社,1997，第113页。

独立的精神。"[1] 因此，这种草根社会对代议制的理解也要物质很多，对"绅士"品格的尊敬，比起不列颠来说，是要差一个档次的。

北美人于是反驳说，英国的非选民和选民毕竟生活在同一个社会，有相同的利益，因此非选民的利益可以被"实质"代表一下，可北美殖民地去国万里，怎么能指望万里之外的议员了解殖民地的情弊呢？而且不列颠的利益与北美各殖民地的利益也有龃龉，到时候议员是为不列颠说话，还是为北美殖民地说话？有人问道："他了解我们吗？我们了解他吗？不。我们能对他的行为加以任何限制吗？不。他非得有保护我们的自由和财产的义务和兴趣吗？不。他熟悉我们的情况、处境、需要之内的东西吗？不。那么我们还能从他那里期望得到什么呢？除了没有止境的税收之外，什么也不会有。"[2] 在这里，北美人抓住的中心概念就是代表对单个地方的负责。

不列颠议会的绅士们肯定特别恼火，毕竟，在他们看来，这种下里巴人的粗鄙政治观念是对绅士品格的侮辱，说明自私自利的地方利益是如何有损帝国的整体福利的。

这种争论像是两种政治文化的必然冲突。但不管这种争执的激烈程度如何，就本质而言，都不过是殖民地自治社群与不在家的家长之间的纠纷，还没有发展成为对英国主权和君主制原则的公开挑战。

这场纠纷如何发展成挑战？约翰·亚当斯日后回顾美国革命

1　戈登·S.伍德：《美国革命的激进主义》，第 124 页。
2　伯纳德·贝林：《美国革命的思想意识渊源》，第 169 页。

历程的时候说了这么一句话："革命在战争爆发之前就已经开始了，这是人民精神与心灵中的一场革命。"我们上面所谈到的那些经济危机、征税口角、地缘格局的变化等，固然重要，但如果没有这场精神革命，恐怕都只能酿成一场内部争吵而已。

这场精神革命由何而来？北美殖民地与不列颠之间的思想纽带是怎么被解开的？这事说远了，可以拉扯到启蒙运动和欧洲政治思想的发展上，近一点的，就要从英国的政治转型谈起。

在中国，许多历史教科书上仍然是这样写的：光荣革命之后，随着一系列限制王权法令（比如《权利法案》《三年法案》《任职法案》）的通过，英国国王很快沦为政治偶像，从此议会独大。英国史学家阎照祥对此的评价是：既对也不对。

为什么这么说呢？

1688 年，信奉天主教的英国国王詹姆斯二世得子，其信奉英国国教的女儿玛丽就失去了王位的第一顺位继承权，从而使英国王位再由清教徒继承的可能性大大降低。于是，辉格党人邀请了荷兰执政奥兰治·威廉——玛丽的丈夫——入侵英国，拥他为王。史家认为，可想而知，如果不是这位威廉可以得到一名国王所必需的国家权力，借助英国人力、物力与财力，实现他对法国作战的目的，他绝不会离开荷兰到英国去。[1]

光荣革命后，我们顶多可以说，革命确定了国王有些事情从此不能做了（比方说任意征税），但是对其能够怎样行动却未明确

1　阎照祥：《英国政治制度史》，人民出版社，1999，第 205 页。

规定。对此，阎照祥解释，之所以如此，"在于法案的制定者认为国王毕竟是一国之主，只要他不谋求专制地位，那么保留其若干行政特权"[1]，使其能发挥管理国家的作用就是不言而喻的。国王因此可以批准或否决议会法案，解散议会，任命上院议员，任免大臣，担任军队最高统帅，对外代表国家宣战、媾和、委任和撤换使节、签订条约。

在当时，即使是那些极为优秀的人，也不会怀疑国王权力的正当性。比如约翰·洛克、威廉·布莱克斯通这种著名人物都深信，只有国王、贵族、人民之间分权制衡，相互独立，才能建立一个稳定的宪政体制。这种分权说上承古典思想传统，是当时的主流意见。他们认为，英国目前正在实行，而且理应实行混合式政治体制。这种体制的每一组成部分各有其特权和职能。其中君主既是议会的组成部分，享有立法权力，又是行政首脑。他高于法律，是荣誉的源泉，拥有召开、关闭和解散议会的各种特权；上议院负责司法工作，上院贵族在国内享有崇高荣誉；下议院提出财政议案，下院平民议员是人民代表，捍卫自由，反映人民的意愿。这三部分各自独立，又密不可分，任何法律只有得到三方一致同意后方可生效。

根据这种理论，王权要正常行使，可有如下权力："1. 国王必须保留挑选大臣的权力。决不能容许议会依仗多数限制国王挑选自己的臣仆，否则行政机构就会成为议会的仆从和下院的囚犯；2. 必须授予国王足够的年金和必要的秘密活动款项，使之保持行

1　阎照祥：《英国政治制度史》，第 211 页。

动上的自由而不受议会的摆布；3.为了采取有效的行动击败国内外宪政的敌人，必须批准国王控制足够的常备军，甚至和平时期也不例外。"[1]

在当时，英国国王与议会之间，与其说是单方面受限制的关系，倒不如说他们之间的关系类似于美国总统与国会之间的关系，权力分立，相互制衡。英国行政与立法混合的势头是以后出现的。

观察历史，我们就会发现，行政权力，相对于立法权力来说，要主动积极得多，相对于议会人员的分散，行政首脑一人拥有一定的优势。在当时的英国同样如此，英国国王有相当的自由活动范围。威廉三世屡次否决议会提案，直到议会遂了他的意思。他还违反1689年《权利法案》和《叛乱法案》的规定，在1689—1702年和平时期维持了超出规定数额一倍的军队，议会对此并不能严格执行法律，只好听之任之。

可见，英国的君主立宪制在一开始可谓名副其实。英国向来重惯例超过成文法，这一制度安排并未以一种宪法明文规定下来。由于缺乏成文宪法保障，这一政治架构在政治博弈中较易被突破。而且，由于在这个政治架构中缺少一个进行仲裁与调节冲突的第三方（在当代美国，这一任务是由最高法院完成的），行政权与立法权之间发生的冲突也不易受到控制。

这种政治缺陷在1714年斯图亚特王朝气数殆尽、汉诺威王朝

---

[1] 阎照祥：《英国政治制度史》，第211页。当然，这些权力不是没受到争议的。但大体上，国王还是掌握了这些权力。

建立时顿时表现出来。安妮女王病故，远在德意志的汉诺威选帝侯乔治·路易斯被迎为英国国王，即乔治一世。这位客君来到异乡，初来乍到，不得不依靠辉格党人，而且斯图亚特王朝的余孽流亡在外，时时意图复辟，为了巩固王位，汉诺威诸王也得卖臣下几分面子。

乔治一世即位时年事已高（54岁），且多年生活在德国，对英国事务既不熟悉又无兴趣（应该不会讲英语），尤其讨厌议会中无休无止的争吵，就渐渐地失去了参加内阁会议的兴趣，自1718年起不再出席，而是指定一位大臣（通常是财政大臣）代为主持内阁会议。其子乔治二世沉湎酒色，懒理政事。他与其父一样一身二任：既是英国国王，又是汉诺威选帝侯。日耳曼北方的平坦原野、雅致幽静的乡间别墅、对君主显得温驯顺从的民众，常吸引他重返旧土。当时有一权臣罗伯特·沃尔波尔甚得二王信任，在国王缺位的情况下，逐渐独揽大权。这就造成一种结果：国王在政府中的作用明显减弱（顺便提一下，沃尔波尔的府邸唐宁街十号，自始成为历届英国首相的官邸）。

权臣一方面借助国王权威建立党派势力，控制议会，另一方面又借助议会权威来应付国王，从中渔利。相对而言，权臣的力量根基还在议会、党派之中。国王势弱，党派、议会遂日益侵权，逐渐加强对王权的控制，要求大臣的挑选必须得到议会的认可，行政对议会负责。乔治二世懦弱，只能听之任之。矛盾的是，从外表上看，由于权臣对议会的控制，国王的影响看起来非常之大。不深明英国政治内幕的人往往会被此假象所欺骗。

　　乔治二世与其长子威尔士亲王弗里德里克长期不和，称其为"那个怪物"，乔治二世夫妇曾有此言："我们的长子是最大的傻瓜、大撒谎家、大贱民，也是世界上最粗鲁的人。我们衷心希望这世上没有他就好了。"[1] 在父亲政府中失意的党人政客聚集在太子府邸之中，形成了一个"太子帮"。

　　弗里德里克对辉格党权臣假议会之力制约国王一事深恶痛绝。他雄心勃勃，决意自己即位之后不再像父王那样受内阁权臣的制约。他宣称：他在国家事务方面的责任，是依靠朋友们的帮助，使"国君摆脱那些玷污了王国政府的人们的控制……再次拯救王国"[2]。

　　1750 年，他任命手下制订一份计划，为其登基及之后的事做好安排。该计划被称为"光荣计划"，其内容颇有宫廷政变的色彩，其目的则有收权之意。比如其一，使汉诺威和英国分离，国王长驻英国，使"詹姆斯分子"失去复辟斯图亚特王朝的借口，终结了叛乱活动，从而也取走辉格党权臣要挟国王的手段；其二，任命那些非党派人物担任要职，使党派观念无法干扰政府事务，所有的大臣都效忠君主。

　　但天不假年，1751 年弗里德里克早逝，留下寡妻幼子。亲王夫人深受丈夫弗里德里克的影响，对乔治二世沉湎酒色懒理朝政的做法轻蔑视之，对专权擅为的辉格党寡头们心怀怨恨，每日训子："乔治，要当一名国王。"[3] 正告他一旦即位，一定要惩罚辉格

1　阎照祥：《英国政党政治史》，中国社会科学出版社，1993，第 115 页。

2　阎照祥：《英国政党政治史》，第 119 页。

3　阎照祥：《英国政党政治史》，第 123 页。

党人，重振王威。其师布特由于在政府中饱受权臣歧视，也时时告诫弟子，要恢复王权。不过应该说，这些训诫的用意都不在恢复君主专制，而是重回君主立宪旧制，收复国王被议会侵夺的行政特权。乔治三世秉承父母和恩师的这一看法，直斥"老国王的行为使我羞为其孙"。[1]

1760 年乔治二世去世，乔治三世登基。他即位时才 22 岁，从那个时候的画像来看，他是一个相貌普通的男子，有一张略圆润的长脸和大大的眼睛。权臣沃尔波尔曾经说他"身材魁梧，气宇轩昂，红光满面，笑容可掬"。自 1547 年爱德华六世即位以来，他是最年轻的国王。据现代史家描述，他在学生时代有些自卑和缺乏生气，但他同时又是一个信仰坚定、极富有责任感的男人。"他情绪多变，有时惰性十足，遇事满不在乎，有时孤僻离群，意气消沉，有时却兴高采烈，精力充沛。他脾气很大，顽固执拗，特别是遇到反抗、碰上阻力时。他年轻时有点害臊，很天真，没有经验，因而缺乏自信，常常喜欢依赖年长者。成年以后，变得足智多谋，颇能自作主张。他越来越不喜欢玩弄权术的政客，称他们为他的'工具'，也不喜欢深孚众望的改革家，常鄙夷轻侮之。他信教虔诚，尊重道德，是一个贞洁自持、忠贞不贰的丈夫。他正直无私，堪为全国表率，只是在世俗的政客眼里，遇事难免有点吹毛求疵或拘谨矜持，有时又沾沾自喜。他不是一个养尊处优、厚自供奉的君主，也不是一个英俊潇洒、风采过人的君主，他只是一个强健、清醒和笃信上帝的

1　阎照祥：《英国政党政治史》，第 123 页。

英国人。"[1]

盖棺论定，乔治三世确实没什么大野心，他更像是一位保守主义绅士。换一个时代，他或许可以被称为"贤王"。此时，他只是决心重振王威。他当政的时候，还是有很多优势的。传统的托利党乡绅对辉格党独霸政权这件事早就不满在心，随着斯图亚特王朝的余孽彻底失败，托利党乡绅终于可以正大光明地投向汉诺威王朝。

英国政治家温斯顿·丘吉尔日后评价乔治三世的用心道："乔治三世和乔治二世截然不同，他明确地知道自己想做什么，正在做什么。他想当一位国王，当一位所有的臣民都服从和尊敬的国王。在辉格党的长期统治下，议院已经成为不负责任的独裁机构。英国的自由在一位年轻、可敬、正直、外表显得完全英国化的国王手中，不是比在某个通过腐败的下议院统治国家的派系手中保险得多吗？应当让他结束家族的统治，自选大臣，支持他们，并且永远清除政治生活中的腐败气氛。"[2] 他的目标，是夺回自己选用大臣的宪政权力，倒也没有一人把持国政的野心。

怎么着手呢？首先是改组政府，驱逐权臣。在乔治三世的大旗下，首相和内阁开始更换。自 1760 年至 1770 年美国革命始，布特、格伦维尔、罗金厄姆、老皮特、格拉夫顿等人相继执政，又个个陷于政争而倒台。以 18 世纪的标准来看，这种轮换速度相当不正常。

1　戴维·罗伯兹:《英国史:1688 年至今》，鲁光桓译，中山大学出版社，1990，第 129 页。

2　丘吉尔:《英语国家史略》（下），薛力敏等译，新华出版社，1985，第 130 页。

其次用封官授爵、发给年金的方式收买下院议员。为了控制议会，他授意建立了一个专门收买议员的财政管理办事处，并亲自审阅议会投票记录，对依照其旨意投票者发给赏金。政府用于收买选民和议员的经费因此增加到空前的数目。

对乔治三世来说，很不幸的是，他收复失地恢复英国分权体制的做法同另外一个重要的政治进程恰好重叠，这个进程就是英国文官制度和选举制度的改革浪潮。

乔治三世即位之始的英国恰好也是一个正在进行社会转型的英国。当时的英国社会仍然是一个等级－庇护制的社会。这个早期近代化的社会仍然保留着相当大一部分封建遗风，一系列的依附关系贯穿其中。"人各有其位，又休戚相关"是这个社会的理想，在某种程度上来说，也是现实。低等级的人对上等级的人俯首听命。下层老百姓遇见一位绅士的时候，帽子握在手里，眼光向下看。一位18世纪的贵族也经常会用家长对待子弟的态度对下属屈尊俯就。

在社会和政治生活中，这种具有相当个人性质的社会关系就表现为庇护制度。即使对那个时代相当激进的人士来说，社会身份的平等也是不可思议的想法，唯一合理的关系仍然是"父子关系、庇护者与受庇护者之间的关系、保护与效忠的关系、施恩与感恩的关系，以及互爱互助的关系"。

关于这种依附从属关系，《美国革命的激进主义》作者戈登·S.伍德是这样描述的，"尽管英国人历来赞颂独立与自由，其实在这个等级社会中没有人能够真正独立与完全自由……每种关系都是相对的、互惠和互补的……个人的忠诚、义务和带从属性质的关系编成了千丝万缕的网络，把社会联系在一起"[1]。富人和贵族手下都有些穷人，从事各种手工艺或者租赁贵族的土地，他们依靠这些富人与贵族来谋生，欠他们一点小钱，在许多方面对他们负有义务。大人物则是这些穷人的保护人、债权人与顾问，是所谓的"朋友"，同时也指望这些穷人能够感恩戴德、毕恭毕敬。小人物要出人头地，就需要"大人物的友谊与提携"。

广泛的个人与家族势力把这个等级社会联系在一起。人情往来、互惠互利也体现在政治生活中。即使存在一个选举制度，这个社会上重要的官职仍然是由那些重要家族、社会和经济上功成名就的人所把持。当时的英国人口不多，基本上还是一个小众社会，所以社会的组织还可以依靠私人网络与人情关系来运转。

政治权力个人化，某些有钱有势之人的关系网从上到下无处不在，于是政治就变成名门望族之间为了控制国家权力的争夺战（戈登·S.伍德说，正是这种政治的个人化结构，而不是任何限定参政权利的法律，阻止了绝大多数人参政议政）。

这种依附制社会关系在政治生活中活生生的表现，就是混乱的文官制度和腐败的选举制度（当然，那个时候的英国还是要比法国好太多，英国的依附关系相对来说还算"干净"，这是因为还存在一个不错的法制的关系）。

拿文官制度来说，英国的文官制度作为一种国家体制，始于

1　戈登·S.伍德：《美国革命的激进主义》，第53页。

英国革命时期，斯图亚特王朝复辟之后予以继承，到了乔治三世时期，英国政府共设大小75个部门机构，雇佣文官16,000多人。[1]当时的文官系统相当紊乱。首先，文官录用无常规可循，任凭要人指定。"文官录用权主要依靠国王、宫廷权贵和各部长官直接行使，部分高级文官也可以任命手下职员。于是，私人关系和个人感情就成了官职获取的关键因素，关系网在行政部门纵横交错。官职在当时，被人视同财产，所以有买卖官职，雇人代职，一身多职，短职长任等一系列弊端。"[2]其次，这种人事上的紊乱带来了文官管理上的混乱，工作效率低下，腐败公行。一方面，公款开支无度，财政大臣不能掌握和估算每年的财政支出数字；另一方面，那个时候英国官场上的"潜规则""亚财政"也有不少。后来纳尔逊勋爵曾目睹政府文件中的虚假文字，愤然谴责道："政府显然已被最丑陋最卑劣的手法所蒙骗。我仅仅能够想象到的竞争是：谁能够瞒天过海，登峰造极。"[3]当时还有不少议员在政府里面拿一份干薪闲职，全然不顾《任职法案》禁止议员担任公职的规定。

我们再来看看颇有中世纪遗风的选举制度。在那个时候，英国下议院有558名议员，来自300个以上大小人数不等的选区与选邑。选区划分、选民资格、选举方法依旧保持着中世纪后期的传统风貌。

1761年，全国700万居民只有25万人有选民资格，不到全体居民的4%。这25万人居住在大小不等的郡选区与选邑之中。当

1　阎照祥：《英国政治制度史》，第228页。
2　阎照祥：《英国政治制度史》，第229页。
3　阎照祥：《英国政治制度史》，第231页。

时的选区划分为两大类，一类是以郡为单位的农村选区，一类是以城市为单位的选邑。议席分配极不合理，居住在 203 个英格兰选邑中的选民只有 8.5 万人，却往下院中输送了 401 名议员，约占全体议员的 73%。[1]

其中有些选民资格规定相当乱套，比如牛津、剑桥两所大学各有两名议员名额，又比如有些选邑规定只有拥有地产才能投票。后面这种选邑往往被称作"腐败选邑"，一项地产可能是个菜园子或者谷仓，一个地主花上一笔钱把这个地产买下，就买下了附属于其上的选举权。有些腐败选邑只有几十名、十几名甚至几名选民。某次选举中，苏格兰的某选区总共只有八个选民，只有一个选民到场选举，而他投了自己一票，于是就成了"尊贵的议员先生"。

要当选议员，在城市，必须有 300 英镑以上的年收入，在农村，必须有 600 英镑以上。在小选邑之中，裙带关系纵横交错，即使有选举资格，一般的选民也不操那个心，自动或者被动地放弃参政之权，托庇于某贵族之下。贵族以物质利益直接贿买选票的事情也是有的，通过赞助选邑内的公共设施建筑等间接手段争取选票的事情就很普遍了。

1872 年之前，英国一直实行公开选举制，这样营私舞弊、弄虚作假、威胁利诱的事情就更多了。这导致议会大选的时候，只有少数选区选邑实际进行了竞选活动，其他的地方要么只有唯一竞选人，要么由权贵指定，要么售卖议席，要么继承。"1787 年，

---

1 阎照祥：《英国政治制度史》，第 263—266 页。

一位擅长议会史研究的学者根据一年前的议会选举做出估计，在513 名英格兰和威尔士议员中，大约有 370 人是通过非正当手段当选的。"[1] 议员中还有许多人受赞助人（土地贵族、大商人、金融家）的控制，对其他阶层人民的利益自然不太放在心上。纽卡斯尔公爵是乔治二世、三世时期有名的政治人物，在去世前仍去函某地方："现议会之解散迫在眉睫，我冒昧向各位推荐本届议会之边迪勋爵和麦克雷先生为尔等下届大选之候选人。迄今，在我的一生中因您们总是尽力尊重我的意愿，我毫不怀疑您们还会尽力而为。"[2] 这等语言在当时并非罕见。

正式规则本来就不完善，更何况此时潜规则横行。对于这些弊病，不是没有人抱怨，而抱怨成为一种社会运动则发生在乔治三世登基前后。到了乔治三世执政的时候，人口的增长和流动、经济和教育的发展，这些都导致社会关系的松动，并开始对这一整套依附等级制的原则及其附赘提出了挑战。

父权曾经是社会生活的基石，但到 18 世纪 50 年代，古老的家长专制主义开始消退，18 世纪的大众读物中开始流行怎样做一个好家长的建议。历史书籍、小说、教育书籍开始探讨家庭责任，反对粗暴式的家庭管理，比如著名的洛克在谈论教育的时候，就反对家长对儿童要求过严，主张给予他们自由发展的空间。洛克相信家庭并非个人自由与平等的敌人，而是一个积极的促成者。这种主

1　阎照祥：《英国政治制度史》，第 285 页。
2　阎照祥：《英国政治制度史》，第 276 页。

张与那个时代的精神是吻合的。启蒙思想、共和制精神的传播开始
从人心的最低处瓦解这个等级社会的秩序。

在人口增长方面，"18 世纪的英国不但人口总数翻了一番，而
且市镇居民的绝对和相对数量也有了极大增长"[1]。不列颠的人口开
始逐渐向市镇汇集，地方市镇人口的增长率远高于人口总数的增
长率。1700 年，除伦敦市（伦敦市自身的人口在 18 世纪增加了 1
倍左右），仅有 2 个市镇的人口超过 2 万，4 个市镇的人口在 1 万
和 2 万之间，68 个市镇的人口超过 2,500 人。但是到了本世纪末，
就有 15 个市镇的人口超过 2 万，33 个超过 1 万，188 个超过 2,500
人。[2] 人口的职业结构也发生了大的变化。依靠劳动报酬为生的人
口在不列颠总人口中的比重不断攀升。农业方面，土地占有和土
地租赁开始高度集中，使得农业的商业成分不断上升。制造业方面，
独立工匠开始成为商店、工厂中的雇佣工人。这种城镇化、市场
化和无产阶级化的浪潮减少了普通英国人对某个特定地主、雇主
或其他庇护人的依赖，使得他们可以投身到自身的政治生活之中。
后果是，在当时的不列颠社会中，种类繁多的俱乐部、社团和志愿
协会纷纷建立。

毫不奇怪，在这个时代，人们开始对政治提出了越来越多的
要求。埃德蒙·柏克或许是第一个意识到这一点的重要政治家，他
观察到，国家的政治主体不再单由地产精英构成，各种利益集团开

1　H.T. 狄金森：《十八世纪英国的大众政治》，第 94 页。
2　H.T. 狄金森：《十八世纪英国的大众政治》，第 94 页。

始公开露面。他论述道："若干巨大的利益集团，如政界的、职业界的、陆军的或者海军界的，已逐渐形成于本王国。……这些新利益，必须有他们的代表，必须被允许在国家事务中占有一席之地；否则，他们可能会心生歹意，摧毁那些不许他们参与的制度。"[1] 在这里，柏克或许指的还是新兴的工商业利益集团和职业团体，但是普通人民也开始日益参与政治，他们或者以宗教和道德压力集团的面目出现，或者以地方政府改革者的面目出现。在极端的情况下，他们集体示威或参与暴动。

不列颠的激进分子开始对一系列抽象政治议题进行严肃思考，这包括权利与自由的来源与限度、反抗权与人民主权、平等与普选权等。为了证明人们拥有某些自由与权利，当时的激进分子使用了两套话语策略。一套是从历史出发，声称这些自由权利是古已有之的，自诺曼征服以来被破坏，现在不过是复古而已。另外一套则求助于"自然权利"，后来更引入功利主义。[2] 但不管是复古也好，征诸自然也罢，他们都在使用一套"冲突"话语。他们对专制与暴政有着高度警惕，有的时候或许过于敏感。

这里还有一个因素：经济的发展，财富的大量涌入，也突出了腐败。暴发户崛起，突出了政客贪赃枉法的程度。当时英语中出现了一个新的词——nabob，这是英国人对东印度公司职员的一种戏称（印度的地方行政长官被称为 nawab）。当时，东印度公司职

1　埃德蒙·柏克：《美洲三书》，第 287 页。
2　参考 H.T. 狄金森《十八世纪英国的大众政治》，第五章。

员从印度劫掠回大量财富。比如，外号叫作"钻石皮特"的托马斯·皮特（日后鼎鼎大名的政治家威廉·皮特的祖父）从印度带回来一颗世界上最大的钻石（410 克拉），以 13.5 万英镑的天价卖给法国摄政王。沃伦·黑斯廷斯（第一任印度总督）、罗伯特·克莱武（Robert Clive，印度的征服者）的手上自然也都是油腻腻的。这些暴发户（nabob）将自己在印度积累的财富带回家，在不列颠到处购买地产，疯狂炫耀，继而借助钱财进军政坛。托马斯·皮特就出钱收买了一个选区，从而为自己搞到了一个议会中的席位。他的孙子威廉·皮特在 1770 年非常虚伪地抱怨道："在亚洲发财的富人源源涌入，不仅带来了亚洲的奢华，恐怕也带来了亚洲式的政治模式……从国外携黄金归来的人已经挤入了议会，世袭的地位和财富哪里经得住这种私人腐败风潮的冲击？"[1] 这自然到处引起嫉恨。人们对古典道德的呼吁，在这种礼崩乐坏的时代，是可以想见的。

当时，一方面是腐败现象增多，一方面则是人们越来越能对腐败有所认识。就是在这种背景下，越来越多的人开始抨击腐败的文官制度和议会制度。当时的"左派"要求进行政治改革，实现男子普选权、平均代表权、秘密投票权，杜绝私相授受官爵；"右派"则要求有一个爱国的开明国王，超越党派政治之上进行统治。两种不相容的解决方案实际上把乔治三世放在火上烤，"左"要攻击"右"，就必然要把矛头直指正有此心的乔治三世，说些"国王不能解决问题，国王本身就是问题"之类的话。当政的辉格党人对

1　尼尔·弗格森：《帝国》，第 38 页。

前来争权的乔治三世自然也没有什么好话。

对于乔治三世，很不幸，在某种意义上说，他成了众矢之的，要为过去的社会弊病承担并非由他引起的责任。一方面，他是全国的行政首脑，受人瞩目，政绩归功于他，谤诽自然也随之而来。

在另一个方面，乔治三世犯了一个他必然会犯的策略性错误。他要恢复王权，就要控制议会。如果他能挟持全国民意，主动切割，对落后的文官制度和议会制度持批评态度，未尝不能达到同样目的，但是作为国王，这种等级制社会的具体化身，他恐怕做不到这点（更别提其中涉及的政治困难和风险了）。

乔治三世的做法把自己推到了风口浪尖。他用来控制议会的方法，很大一部分就是封官许爵，从年金中拿钱资助议员，帮助他们竞选，给他们一份干薪闲职等收买手段，这些手段，并不是他一人的独创，在他祖父执政的时候，就有两百个议员在政府里面兼任政府官职。为此，历代国王都欠下累累债务，但是汉诺威王朝的先王们都不曾像乔治三世如此张扬。

埃德蒙·柏克撰写了一篇文章《论当前之不满情绪的根源》，对18世纪60年代以来的乱象大加抨击，写道："政府、政党、家庭、议会和整个国家，都混乱不和，甚于以前的任何时代……外交之纷乱，一如内政之不理；我们的属地，淡于对我们的感情，懈于对我们的忠顺。"在这样的批评背后，他直接点出，帝国危机来源于"政府的自由形式，与它专制的目标，并非是两不相容"。柏克批评的是他眼中的一大乱源——反对目前宪政体制的宫廷阴谋。该宫廷阴谋据说是这样的：第一步是成立内外朝（double cabinet），以内朝策反、颠覆外朝之势;第二步是培植党羽,组成一个宫廷党;第三步是收买议会。其主要目标是打击英国革命以来执政的辉格党贵族,以便"铲尽这独立的中间力量",逞专制之欲。为了做到这点,"一方面,他们虚张暴民统治的威胁,以惊吓贵人或阔人,另一方面,他们又通过其他的帮凶,试图以贵族专制的幻影引起人们的恐慌",以便"分化瓦解国民,在不同等级、不同阶层的人中,播下猜疑的种子,肢解本王国的天然力量,使之无力抵抗垄断了王权的坏人的邪恶阴谋"。这就是乔治三世及其势力留给当时人们的印象。时人(即使如柏克之贤)昧于见闻,不免用阴谋论的眼光审视之,将之归结为"要人"的阴谋。在柏克的笔下,我们看到的是王党与贵族党的内斗,似乎英国历史正在重演中世纪末期国王借助官僚摧毁贵族、建立专制的旧戏(公平地讲,当时的不列颠政治谣言或批评四起,有人担心王权复辟,有人指责"贵族专制",有人则惊呼"暴民政治"……不管如何,这是一个思想上大动荡、大忧虑的时代)。

许多批评者直指乔治三世与其追随者(号称"国王之友")专断腐败。有一人堪称持此批评的代表与典范——约翰·威尔克斯。他是一个很富有的酿酒商的儿子,1757 年,花了 7,000 英镑成为艾尔斯伯里选区(Aylesbury)的国会议员。1762 年,他任职期间主编了一份专唱反调的报纸《英国北佬》(*The North Briton*),专门批评政府。此人是一个煽动家,品行不是很端正,但绝不平庸。1763 年 4 月,在《英国北佬》第 45 期中,威尔克斯批评国王在议会中的讲话,对《巴黎和约》大加抨击,在另外一个地方暗示乔治三世的恩师兼宠臣布特和王太后之间的暧昧关系,又攻击"国王之友"是"专制和腐败制度的工具，他们在全国播下了不和的种子，我预言，只要不剥夺他们的权力，这些不和的种子就不会消失"。[1] 内阁大怒，下令逮捕了威尔克斯。

威尔克斯立即用自由来为自己辩护。在 1763 年 3 月的法庭上，威尔克斯宣称："自由，让士绅们更加明智，为百姓们提供保护。我今天的判决，是对一个问题的最终判决，这个问题是如此重要，以至于必须立即宣判：英国人民的自由到底是真是幻？"[2] 在随后的审判中，威尔克斯赢得了诉讼，并因遭受非法逮捕和没收文件获得政府的赔偿。他对自由的呼吁、对抗政府的态度为他在法庭上获得了喝彩，在大街小巷上赢得了欢呼。他的法庭演讲创造了"威尔克斯及自由"的口号，赢得了大批拥趸。

这场胜利并没有让威尔克斯见好就收。就在该年，他不仅重印了第 45 期的《英国北佬》，还创办了一份色情小册子《女性杂谈》，结果政府开始启动新的诉讼程序。威尔克斯仓皇逃往法国，英国议会将其除名。1768 年，他潜回英国参加竞选并重新当选，遭到议会再次除名。他三次当选，议会三次否决，并身陷囹圄。在服刑期间，他被人们普遍视为英雄，他的支持者四处活动，并不乏激烈举动。1768 年 3 月，威尔克斯的支持者在伦敦圣乔治广场同军队发生冲突，军队开火，导致多人被杀，举国因此沸腾。1769 年，尽管他在监狱服刑，仍成功当选为伦敦市议员。那些把威尔克斯重新选

1　丘吉尔：《英语国家史略》（下），第 136 页。

2　查尔斯·蒂利：《社会运动：1768—2004》，胡位钧译，上海人民出版社，2009，第 24 页。

出来的选民大都是商人、店东、手工劳动者，"举凡产业岁入逾 40 镑者大都投票反对威尔克斯，不满 40 镑者，则投票支持威尔克斯"[1]。有一些因没有财产而没有选举权的人，也拥护威尔克斯，在选举的时候故意给反对派捣乱。这是一次下层对贵族的集体愤懑。

那一年，威尔克斯的支持者组成"保卫《权利法案》协会"，奋力抗争，要求使其重返议会，他们还要求实现平等代表权，杜绝贿选现象。1770 年 4 月，他获得释放的时候，整个伦敦都在沸腾地欢呼，用 45 门礼炮来迎接他。他不仅当选伦敦市长，并重新进入国会。

下院之所以不支持威尔克斯，不仅是出于国王的压力，在很大程度上是担心威尔克斯所代表的那股子粗俗劲儿颠覆现有制度。他们对于改革呼声不愿与闻。在当时社会上许多人的观念里，恩赐制是现有政治制度中维护上层阶级特权的有效润滑剂和保护层，干薪闲职、议会席位是一种可以世代相传的私人财产。威尔克斯对下层群众的动员，也让这帮绅士感到深深不安。

对威尔克斯及其运动，历史家狄金森在描述 18 世纪后期的激进分子和改革家时叙述道："约翰·威尔克斯是第一个通过院外活动赢得全国声誉的激进分子。……在激起民众对主要宪政问题的兴趣方面，威尔克斯的确发挥了不可或缺的作用。他将写作、才智和演戏的天赋发挥到了极致，威尔克斯运用他那富有号召力的个性和蛮横的行为打动并俘获了大批公众。通过故意制造能够激起狂

1　戴维·罗伯兹：《英国史：1688 年至今》，第 135 页。

热的事件和话题，他得以在几年里持续不断地向统治精英施加压力。他的私人目的被提升到主要宪政原则的高度上，在这一过程中，自由和公正的抽象概念变得和普通民众息息相关。威尔克斯使自己成为自由的化身，扮演着政治殉道者的角色——遭受一个毫无原则的、腐化堕落的寡头集团的迫害。"[1]

现在回顾起来，威尔克斯事件其实不只是威尔克斯作为政治煽动家的成功，而是 18 世纪早期以来英国大众政治兴起的结果，可谓瓜熟蒂落。[2]英国的改革家们开始有了广泛的组织，他们相当熟练地利用媒体力量与请愿运动来赢取大众，他们在选民俱乐部、利益集团和群众示威等多种政治参与形式之间搭起了桥梁。他们要求政治改革，要求扩大政治参与，严重地动摇了旧秩序。这样，极具戏剧性的威尔克斯事件代表的就是英国一场严重的政治危机，而这场政治危机，容易使人产生多方面的联想。

三　自由之光渐渐熄灭

对当时相当多的北美人来说，威尔克斯事件的意义要比现实简单得多，其蕴意，则要比现实危险得多。不列颠社会的腐败是骇人听闻的，威尔克斯事件则表明不列颠政治腐坏到何种程度。北美人自然要问：谁该对此负责？

1　H.T. 狄金森：《十八世纪英国的大众政治》，第 220 页。
2　H.T. 狄金森：《十八世纪英国的大众政治》，第六章。

当时的各美洲殖民地基本上还是一个个相互分离的小规模的社会的组合，有些只有数万人口，这些人还散布在很大一片土地上。费城是当时北美最大的城市，富兰克林刚到费城的时候，费城只有 1 万人（1787 年，费城有 4 万人）。当时的巴黎有 60 万人，伦敦有 95 万人。

由于规模小，这些社会基本上都是人情社会。在这种社会中，人人相知，出个芝麻大的事情也会家喻户晓，社会情况简单，并无多少复杂的因素掺和在里面。在这个人盯人的社会，某些人，尤其是某些绅士或大人物，赫然于世。这些大人物并不多，他们往往能支配这个小社会。于是人们把社会活动自然而然地解释为是由这些大人物的意愿和目的决定的，社会和政治随他们的决定而发生变化。一个大规模社会所涉及的复杂的进程，在当时，人们还意识不到。

在这种文化里，人们问及发生的事件时，不是问"如何发生的"，而是问"谁造成的"。如果有什么事发生，那么肯定有什么具体的人对这些事情负个人责任。假如面包价格上涨，那么某个面包师或商人就会受到谴责。如果殖民地治安情况不佳，那么某个官员就会因此倒大霉。

以这种眼光，当看到英国社会与政治腐败的时候，他们第一个怀疑的就是执政者的意图和目的。一开始，他们怀疑一小撮大臣，然后是腐败的党派与权贵，最后则怀疑到乔治三世本人头上。

当然，使北美人民易于产生这种想法的，不仅仅是特定社会文化的影响，还包括一种人类心灵领域重要的认知倾向。人类有一种经常发生的错误知觉是，将别人的行为视为集中统一、事先谋划和协调一致的。这表现出一种取向：人们试图将复杂和互不相关的事件压缩进一个连贯一致的模式中去（实际上人们的行为往往达不到这样的程度）。正如弗朗西斯·培根说过的那样，"人的理解具有特殊的性质，很容易将事物视为处于高度秩序和平衡状态，实则并非如此"。人们似乎不能接受随意无序的状态。所以，他们便将秩序加入随机数据之中。人们总是试图尽可能多地解释他们周围发生的事情，而且总是偏爱一个原因单一的解释。

在对事件进行解释时，人们通常很少考虑偶然性、巧合性和缺乏协调等因素的作用。他们认为，事件本身的连贯性说明存在筹谋精巧的计划。混乱与愚蠢则很少得到人的注意。

值得注意的是，越聪明的人，掌握信息越丰富的人，越有可能出现这种认知错误。太聪明，不能忍受无序；太聪明，能够从互不相关的事件中看出联系，信息量越大，越需要压缩。越敏锐的观察家越能从蛛丝马迹中发现某种模式，问题是，他们有时候会发现不存在的模式。

此外，在对他人行动的观察中，人们通常对个人的个性、意愿、目的给予过多的关注，而漠视他（她）如此行动的情景。这种认知偏差是如此普遍（众多的心理学实验验证了这种先天偏好的存在，人是认知上的吝啬鬼，用个性来解释事物比观察情景要来得方便得多），以至于社会心理学家们给予了一个专门名词"基本归因谬误"来形容。

在这里，英国政府再次成为这种心理倾向的牺牲品。当时的观察者们把社会转型期中的阵痛同乔治三世意图恢复王权的做法联系起来，得出了一个异常危险的结论。

当时的北美知识分子与上层人士一样，接受的是古典教育。在 18 世纪，接受教育就是了解古代的人与事。他们对雅典、罗马耳熟能详，把柏拉图、李维、西塞罗、塔西陀的作品奉为人类智慧以及治道的经典。这些古典作家们的政治与社会价值观深深地影响着他们这批后人。

古典的政治和社会价值观的一个核心主张就是"德性"，它强调共和政体必须建立在公民和统治者的良好的道德修养之上，而不是单靠制度。正因为把政治与社会奠基在道德之上，人又是容易堕落的，所以共和政体是脆弱的，需要时时加以维护。对"德性"危害最大的，就是统治者的堕落，权力的天然猎物就是自由、法律与权利，所以对一切权力抱有戒心是一种必不可缺、值得称颂的品质。

当时许多人都在强调"英国古代传统和质朴德性丧失的危险"，思索他们所见到的种种腐败的迹象，以及这些信号所预示的黑暗未来——腐败是德性丧失的先兆，而德性的丧失就意味着国家的颠覆。他们这种提心吊胆的做派恐怕同这些人的清教徒背景是分不开的（焦虑、悲观、末世观念）。对于当时的世界局势与历史走向，这些卡桑德拉们也是异常悲观的。在他们看来，自由仅仅是上帝给予不列颠群岛的珍稀礼物，在世界各地，自由权利之火正在逐次熄灭，土耳其、法国正在专制国王的压迫下，威尼斯、丹麦、瑞典曾经有过的自由正在被摧毁。这倾向，对英国，正是黑云压城城欲摧。日后写出不朽之作《常识》的托马斯·潘恩正是这种悲观历史观的继承者，他高呼道："旧世界到处压迫猖獗。自由到处遭到追逐。亚洲和非洲早已把她逐出。欧洲把她当作异己分子，而英国已经对她下了逐客令。啊，接待这个逃亡者，及时地为人类准备一个避难所吧！"[1]

美国学者伯纳德·贝林从对 1776 年前整个 18 世纪美洲发行的各种小册子的研究中，得出一个结论，那个时代的北美政论家们普遍有这么一种历史观，即诺曼征服之前的英国已经享有政治自由，是诺曼征服者用各种封建统治压制了这种自由，经过若干世纪的斗争之后，这种传统经过修正后得到恢复，就是光荣革命，当时却因为 18 世纪的政治腐败而再度受到挑战。

在这种历史观下，北美的政论家们把英国的历史看成一部自由对专制的历史，这些启蒙之子对政治自由做了相当理想化的想象，对专制之恶则深恶痛绝。现在的腐败有利于专制的发生，有甚者则认为，腐败其实就是政治压迫的新手段。就是这样，几种事件被联系在了一起。在这种观点上，他们同英国的许多辉格党人其实是相通的，他们彼此呼应，产生共鸣。

1745 年在伦敦，一个小册子的作者指责不列颠正沉湎于穷奢极欲、贪赃枉法之中，另外一个英国教士则指责权贵们正在削弱英国宪法的基础。[2] 这些小册子在北美殖民地一再重印，有些殖民地

1　托马斯·潘恩：《常识》，何庚译，华夏出版社，2004 年，第 58 页。

2　托马斯·潘恩：《常识》，第 84—85 页。

居民开始认为一场新的自由危机可能已迫在眉睫，英国的情况已经发展到了危险的境地，而这说不定是有人敌视自由的一种图谋。1763 年，一位北美绅士写信给另外一个绅士，说他想知道英国是不是"拥有充分的德性从长时间被腐败洪流所吞没的局面中获得拯救"[1]。

对当时那些社会出身相对"干净"、质朴的美洲殖民者来说，母国的奢华与腐败都是令人吃惊的。约翰·迪金森这个日后非常著名的美洲革命的倡导者和参与者在 1754 年到伦敦学习法律，他对英国"充满了敬畏与崇敬"，但是当时英国正在进行的议会选举使他震惊不已，他观察到"贿赂是如此普遍，以致有人认为要是哪个城镇不搞贿赂就不能称之为英国的城镇"，他还给出了一个灰暗的预言："伴随而来的就是那无羁的放荡以及对美德的极端蔑视，这一切都是所有帝国走向毁灭的永恒原因。"[2]

查尔斯·卡罗尔，日后马里兰的制宪代表，1760 年也在伦敦求学，在给自己父亲的信中写道："我们认为我们宪法的更改迫在眉睫。他们通过付出昂贵代价获得的自由正处于毁灭的边缘。"[3] 他的父亲回信写道："腐败和自由不可能一起长期共存。"几年后回到美国，卡罗尔认为英国宪法"行将步入崩溃的最后阶段"。他劝他的一位英国朋友卖掉其英国地产，来到美洲这块自由之地，以躲避不可避免的大难。"这种腐败制度已经得到进一步的推进并且建

1　托马斯·潘恩：《常识》，第 85 页。
2　伯纳德·贝林：《美国革命的思想意识渊源》，第 86—87 页。
3　伯纳德·贝林：《美国革命的思想意识渊源》，第 88—89 页。

立了一个如此广泛和牢固的基础，它们已经严重威胁了宪法，并有迅即毁灭宪法之势，至此，他们留给人民的不过是一张面戴'自由'的空皮囊而已。"

　　慢慢地，一种阴谋论出现了。这种阴谋论在不列颠、北美都在传播，比如，到了1770年，如前所述，埃德蒙·柏克写就了一篇供政治宣传的文章《论当前之不满情绪的根源》，直指存在一个宫廷党，利用国王的权威，破坏英国立宪政体的均衡，图谋建立专制制度，并暗示这种图谋源自当初威尔士亲王弗里德里克的"光荣计划"。在辉格党一方，由于不能应付对腐败的批评，于是把这种指控归结为宫廷的阴谋，这种阴谋意在阻隔议会代表与人民之间的联系。

　　深受激进的辉格派和共和派反对王室思想的影响，北美殖民者见微知著，认为不列颠政府所采取的措施不仅仅是一时错误，而是一种邪恶，种种迹象表明不列颠政府的一系列举动是一小撮阴谋家经过深思熟虑的袭击，其目的在于消灭北美的自由。因为肆无忌惮的专制权力自然要寻找牺牲物，也因为在不列颠，国王及其廷臣的官职任命权以及可掠夺的物资已经达到极限，因此他们就到诸殖民地找茬，为没收殖民地的财富寻找借口。

　　当时在北美同样发生着相同的社会转型，由于家庭关系的削弱和殖民势力的进一步崩溃瓦解，英国皇家官员们以及其他保守派不遗余力地抑制群众参与政治，控制殖民地机构中的"民主"力量。有些皇家总督试图扼制议会里民众代表数量的发展，限制议会开会的次数，或者否决议会通过的法律。另一些官员盘算着重新改造殖民政府，以使皇家官员的薪水不依赖殖民地的立法机构，或使上议院的力量在立法机构里得到加强。一些人甚至建议把贵族爵位制度引进美洲来稳定殖民社会。在北美的激进人士看来，这一切举措都有外部背景，受到外部推动，一群大人物和他们嗜权如命的宠臣们企图为了自己的私利不惜牺牲公共利益，不惜毁掉殖民地的均衡的政治体制以及大众的自由。

1763 年，北美大陆弥漫着对不列颠欲在北美建立主教统辖制度的猜疑，许多北美人认为这是一场精神围攻，意在构建精神上的专制。一些人甚至有这样的猜测："大臣通过制定这种法案（印花税法），其意图就是强迫各殖民地进行反叛，然后利用这个机会严厉地处理那些反叛的殖民地人士，进而，借助军事力量，把殖民地居民沦为奴隶。"约翰·亚当斯则怀疑印花税旨在剥夺殖民地人士"获取知识的方法"，这是因为印花税是在对报纸和法律文件征税。[1]

可见，在美洲革命实际发生之前的数十年，殖民地居民已经对不列颠的未来持有一个相当忧虑的态度。古典思想传统给他们提供了视角，已知的历史趋势给这种视角提供了案例，而当前的英国现实国情似乎正在一步一步佐证他们的猜疑。1770 年，波士顿人起草了一份决议，内容是这样的："一份详尽无疑的、令人绝望的帝国专制计划已经制定出来，为了取消所有公民的自由，该计划已部分开始实施……那威严而又曾经令人崇敬的英国自由堡垒——

1　伯纳德·贝林：《美国革命的思想意识渊源》，第 98 页。

我们时代最让人仰慕的作品——《不列颠宪法》好像很快已经摇摇欲坠以致崩溃，万劫不复。"[1]

大英帝国统治者，却对这种局势一无所知。面对北美人越来越深的忧虑，他们的反应却是，这只是一小撮人的阴谋。这一小撮人因为自己的政治野心，煽动"不明真相的群众"，阴谋破坏社会秩序，颠覆英国对美洲的主权。1768 年，上议院曾经做出决议，提出"（殖民地那些）邪恶而又诡计多端的家伙……其目的旨在建立一个新的而且脱离英国国王管辖的违宪政府"[2]。于是打击这一小撮人，而非革新政治，成为政府的主流意见。这种做法适得其反。

埃德蒙·柏克当时担任英国议会的议员，他火眼金睛，日后（1769）对此发表了一番评论："美利坚人已经编造了一个发现……这个发现就是我们英国人要压迫他们：我们已编造了一个发现……这个发现就是他们美利坚人打算发动叛乱对抗我们……我们不知道如何前进，他们也不知道如何后退……但是，最后必有一方要屈服。"[3]

从根源上来看，使北美人离心离德的原因，还是在于他们对英国统治的不放心。再具体一点，就是英国国内政治的弊陋和腐败导致统治合法性的丧失。直到 1775 年，殖民地人士都确定自己处于一场由政治和社会腐败引发的宪法危机之中，这种危机心态极

1　伯纳德·贝林：《美国革命的思想意识渊源》，第 112 页。

2　伯纳德·贝林：《美国革命的思想意识渊源》，第 140 页。

3　伯纳德·贝林：《美国革命的思想意识渊源》，第 146 页。

大地影响了他们对英国诸项殖民地政策的判断。1774 年第一次大陆会议的时候，有一位大陆会议代表盖洛韦（John Galloway）曾经提出一项方案，呼吁对大英帝国的治理结构进行改革（也就是建立一个联邦国家），作为英美和解的条件。富兰克林写信给他说道："每当我想起这个老朽、腐烂的国度，腐败在所有等级的人中间都极其盛行，而光荣的公共德性在我们这个生机盎然的国度中却占据主流，我不得不意识到我们与其说可以从这个颇为密切的同盟中受益，倒不如说会受到他们的牵连殃及……将我们密切地联合起来只会腐蚀和毒害我们。"[1]

在那些殖民地的睿智之士看来，阴霾渐浓，不列颠的自由之光业已渐渐熄灭，为了挽救自己，尽管水还没有浸到脚面，也必须从不列颠这艘正在沉没的大船上跳出来。诸殖民地将"成为不远的未来人类自由的避难所"。

四 错误的人事政策

不列颠在北美的人事政策也对这场精神革命不无帮助——帝国的人事政策坚定地把帝国的利益同殖民地上层的利益连结在一起，从而得罪了其他阶层。

北美十三殖民地，除纽约系英国动用国家力量从荷兰人手中夺取之外，其余均由私人或民间团体筹划和出资建立。在当时，开

---

1 伯纳德·贝林：《美国革命的思想意识渊源》，第 124 页。

辟殖民地并不是什么好生意，赔本的风险甚大，英国政府不愿意蹚
这摊浑水，也是理所当然。去国万里，通信不便，中央政府的管制
往往形同虚设。

那该怎么统治这个日渐富庶、人口繁殖的边区呢？无非也就
是英国版的"美人治美、一国两制"这八个字。

如上文所述，"一国两制"体现为北美殖民地在帝国架构中的
特殊地位，它相当于一个特别行政区，拥有自己的议会。所谓"美
人治美"则指的是殖民地总督与参事会等高级职位，是向本地人开
放的（英国有时候也会空降总督，但参事会成员基本上都是北美人）。

不过，也不是每一个北美人都能当这个治"美"的"美人"，
其中自有玄机。美国历史学家詹姆斯·科比·马丁（James Kirby
Martin）调查了 487 名在美国革命前后担任各殖民地政府高级官员
的个人履历，将革命前（1773—1774）、革命后（1776—1777，不
计入效忠派政府）的情况加以对比，就得出表 2.1 中的数据：

这些数据能告诉我们什么呢？第一，在殖民地时期，社会上
层掌握着较多的权力；第二，革命前后的权力归属显然发生了变化，
由上层移向中上层或中层（根据马丁的考订，在革命中，各殖民地
政府均大换血，平均更替率达到了 77.5%。[1] 这意味着原有的政治
精英在很大程度上被替代了，而代替他们的，多半是来自各殖民地
议院下院的议员）。根据马丁的考订，这种权力结构及其变动趋势，
在各殖民地都是雷同的，因此我们大约可以排除这是偶然的产物，

---

[1]　James Kirby Martin, *Men in Rebellion*, The Free Press, 1976, p.44.

表 2.1 革命前后担任殖民地政府高官人员情况

	革命前	革命后
平均任职年限[1]	10.64 年	5.88 年
平均年龄[2]	52.3 岁	47.6 岁
个人财富[3]	富有 / 宽裕 / 普通者所占比例分别为 65.1%、29.2%、5.7%	富有 / 宽裕 / 普通者所占比例为 36.9% : 51.8% : 11.3%
父辈财富[4]	富有 / 宽裕 / 普通者所占比例分别为 40.3%、33.8%、25.9%	富有 / 宽裕 / 普通者所占比例分别为 26.4%、32.9%、40.7%
社会等级[5]	第一 / 第二 / 第三等级所占比例分别为 49.3%、33.8%、16.9%	第一 / 第二 / 第三等级所占比例分别为 31.0%、38.8%、30.2%

而将它看成一个有效的事实。

该怎样解释以上的数据？首先，马丁指出，在殖民地时期，个人的职业、财富、家族地位、亲属关系、教育情况、宗教信仰、年龄和出生地等因素都可以成为一个人能够爬上什么位子的标志。

---

1 James Kirby Martin, *Men in Rebellion*, p.15.

2 James Kirby Martin, *Men in Rebellion*, p.155.

3 James Kirby Martin, *Men in Rebellion*, p.77. 需要说明一下，根据马丁的定义，富有者被界定为财产在 5,000 英镑以上（他们占人口的 2%—5%），宽裕者的财产在 2,000 英镑到 5,000 英镑之间（他们也占人口的 2%—5%），普通人的财产是在 200 英镑到 2,000 英镑之间（他们占人口的 50%—65%）。至于占人口 20%—30% 的穷人则是财产少于 200 英镑的人，他们无论是在殖民地政府还是革命政府中都没有代表。

4 James Kirby Martin, *Men In Rebellion*, p.95. 比较父辈财富的用意是为了衡量社会权力的传承———一个人是白手起家，还是坐享父荫。

5 James Kirby Martin, *Men In Rebellion*, p.106. 在马丁的定义中，一个人归属于哪一个社会等级是由他所在家族在本地的声望所决定的。殖民地时期，家族非常重要，它意味着财富、名望、关系。每一个殖民地都有几个声望显赫的大家族。

大体上说，"假如一个人的职业使得他能够从帝国架构中获得收益，假如他来自一个富裕家族，而该家族又同其他世家有联姻关系，假如他的家族是按照英国国教的教义抚养他，并且把他送到伦敦的律师学院就读"，那么这个人就很难参加革命。相反，"假如这个人只是地方领导，白手起家获得经济社会成就，是公理会或者长老会教徒，在哈佛或者耶鲁受教育，中年"，[1] 那么这个人较前者就有可能参加革命。

其原因是这样的。当时的北美社会虽然是个新天地，人际关系较老欧洲要松散平等得多，但它仍然保留着一部分封建遗风，一系列的人际依附关系贯穿其中，尤其是在南方，等级—庇护制的味道特别浓烈（戈登，1991）。这个社会的财富聚集在跨洋商贸中心、种植园和商业农业区中。[2] 财富的持有者通常是大种植园主、大商人和大地主，同伦敦有着千丝万缕的社会联系和商业往来。他们将自己的子弟送到伦敦去留学，结交不列颠的达官贵人，以图进入不列颠的政治圈子。这些著名的家族有 Wentworth, Hutchinson, Oliver, De Lancey, Penn, Dulany, Randolph, Bull 等。帝国本身对这批人也青睐有加，把他们视为北美社会中的"贵族阶级"的替代品，提拔他们成为殖民地的高级法官、参事和总督。当时的任官程序是这样的，在王室殖民地中，不列颠的某部，如贸易委员会，会指示皇家总督提交一份高级官员的备选名单，然后该部从这份名单中挑

1　James Kirby Martin, *Men in Rebellion*, p.169.

2　James Kirby Martin, *Men in Rebellion*, p.74.

选，或者是内阁中某人推荐给该部。至于低级官员，则是总督同至少三名参事商议之后自行做出选择。这种程序必然导致"朝中有人好做官"的现象。在业主殖民地程序也差不多，不过业主的意见更重要。[1]当时的政治思想本来就把贵族看作君主和人民之间的调节器和稳定力量，而在不列颠看来，这样一批人，在经济上和政治上都要仰赖不列颠的恩惠，自然是不列颠在北美大陆可靠的代理人。

问题是，这样一批人把持官职，就断绝了他们之下阶层精英的晋身之路。这批地方精英的家世没有前者显赫，其生意、人际关系往来基本上局限于本镇本郡，在北美受的地方大学教育，很难同大家族竞争帝国影响力。这样，他们只能在殖民地议会下院里面担任议员，或者担任地方或县一级地方的行政官员，要想在殖民地层次担任高级官员可以说十分困难。这自然就导致殖民地的上层和中上层人士之间的关系日益紧张。当时的殖民地高官任期没有期限（比方说，弗吉尼亚的参事平均任职12.6年，康涅狄格平均任期14年），一个人往往又身兼多职，就更加重了两方的竞争状态，而这种竞争状态很难说没有政治后果。

这里有一个具体的例子。1760年，马萨诸塞殖民地空缺了一个最高法官的职位，有两个候选人，一个是老詹姆斯·奥蒂斯，另外一个是托马斯·哈钦森。托马斯·哈钦森可以说出身名门，哈钦森一家移民之前在伦敦就是出色的商人，到了新英格兰，继承祖先的商业传统，一代又一代致力聚敛商业财富和建设贸易网

1　James Kirby Martin, *Men in Rebellion*, pp.31-32.

络以及构建大西洋两岸的人脉关系。到了托马斯·哈钦森这一代，哈钦森家族已经是新英格兰首屈一指的富商，做着跨大西洋巨额贸易的买卖。由于与地方豪族互相联姻培植势力，在伦敦也有关系，哈钦森家族受到提携是应然之事。于是这个职位就给了哈钦森。奥蒂斯家没有哈钦森家那么显赫，老奥蒂斯的儿子小奥蒂斯从未宽恕过这一侮辱，他发誓说，如果他的父亲得不到这个任命，那么他将让整个省份都陷于大火之中，自己粉身碎骨也在所不惜。[1] 日后，当不列颠加强缉私、出台印花税的时候，小奥蒂斯的动作很大，成为殖民地权利的著名鼓吹者，他指控当时的马萨诸塞总督伯纳德和哈钦森政治腐败。他的这一政治举动很难说纯粹出于公利。

　　当然，我们恐怕不能说，殖民地的中上层精英参加革命主要是因为这种政治竞争。这里有一个证据，即北美十三殖民地中，自治程度最高的是所谓的自治殖民地（Charter Colony）。这样的殖民地包括康涅狄格、罗德岛。根据康涅狄格 1639 年基本法及之后的皇家特许状，该殖民地的总督、参事及其他高级官员是在本地选举产生的。这样，即使某人没有朝廷关系，也没有显赫的家世，还是能够实现政治流动。康涅狄格殖民地的总督特朗布尔（Jonathan Trumbull）是在 1769 年被选举上台的，但在革命中仍然站在革命者一方，其他政府高官也一样。如果说精英参加革命的主要动力是为了政治流动，那么康涅狄格殖民地就是一个很显著的反例。因为

1　James Kirby Martin, *Men in Rebellion*, p.26.

在该殖民地早已实现政治流动，按道理说就不应该有不满。相同的事情也发生在罗德岛殖民地之上。

我们似乎也可以较公正地说，这种缺乏政治流动性的现实，在特定条件下，确实也为不列颠和北美之间的裂隙添油加火。

殖民地的中上层确实想要一个更靠近地方的选官体制。日后，约翰·亚当斯在写信给帕特里克·亨利时说道："在美洲必须建立……更为平等的自由……一小撮富豪垄断家族必须被打倒。"[1]托马斯·杰斐逊身为大种植园主，为在弗吉尼亚打倒"显赫的家族集团"尽心尽力，他认为，"财富贵族"的种种特权必须被摧毁，以便为"贤人贵族打开通路"。[2]戴维·拉姆西（David Ramsay），革命同时代的南卡罗来纳历史学家，说道："所有的职位向有德之人（men of merits）开放，是我们宪法的旨趣所在。……我们再也不用乞怜廷臣的宠幸。"[3]乔治·梅森起草了1776年弗吉尼亚的权利宣言，声称："除非出于从事公职的考虑，没有任何人或任何一组人有资格独占薪金或特权，或者把它们同社会分离开。公职不能传给他人，或世袭。人生而为治安官、议员或法官的观念，是不合情理的，是荒谬的。"新罕布什尔的宪法则宣称："政府里没有任何一个职位可以世袭，所有的职位都以德才为必要条件，不能传给后代和亲朋好友。"[4]这些言论实际上都说明了地方精英对家长制与庇护制（也

1　James Kirby Martin, *Men in Rebellion*, p.39.

2　戈登·S. 伍德：《美国革命的激进主义》，第187页。

3　James Kirby Martin, *Men in Rebellion*, pp.39-40.

4　戈登·S. 伍德：《美国革命的激进主义》，第186页。

就是帝国的北美政治秩序）的不满。

　　问题还在于，人们逐渐把这些传统时代的现象（世袭制、一人兼任数职与庇护制）与"专制阴谋"结合起来看待（关于这点，伍德和贝林在各自的著作中都用了很大的篇幅提及）。一方面他们怀疑"廷臣"故意操弄人事任免权来吸引北美洲的趋炎附势者，慢慢地腐化北美政治体制，以便在北美建立专制统治。这符合人们对当时不列颠政治腐败的观察。日后，查尔斯·卡罗尔用这样的言语表达了这个信念："腐败政府阁员无法得到满足的贪欲或险恶用心，打算借他们在大不列颠的专制统治把腐败扩散到北美诸殖民地，把不列颠帝国拖向毁灭的边缘。"[1]另一方面他们也怀疑地方上的权势家族同样是政治腐败的由头，他们迎合甚至主动煽动大英帝国的专制统治者来摧毁美洲的自由，以获取自己的私利。简言之，吃"分裂饭"。比起英国国王和内阁，这批当地的阴谋家更遭人痛恨。人们诅咒这样的人是"皮条客和寄生虫"，认为"现今之政府，受到了魔鬼的煽动"。[2]比如在马萨诸塞殖民地，人们眼中的阴谋家（不出意外的）就是伯纳德和哈钦森。"哈钦森和奥利弗之流及其跃跃欲试的同盟，据说通过增加大量不同的官位，想方设法垄断马萨诸塞各个部门的权力，从而构建了'确立专制统治可以依赖的充分基础'"，"他们俩自己的亲戚在议事会具有相当大的影响力，最高议席中他们一个家族就占了三个席位"。[3]在约翰·亚当斯（农

1　伯纳德·贝林：《美国革命的思想意识渊源》，第120页。
2　伯纳德·贝林：《美国革命的思想意识渊源》，第116页。
3　伯纳德·贝林：《美国革命的思想意识渊源》，第104页。

家子弟出身）看来，哈钦森贪恋权势、野心勃勃、手段卑劣，他和他的同伙构成了权势家族，把持着马萨诸塞殖民地的重要职位。他翻手为云、覆手为雨，操弄"大人物的激情与偏见、愚行与堕落，以邀彼之眷顾与宠幸"[1]。其他人同样十分痛恨哈钦森。"我的天啊！"乔西亚·昆西在 1770 年说："在如此唯利是图，如此唯命是从的家伙的统治下，人民会是如何的沮丧，如何的伤心失望，如何的气愤，我不愿再说了。我义愤填膺，怒火满腔。"[2] 不独马萨诸塞如此，在其他殖民地都有同样的人物、故事出现。

旧的任官体制就不仅仅是有缺陷，而且还是威胁。也可以说是不列颠政体危机向北美殖民体制的传导。不列颠的大人物们所犯的错误是想用人事关系把等级－附庸关系移植到帝国内部关系中，而这恰恰就是致乱之源。国家各部分间关系的构成与理顺，是不能通过这样的技术性手段来达成的。

五　一切为时已晚

大英帝国在革命心态中跨入了第二阶段危机。

1766 年 7 月，罗金厄姆内阁因为不得国王欢心又垮台了，继任者是威廉·皮特，该人德高望重，在印花税危机中曾经站在美洲一方大声疾呼，看起来，他的出任将会给不列颠－美洲关系带

1　Bernard Bailyn, *The Ordeal of Thomas Hutchinson*, Harvard University Press, 1974, p.2.
2　戈登·S. 伍德：《美国革命的激进主义》，第 179 页。

来一个缓冲期。但威廉·皮特不久便染病在床不能视事，1768年将执政权交给格拉夫顿公爵。这位公爵平生只爱两件事：赛马和情妇。于是在这两位差不多四年的在位时间内，政府像是一艘没有舵的船。

财政大臣查尔斯·汤申（Charles Townshend）在1767年提出新的征税方案。这一方案的主要内容是对茶叶、玻璃、纸张、印刷颜料、铅这些日用品课征新的贸易税。法令规定将用该税款来支付美洲英国官员的工资。

汤申提出这种法案，一是为了扩大政府财源（他估计每年能带来4万英镑的收入），二是因为越来越多的人——不止在下院，也在不列颠全国——对北美抱有越来越大的敌对情绪。加税此举，使许多北美人的缓和热望破灭。

汤申这一方案是彻头彻尾耍弄小聪明的做法。原先殖民地居民在反对印花税时刻意区分出内部税和外部税，反对的主要理由是认为不列颠有权为贸易管制而征贸易税，无权为增加国家岁入而征收其他税。汤申此举等于说是：好啊，根据你的理论，我无权征收内部税，那我就用征收外部税的方式来增加国家岁入，这一征收手段是以贸易管制的名义进行的。

愚行莫过于此。汤申倒是看准了殖民地在内部税与外部税划分上的漏洞，大不列颠大可以以管制贸易之名行征收赋敛之实。问题在于，一种政治制度的得失不必一定合乎学理，而应该视乎情景。内部税与外部税这种提法实际上反映的是不列颠与美洲模糊的政治结构，标志着一种妥协（不列颠和北美各取所需，不列颠有主权，而殖民地也可以自称是次于而不是臣服于不列颠)。汤申自作聪明的做法是逼得殖民地居民承认，税就是税，全部问题的要害在于，未经他们的同意，国会在宪法上无权"从他们的口袋里掏钱"，无论所征收的为何种赋税。

换句话说，汤申此举等于逼得不列颠和北美居民非要澄清彼此间的政治架构，取消目前妥协赖以存在的空间。

1767 年 6 月，英国议会通过了"汤申税"，在北美各港口对进口的若干种货物征税，将这笔钱用来支付殖民地法官与皇家官员的薪俸以及防卫开支（从而剥夺了殖民地议会对司法与行政机构的控制权）。该法还授权海关官员加强缉私，在哈利法克斯、波士顿、费城和查尔斯顿设立海事法庭。[1]

当美洲各殖民地得知汤申税法通过的消息，纷纷向国王请愿，向下院抗议，这些活动导致了与皇家总督的冲突，后者经常勒令他们休会与解散，从而激化了冲突。

汤申税也在殖民地掀起议论的大波，本杰明·富兰克林总结道，一方面殖民地人士承认殖民地议会次于英国议会，一方面又否认英国为地方立法之权；一方面承认英国有权管理贸易（因此也有有可能利用此管理权牟利），一方面又无法区分牟利与正当的管理。要调和两者是根本做不到的，于是就终于分明地出现了二者必居其一的选择——或者是国会有权为殖民地制定所有的法律，或者是它

1　海事法庭不同于一般的民事法庭，不设陪审团，具有军事性质。如判有罪，所有走私物品全部充公，而海事法庭的法官也会得到部分充公的物品。殖民地人民普遍认为海事法庭的审判是不公正的。

根本就无权为殖民地制定任何法律。

　　简而言之，在既有的传统法律权利话语下，再也无法提供这一问题的答案。殖民地居民理屈词穷，为了保有他们的自由，殖民地人士只得改变他们的问题。我们会发现，从这个时候起他们很少问：作为英国的臣民，我们拥有什么权利？他们更多问的是：我们作为人类之一员，拥有什么权利？[1] 对殖民地居民来说，要应付此种局面，只是在英国议会的管辖权（历史权利）方面做文章，现在远远不够了，人们需要的是一种能够从某些普遍原则出发申明殖民地人民政治权利的理论（自然权利）。对于英帝国来说，这可是一种非常危险的想法。

　　詹姆斯·威尔逊，日后的宾夕法尼亚制宪代表，写就了《论英国国会立法权的性质与范围》一文，跳出法律条文的框框架架，不再讨论英国是否有治权这个问题，直截了当地说，主权是手段，人民的福利是目的，不能为了手段而牺牲目的（公平地说，这种激进的自然权利话语早在汤申税法出台之前就存在了。1766 年，弗吉尼亚人理查德·布兰德已然写就《不列颠殖民地权利探究》一文，提出：如果一个国家的国民面临被剥夺公民权利的危险，或者不满意他们在某一社会的地位，他们就有脱离这个社会而进入另一国家的自然权利，他们将组成新的政治社会，成为新的主权国家。但是汤申税法显然在推动这种自然权利话语的传播上狠

1　该观点可见李剑鸣《美国独立战争爆发前的政治辩论及其意义》，《历史研究》2000年第 4 期。

狠地推了一把）。

这表明不列颠－北美的利益之争最终完全上升到原则之争、政体之争，矛盾上移，要在双方之间达成和解的可能越来越小。汤申税法的提出，看起来平淡无奇，没有枪炮轰鸣，其意义却分外重大，成为不列颠－北美关系的转折点。在此点之前，犹有妥协的余地。至此之后，事情就在加速发展。

1767 年，英国议会又决定在美洲增设 3 个代理海事法庭，众所周知，此种法庭一向被北美人诟病为对其独立司法制度的破坏。当时在诸殖民地还流传着一个谣言，即殖民地法官的工资即将由国王决定。

1768 年威尔克斯再次被逮捕的事件传到北美。之前威尔克斯就在各殖民地声名远播，殖民地人士引为同道，视之为诚实的寻求宪法权利的英国人对抗腐败、专制的国王与议会的范例。他回国参选成功，弗吉尼亚、马里兰以及南卡罗来纳的自由之子社向他发来充满溢美之词的贺函。波士顿人写信给他，以维护宪政、自由，对抗专制阴谋共勉。威尔克斯被议会再三否决议员资格并被逮捕的消息击碎了许多人的梦想，权力的无耻与肆无忌惮使得许多人深信，宪法正在被高层蓄意地（而不是意外地）连根铲除。

汤申税法通过之后，美洲各殖民地再度联合抵制不列颠商品。波士顿商人在 1768 年年底达成一项协议，那就是在 1769 年 1 月到 1770 年 1 月间，不向英国出口，也不从英国进口任何商品。各地的消费者也发誓不购买汤申税征税范围内的任何英国商品。有些货物，比如茶，虽然是日常生活必需，但也不从英国正式进口，而是买走私货。

在美洲方面，反抗的组织网络开始形成。早在 1765 年年末到 1766 年年底，从纽约开始，各殖民地开始出现由中上阶层组织的自由之子社，互相之间开始建立通信联系。到撤销印花税的前夕，自由之子社中的一些极端团体已经开始制订在殖民地建立军事组织的计划。然而，在 1765—1766 年，自由之子社还不是一个革命组织。许多团体事实上把协助现政权、反对过于咄咄逼人的暴民以及限制过大的暴力运动视为己任，赞成用请愿的方式来表达不满。他们宣布忠于大不列颠和英王，并把自己看成英国人，是为纠正政府错误而奋斗的人，印花税法取消后，自由之子社的活动平静下来，组织也萎缩了，但是组织渠道却保留下来，那些领袖们也发现了他们的能量和政治能力。

从理论上来说，这种社会组织的出现会使社会运动增多，集体行动减少，革命变得不可能。因为它们为社会内部成员的讨论，为中层组织之间以及中层组织与国家之间的对话提供了平台，有利于缓解他们对社会的不满情绪，从而不会因为冲动而轻易加入某个大众运动。我们可以观察历史与现实，凡是有大量社会组织的国家，其社会都是稳定的。中层组织要起到这个作用，有一个先决条件，那就是国家是否将它们纳入制度化轨道，换句话说就是国家是否能与其对话，如不能，这些组织就会成为社会革命的集体行动渠道。在自由之子社这个例子上，它们在一开始确实起着缓和作用，但是由于制度化渠道的缺失，它们最终成为一种反抗力量。

为了控制汤申税法在美洲引起的强烈反响，1768 年年初任美洲事务部大臣的希尔斯伯罗勋爵（Lord Hillsborough）下令各殖民地总督解散或终止那些批评、反对汤申税法的殖民地议会。为了给总督们以支持，他还下令向波士顿（当时美洲的主要抗议中心）派遣4个装备有大炮的正规步兵团。对英国来说，往波士顿派遣部队是一项警备措施，意在帮助总督维持正常秩序，顺便也向其他殖民地略作示威。对美洲来说，这一举动唤醒了英国人一个古老的忧虑，即和平时期在人民之中维持常备军常常被视为专制阴谋的第一步。司马昭之心，路人皆知，于是人人侧目。一支客军以维持秩序为目的驻扎在和平城市，本身即引起"军事管制"的流言蜚语。

　　波士顿市民大会在1770年致信马萨诸塞议会下院，指出："一系列的事件，最近发生的许多事情……提供了重大的理由使人相信，帝国专制政府已经制订并部分地实施了一项蓄谋已久和险恶可怕的计划，以根除一切公民自由……英国宪法这一英国自由的威严而一度受人崇敬的堡垒，这一历代令人羡慕的成就，看起来正步履蹒跚地迅速走向致命和不可避免的崩溃。这一可怕的大灾难带来普遍毁灭的威胁，发出了危害一切人的可怕警告，倘若我们这些处于遥远的世界一角的人们，不设法防止被我们确立已久的各项权利的废墟所完全吞没和埋葬的话，这一切就会变成现实。"[1]

　　波士顿人的这种指控，想必会使内阁非常苦恼，这加剧了国内的政治动荡。北美人的抵制，也导致汤申税法执行两年来，每年的收入不足可笑的300英镑，而英国用于维持美洲驻军的开销，

1　伯纳德·贝林：《美国革命的思想意识渊源》，第94页。

每年高达 20 万英镑。

值得一提的是，不列颠的商业也大受影响。不过此时，不列颠的贸易商对北美人已经失望，因为印花税法废除时不列颠对美洲的贸易并没有因为北美人贸易抵制的结束而有大的恢复。北美人在不列颠失去了一个有力的盟友，英国商人联合起来向议会施压的情况没有再度出现。这就切断了北美人与议会、不列颠公众舆论之间的联系。英国的公众舆论开始对北美人不利。

不管怎么样，内阁开始考虑修改汤申税法。1770 年，乔治三世任命弗里德里克·诺思（又称诺思勋爵）成为新的首相。诺思本人能力不凡、性格和善、善于掌权。3 月，诺思决定对汤申税法进行修正，取消茶税之外的其他杂税，就是茶税本身也只收象征性的一点。不过，他也下定决心，不列颠不能再"只为求和解而一味追随美洲"，把取消汤申税（保留茶税）看作是对美洲的最后让步。这一修正实际上标志着英国暂时放弃从美洲获得岁入，回归旧章，但保留若干茶税以申明主权。按照柏克的说法，这种做法是里子面子都失了。

诺思下决心做出让步的时机还是晚了，因为在该年 3 月 5 日，不列颠军队与北美人民的流血冲突终于不可避免地开始了，这就是所谓的"波士顿大屠杀（Boston Massacre）"。

第三章

波士顿"大屠杀"始末

1770年3月5日，是一个寒冷的新英格兰冬日，对坐落在马萨诸塞湾上的殖民地城市波士顿来说尤其如此。那天夜里，波士顿街道被厚达30厘米深的积雪所覆盖。如果不戴帽子走在室外，在短短几分钟之内，行人的耳朵就会因为严寒刺痛起来。[*]

那天晚上，约翰·亚当斯正好在波士顿南方的一个朋友家中和一帮老朋友聚会。时间刚过晚上9点，突然从屋外传来一阵钟声。于是这帮绅士抓起帽子和外套冲出屋外，准备帮忙救火。在以往，这种钟声就是召唤救火的信号。当时的波士顿还只是个小城，人口为1.6万，差不多人人相识，守望相助自是本分。

当时的波士顿三面环海，只有一条狭路通向大陆，海岸线不

---

[*] 说明一下，本章中对波士顿惨案及之后的司法事件的过程与细节的描述主要来源于佐贝尔（Hiller Zobe, 1970）和罗伯特·埃里森（Robert J. Allison, 2006），对哈钦森的描述主要来源于贝林（Bernard Bailyn, 1976）。一切荣誉归于他们，一切错误则属于我。

怎么规则，城里还有三座小山，所以波士顿的街道也不怎么周正，像羊肠小道一样延伸开来。在这些狭窄道路两旁，矗立着红色、整齐、挨得紧紧实实的砖房。

当亚当斯一帮人冲到街道上取水的时候，想必周遭声音嘈杂至极，街道上混乱不堪，不停有人跑来跑去。过了一会，有人过来告诉他们一个令人吃惊的消息，在国王大街上的镇议会大楼前，英国士兵朝波士顿居民开了枪，杀伤了其中的一些人。亚当斯随即赶往事发地，但是没有发现什么，街上仍然到处都是拥挤的人群，以及荷枪实弹赶来的成连士兵。

由于担心自己正在怀孕中的太太，约翰·亚当斯急急忙忙回到家中。那天晚上，镇上还算宁静，但亚当斯想必思虑万千。在他日后的回忆录中，他是这么说他当晚的思虑的："在过去的许多个月中，有些人一直想办法在波士顿的下层民众与士兵之间挑起争吵与格斗，点燃彼此的憎恨。我怀疑今天的事情是有人刻意挑起的。……波士顿人团结起来，要求国王撤走军队，比起煽动起目前这种激烈情绪要好得多，后者只会带来持续不断的民事或刑事诉讼，使得整个镇子纷扰不定。不列颠政府的意图还没有完全显露，我们不知道（这样搞），城市是否能得到乡村的支持，本省能否得到新英格兰其他殖民地的支持，更不用说新英格兰是否能得到其他地区的支持。"[1]

1　John Adams autobiography, part 1, "John Adams," through 1776, sheet 12 of 53 [electronic edition]. Adams Family Papers: An Electronic Archive. Massachusetts Historical Society. http://www.masshist.org/digitaladams/.

　　第二天早上，当他坐在镇议会旁边自己的律师事务所内的时候，一名身形矮胖、面色红润的人满面泪痕地走进他的办公室，这个人名叫詹姆斯·福瑞斯特，是一个爱尔兰裔的商人，他恳求道："我到这来，是为一个非常不幸的人寻求帮助，这个人就是普瑞斯顿上尉，他被关起来了。"普瑞斯顿上尉是枪击事件中英军小队的指挥官，事发的当天午夜，他被带到镇议会，在法官面前经受了一个小时的审讯，然后被立即关押起来。"普瑞斯顿上尉想找一个辩护律师，却没有人肯帮他。约书亚·昆西先生答应出庭，但只有在您愿意出面协助的情况下才行。"[1]

　　约翰·亚当斯当时是一名事业有成的律师，他是一个有百年家世的农场子弟，哈佛学院的毕业生，也是4个孩子的父亲。那一年（1770），他34岁。在新英格兰人中间，约翰·亚当斯算是中等个子，大约1.70米到1.73米高，身材可以称得上肥胖，有着粗壮的肩膀和一张圆脸，有秃顶的迹象。他相貌普通，穿着朴素，内心狂热，眼神活跃。他很爱说话，人们也都知道他很能说。很多人，包括一些欣赏他的人，都希望他能少说点。他这么能说，一方面是由于他生性活泼，另一方面也是由于他阅读广泛，能和人们讨论任何话题，"就像一艘能够驶向任何方向的帆船"。他热爱知识，出外旅行的时候，他总会带上一卷书，他会告诉自己的儿子，"只

1　John Adams autobiography, part 1, "John Adams," through 1776, sheet 12 of 53 [electronic edition]. Adams Family Papers: An Electronic Archive. Massachusetts Historical Society. http://www.masshist.org/digitaladams/.

要包里有诗，你永远都不会感到寂寞"[1]。

上帝赋予了亚当斯一副平平无奇的外貌，让他自豪又敏感，他追求荣誉，固执，容易冲动，思想锐利，为人热忱。日后，本杰明·富兰克林有一次描述亚当斯时说："总是很诚实，有时很聪明的人，但是有时在一些事情上，他又总是完全没有常识。"他的另外一个朋友本杰明·纳什是这么形容他的："他大胆表达自己的观点，毫不畏惧其他人的看法和自己这样做的后果。……他根本不懂得掩饰自己。"[2]

约翰·亚当斯对公共生活很感兴趣，有一次他写信给自己的妻子："我胸中有着对祖国和她的朋友的一腔热情，无法隐藏、难以抑制。"[3] 1765 年，当时的波士顿正为印花税法案闹得沸沸扬扬，群众运动蜂起。他动笔写下一篇文章，题目叫作"论宗教法规和封建法律"。在那篇文章中，他坚决认为，美洲的自由是美洲移民们通过其勇气和牺牲早已确立的一项权利。那个时候，他还为自己的故乡布伦特里起草了致马萨诸塞殖民地议会代表的文件，要求"无代表不纳税"，拒绝接受海事法庭的无陪审团裁决。

到了 1768 年，他在别人眼中已经是一位诚实能干的律师，生意兴隆，财源滚滚。他有一个非常好的朋友，名字叫作乔纳森·休厄尔（Jonathan Sewall），当时是马萨诸塞殖民地的检察官，应总督弗朗西斯·伯纳德的要求，聘请亚当斯出任海事法庭的法律官员。

1　戴维·麦卡洛：《约翰·亚当斯》，袁原等译，中国社会科学出版社，2003，第 4 页。

2　戴维·麦卡洛：《约翰·亚当斯》，第 5 页。

3　戴维·麦卡洛：《约翰·亚当斯》，第 5 页。

这是一份美差，也是通向高官厚禄的途径，但亚当斯拒绝了。休厄尔询问原因，他回答道："[伯纳德]对我的政治原则、思想体系、我的交往和我的朋友都很了解，他也知道国王、大臣、国会以及大部分的英国民众所坚持的体制同我的权利观、正义观和政策理念毫不相符。"[1]

这样一个在波士顿地区土生土长的聪明人，对当时的各种事件都有亲身经历，怎么会不清楚福瑞斯特这个请求背后所蕴含着的复杂局势以及相应的危险。

那天晚上，约翰·亚当斯所目睹到的平静，就像风暴骤发之后人们暂时的宁静，是震惊的、手足无措的反应。这是数十年来军队士兵第一次朝平民开枪。枪击事件发生时，马萨诸塞殖民地的代理总督托马斯·哈钦森正在城市北面自己的家里，得知消息后，他立即赶到国王大街的议会大楼（Old State House）。在那里，他发现一大群愤怒的波士顿市民聚集在一起。他们要求撤走军队，严惩凶手。哈钦森总督首先在楼下见到了普瑞斯顿上尉，他训斥道："先生，除非你得到了地方治安官的许可，你怎么能向公众开枪呢。"[2]镇议会的楼上，许多殖民地参事会的成员也已经赶到，在安抚了他们之后，哈钦森总督走到二楼的外阳台上，俯视着大批的愤怒民众，请求他们镇静下来，用司法解决问题："让法律行其道吧，我会至

---

1 John Adams autobiography, part 1, "John Adams," through 1776, sheet 11 of 53 [electronic edition]. Adams Family Papers: An Electronic Archive. Massachusetts Historical Society. http://www.masshist.org/digitaladams/.

2 Hiller B. Zobel, *The Boston Massacre*, Norton Library, 1971, p.203.

死不渝地坚守法律。"[1]

　　人群暂时撤走，但这并不是事件的完结。第二天中午，一大群市民聚集在法纳尔大厅（Faneuil Hall），推选了一个 15 人委员会，委托他们向哈钦森提出要求——军队必须立即从波士顿撤离。领导这个委员会的，是 47 岁的塞缪尔·亚当斯。

　　塞缪尔·亚当斯是约翰·亚当斯的堂兄。马萨诸塞殖民地的亚当斯家族有两支，一支在乡下做农夫，一支在波士顿城里经商和从政。同他的乡下堂弟一样，他也是哈佛大学的毕业生，成绩优异。对于家族的传统，他继承得不是很好，他是糟糕的商人，但却是一位很优秀的政治家。在哈钦森眼中，这个人是一个出了名的煽动家和危险分子。

　　1770 年 3 月 6 日这一天中午，委员会在镇议会大楼与官员会面。哈钦森坐在当中，右手边坐着达尔瑞普上校（Colonel Dalrymple，驻波士顿英军的指挥官），周围是 28 名戴着假发、身着猩红长袍、面色严肃的参事会（council）[2]成员。

　　塞缪尔·亚当斯向哈钦森陈述了和平时期在城市驻扎一支常备军将会带来的灾难，要求立即从波士顿撤走所有不列颠军队。哈钦森回答说自己并无此职权，只有同母国政府磋商之后才能做出决断，眼下只能将犯事的那个团撤到城外。塞缪尔·亚当斯极

1　Hiller B. Zobel, *The Boston Massacre*, Norton Library, 1971, p.203.
2　参事会是殖民地的重要政治机构，与总督、议会三足鼎立。它类似于公司的理事会，是一个兼有立法、行政和司法职能的特权机构，通常由殖民地的上层人物充任。见李剑鸣《美国的奠基时代》，第 231—232 页。

具威严地站起来，伸出手臂，说道："如果代理总督或达尔瑞普上校能单独下令，又或他们两位一起下令，能撤走一个团，他们就有权撤走两个。除非部队全部撤走，否则公众不会满意，本省也不会有和平。"[1]

根据塞缪尔日后的描述，此时哈钦森面色发白，膝盖开始颤抖，"我享受了这一时刻"[2]。达尔瑞普上校手头只有 400 人，根本不足以维持局面。哈钦森终于退让，答应尽快将军队撤出城市。

塞缪尔·亚当斯的威胁并不是一句空言，据说当时在整个马萨诸塞有 4 万人已经自发武装起来，准备援助波士顿人。[3]

这样一句话足以概括局势——3 月 6 日那一天，整个波士顿处于武装冲突的边缘。约翰·亚当斯面对的就是这样一个场面。如果他同意为普瑞斯顿上尉辩护，在极端情况下，愤怒的民众有可能威胁到他自己和家人的安全。

我们已经不可能知道那天早上在约翰·亚当斯的心中掠过了哪些念头，我们只知道他的回答是这样的："在一个自由的国家中，辩护律师是一个被指控的人最想要的东西，依我的意见，吃律师这碗饭的人在任何时间、任何情况下都应该做到独立与公正，处于生命危险之中的人应该能够得到律师的服务。"他相信，任何人都不能被剥夺请辩护律师和得到公平审判的权利。考虑到这件事的

1　John Adams, *The Works of John Adams, Second President of the United States*. Vol.10, Little Brown and Company, 1856, p.252.

2　John C. Miller, *Sam Adams, Pioneer in Propaganda*, Stanford University Press, 1936, p.182.

3　John C. Miller, *Sam Adams, Pioneer in Propaganda*, pp.181-182.

严重性，他同时也郑重地告诉福瑞斯特，请他明白"本案同过去
在任何一个法庭或世界上任何一个国家审判过的（重大）案子相比，
至少同等重要。（由于）每一个律师都不仅必须对自己的家乡负责，
而且也必须对最高的、绝对正确的裁判负责"，也就是说，要对正
义负责。所以，在辩护中，他"不会有诡辩，不会有搪塞推诿，只
会提供事实、证据和法律能够开释的东西"。

福瑞斯特回答说，（除了得到公平的审判）普瑞斯顿上尉也没
有祈求更多，上尉乐于将自己的生命寄托在亚当斯身上，寄托在上
述原则之上。"万能的上帝做主，我相信他（普瑞斯顿上尉）是无
辜的。"

"如果没有我的协助，（普瑞斯顿上尉）认为自己就不能得到
公平审判，那么没有任何好犹豫的，他会得到我的法律帮助。"[1] 这
是亚当斯最后的答复。

当他着手整理辩护文件的时候，想必思绪万千：事件怎么会
发展到这步田地——兄弟阋于墙，自相残杀？为什么自己亲爱的母
邦，会把枪口对准自己的子女？为什么波士顿人，会对法律和秩序
不屑一顾，对自己的政府亮出牙齿？

---

1   John Adams autobiography, part 1, "John Adams," through 1776, sheet 12 of 53
    [electronic edition] . Adams Family Papers: An Electronic Archive. Massachusetts
    Historical Society. http://www.masshist.org/digitaladams/.

一 波士顿社会冲突的众生相

要讲述波士顿"大屠杀"的来龙去脉,就必须先说说塞缪尔·亚当斯和托马斯·哈钦森这对冤家,也顺便说说波士顿这次军民冲突背后的众生相。

塞缪尔·亚当斯同托马斯·哈钦森是有私怨的,这种私怨是从上一辈传下来的,可以看作波士顿社会冲突的一个缩影。

塞缪尔·亚当斯出生在一个中等家庭,塞缪尔·亚当斯的父亲迪肯·亚当斯是马萨诸塞殖民地的公众人物之一,以批评不列颠及殖民政府、维护殖民地权利闻名。在当时的波士顿,商人、小店主、技师,以及波士顿北端的码头工人们有一个政治组织 Caucus club,老亚当斯是这一组织的资深会员,他的政治影响力由此而来。现在回顾起来,这一组织可以说是某种政党组织的雏形,老亚当斯通过掌控这个组织可以影响波士顿市政会议,决定其日程。

当时城市上层与下层经济和政治斗争激烈,老亚当斯因此树立了许多敌人。

18 世纪三四十年代,马萨诸塞硬通货短缺,农夫和工匠手头拮据,金银货币掌握在波士顿的外贸商人手中。下层民众对这些城市上层很不满,一方面是因为他们使用金银硬通货向不列颠支付货款(还债),从而导致殖民地货币不足,另一方面是由于这些人囤积货币。这些城市上层人士同时还是农夫和工匠的债主,他们拒绝下层大众用纸币来清偿债务,因为通货紧缩对他们有利(如果没有纸币贷款,农民和工匠往往不得不以较低的价格出售产品,以满足缴税和偿债的需要）。

1739 年，老亚当斯牵头创建了一家土地银行，以地产为抵押，发行纸币。这个举措很受市民与大众的欢迎，却不受上层人士的欢迎。总督害怕这是大众全面接管殖民地政府的先兆，富商们憎恨这个打破他们对货币垄断的措施。最著名的反对者就是富有的托马斯·哈钦森。总督首先用开除老亚当斯的公职作为回应，接着他和托马斯·哈钦森一起游说了不列颠议会，让议会通过决议，宣布土地银行非法。

老亚当斯负债累累，官司缠身，此后的 20 年内塞缪尔和他的父亲不得不咬紧牙关，拼命抵制殖民地政府剥夺他们剩余财产的行动。[1]这些法律诉讼时时刻刻提醒着塞缪尔"不列颠对殖民地的统治权可能是专断的、毁灭性的"。

塞缪尔·亚当斯身高约 1.67 米，头很大，有一张方脸，眼睛炯炯有神，这给每一个见到他的人都留下印象，让人忍不住对之评头论足一番。他善于倾听，语言优美，长于辩论。他生来并非循规蹈矩之辈，对自己的外表浑不在意。在哈佛大学读书的时候，他就喜欢坐在酒馆里面，同一帮水手和码头工人谈天论地。波士顿的穷人很喜欢这个抛开精英身份同自己混在一起的绅士。此外，

---

1   根据哈钦森的说法，塞缪尔·亚当斯在拍卖场上恐吓警长和所有的买家，让拍卖流产了。Thomas Hutchinson, *The History of the Province of Massachusetts Bay: From 1749 to 1774*, John Murray, p. 294.

他的慷慨大方、乐于助人，也给他赢得了很多朋友。[1]

1743 年，塞缪尔·亚当斯从哈佛大学毕业，经商不成，屡屡失败。父亲老亚当斯借给他 1,000 英镑作资本，让他开创自己的生意。在当时，1,000 英镑可是一大笔钱，他转手将 500 英镑借给自己的一个朋友，血本无归。

1748 年，老亚当斯过世，从他那里，塞缪尔不仅继承了家族产业，也继承了在 Caucus 组织中的政治影响力，他出版文章，发表演讲，宣扬维护殖民地权利的观点。他在哈佛的硕士毕业论文的题目就是"论殖民地人民是否可以合法地抵制英国法律"。日后他掌控了波士顿的报纸，以攻击政府为能事。即使他的敌人也承认，他的宣传技艺极为高超，足以蛊惑人心。[2]1756 年，波士顿市政会议任命他为收税员。他在收税的时候并不尽责尽力，这使他受到了许多欠税人的欢迎，但是为自己留下了 8,000 英镑的巨大亏空。托马斯·哈钦森指责他盗用公款。[3]后来，他的政治对手抓住这个把柄，罚了他一笔巨款，是他的朋友替他付清了账单。可以说，塞缪尔·亚当斯几乎是北美第一个职业政治家（当时的绅士以政治为消遣、副业或责任，没一个像塞缪尔这么投入）。他不认为民众是没有头脑

1　Dennis B. Fradin, *Samuel Adams: The Father of American Independence*, Clarion Books, 1998, p.11.

2　Thomas Hutchinson, *The History of the Province of Massachusetts Bay: From 1749 to 1774*, p. 295.

3　Thomas Hutchinson, *The History of the Province of Massachusetts Bay: From 1749 to 1774*, p. 295.

的畜群，他认为民众有能力做出有效的政治判断。[1]

当糖蜜法出台之后，塞缪尔·亚当斯立即表示反对不列颠的这一粗暴行径。当时正值马萨诸塞殖民地下议院选举，按照惯例，每个市镇在送出自己的代表之时，要委托某人写下一些书面指示，规范代表在下议院中的行为。塞缪尔·亚当斯正好被选来充当这个角色，于是他利用这个特权，提出"无代表不纳税"的主张。1764 年 5 月 24 日，波士顿市政会议批准了这个指示书。在北美大陆诸政治实体中，波士顿人是第一个站出来宣扬这个观点的。

1765 年，印花税法出台，整个北美殖民地开始回响起一片抱怨之声。当时在波士顿有个组织，名叫"忠诚九人"（Loyal Nine)，由一批商人和技工组成，开始组织对印花税法的抗议活动。塞缪尔·亚当斯并非这个组织的成员，但是他同这个组织走得相当近。

那一年的 8 月发生了很多事情。8 月 24 日，愤怒的群众把安德鲁·奥利弗的模拟像挂到一棵榆树（后来被称作"自由之树"）上执行虚拟的绞刑，又捣毁了他的住宅，只因他是富有的商人、副总督托马斯·哈钦森的妹夫、马萨诸塞殖民地当局指定的印花税票代销人。12 天后，一群暴徒又冲进托马斯·哈钦森的家里，捣毁了他家中的一切物品。当时马萨诸塞殖民地的总督弗朗西斯·伯纳德写道："暴动如此普遍并受到广泛支持，以至于政府

1　Pauline Maier, *The Old Revolutionaries: Political Lives in the Age of Samuel Adams*, Random House, 1980, p.18.

的一切权力瞬间化为乌有。"[1]他认为这一切活动背后都有人煽风点火，这个煽动者——他觉得——就是塞缪尔·亚当斯。

伯纳德搞错了，波士顿的社会底层对社会现状早有不满。

英法七年战争征召了不少殖民地青年男子从军，达到参军年龄的新英格兰男人中，大约有一半的人都参战了，可能有 3/4 的人年龄在 17—24 岁之间。波士顿在这场战争中的人员损失可能是这个城市历史上最多的一次。[2]

这些青年战士回到家乡，目睹的却是经济萧条、生活不易、城市贫富差距的日益扩大，能无愤懑之心？

原来的新英格兰殖民地城镇社会结构相对平缓，贫富差距不大，手工业者和商人各擅胜场。但是在 1690—1765 年间，人口增长、经济发展以及战争改变了城市的社会结构，许多人靠搞城市土地开发（而不是辛勤劳动）发了大财。18 世纪早期，一个商人有 2,000 英镑的财产已经很可观，两代人以后，北美最大的富豪们积累的财产已经达到 20,000 英镑。但是，城市贫困伴随着城市财富一起滋长。贫穷开始影响到越来越多的城市居民的生活。18 世纪的城市税收清单记录了不断扩大的贫富差距。1690 年至 1770 年间，缴税最多的前 5% 的纳税人在城市应纳税资产中所占的比例从大约 30% 上升到 50%，后一半纳税人则眼见他们的财产份额从大约 10% 跌落到 4%。[3]

1　加里·纳什等编著：《美国人民：创建一个国家和一种社会》（上卷），第 149 页。
2　加里·纳什等编著：《美国人民：创建一个国家和一种社会》（上卷），第 158 页。
3　加里·纳什等编著：《美国人民：创建一个国家和一种社会》（上卷），第 131 页。

　　更要命的是，新教意识形态凸显了"为富不仁"的现象。新教徒来到美洲是为了建设一个理想社会，满怀对宗教、家庭和集体的责任感。在这种意识形态下，社会和经济生活的运转应该遵循公平原则，而不是利益原则。"当各殖民地港口跻身于大西洋商业圈之后，商人们开始按照新型的商业伦理做出决定……如果小麦在西印度群岛的售价是一蒲式耳八先令，而在本地只卖五先令的话，谷物商认为把从当地农场主手中所能收购的小麦全部运给更远处的买主无可厚非。新的跨大西洋市场只响应看不见的供求规律，对个人和本地社会的需求则漠然处之。"[1]而且，随着财富的聚敛，少数权贵阶层开始包揽殖民地的高层行政职位，下层人民对城市的机会和公正都开始失去信心。

　　历史往往证明，手持武器为国而战的武士回到家乡，为自己争取权利，旁人是很难抵制的。

　　对印花税的抗争，在底层人民看来，不仅仅是对帝国不当政策的不满，还包括对城市上层的愤怒。他们相信，印花税是在一小撮殖民地上层权贵提议下搞起来的，《波士顿公报》（*Boston Gazette*）告诉他们，印花税法是"你们之中卑鄙的唯利是图之徒——为了一点儿肮脏的钱就可以在任何时候背叛其他人民的任何权利、自由和特权的人"[2]——所提议的。

　　领头人是波士顿的一个28岁的鞋匠，名叫艾比尼泽·麦金托

1　加里·纳什等编著：《美国人民：创建一个国家和一种社会》（上卷），第132页。
2　加里·纳什等编著：《美国人民：创建一个国家和一种社会》（上卷），第161页。

什。他是参加过七年战争的老兵，饱尝贫穷的滋味。他领导了这些暴力活动。"在每把晃动的斧子、被粉碎的水晶杯、被砸成碎片的桃木椅子背后，暗藏着对保守派的……愤怒。"一个观察员报告说，就连那些曾"亲眼见过敌人夺取城镇"的军人们也"声称他们从没有看到过这样的暴怒"。[1]

麦金托什虽然被抓了起来，但在大众的压力下又被放了出来。随后的几个月里，这个波士顿穷鞋匠的势力逐渐壮大。他被市民称为"将军"，不久之后他就炫耀地穿起了金色和蓝色相间的民兵制服，戴上一顶饰有金色花边的帽子。11 月 15 日，两千市民听从他的命令，沿着波士顿弯曲的街道有序地进行示威。[2]

对于这些群体事件，塞缪尔·亚当斯心里其实挺矛盾的，一方面，他觉得，除此之外，其他的交流途径都已经被堵死了，只能通过这个来唤醒帝国当权人士的注意；另一方面，作为一个绅士，他也谴责冲击官员家庭的行为是"暴徒行径"。[3]在当时，他偏爱的手段是请愿、贸易抵制和非暴力的示威游行。群众暴力在他看来，既危险又非法，而且还起着反作用。到 1773 年的时候他还在这么说："暴力和顺从在这个时候是同等有害的。""除了我们的暴力，没有什么能毁掉我们。"[4]他和詹姆斯·奥蒂斯——波士顿最好的律师、大众党的领导者——都决心要勒紧马嚼子，保持这两者之间

1　加里·纳什等编著：《美国人民：创建一个国家和一种社会》（上卷），第 161 页。
2　加里·纳什等编著：《美国人民：创建一个国家和一种社会》（上卷），第 161 页。
3　Pauline Maier, *The Old Revolutionaries: Political Lives in the Age of Samuel Adams*, p.27.
4　Pauline Maier, *The Old Revolutionaries: Political Lives in the Age of Samuel Adams*, p.28.

的平衡。他们需要劳工基层的支持，但是他们也想维护这些抗议举动的合法性。所以，"忠诚九人"后来逐渐演变成自由之子组织，通过报纸、一系列小酒馆、消防员组织，自由之子组织控制着群众的暴力行为的程度，一直在边缘试探。

在那个时候,他把希望寄托在不列颠人的自我反省上。1765年，他写道，没有理由质疑殖民地人不会继续是"忠实的臣民"，[1]1766年，当印花税法被议会推翻的时候，塞缪尔·亚当斯在公众集会上高度赞扬了其中起着很大作用的英国商人。

之后，塞缪尔·亚当斯的政治事业顺风顺水，被选入马萨诸塞殖民地下议院，并成为议院秘书。

1767年，汤申税的消息传到波士顿人的耳中，塞缪尔怒不可遏，他立即推动波士顿市政会议通过对不列颠贸易禁运的决议，并督促其他市镇迎头赶上。到1768年2月份，马萨诸塞、罗德岛、康涅狄格这些新英格兰殖民地都加入了抵制活动。同月，马萨诸塞寄送了一份陈情书给乔治三世，在塞缪尔·亚当斯的坚持下，这封文件也寄给了所有其他殖民地。不列颠殖民地大臣赶紧指示各殖民地总督，凡是有殖民地敢于接收这封文件的，一律解散。弗朗西斯·伯纳德总督也要求马萨诸塞殖民地下议院撤回这封陈情书，但下议院未能如他所愿，于是他就解散了马萨诸塞下议院。这是一个极端错误的举动，就像花剌子模的国王因为信使带来坏消息就杀掉信使一样。由于不再有任何合法的途径和手段

---

1   Pauline Maier, *The Old Revolutionaries: Political Lives in the Age of Samuel Adams*, p.21.

可以表达自己的愤懑，殖民地人民开始怀恨在心，愤怒之情慢慢郁积起来，只待一个由头。

1768 年 5 月，发生了这么一件事。由于波士顿人横竖不客气，驻扎在波士顿的海关委员会觉得自己镇不住场子，无法严格执行海关条令，于是召唤军队协助。一艘英国皇家海军舰艇"罗姆尼"号驶入波士顿港内。海关委员们刚刚高兴了没几天，就出了大乱子。

当时的英国皇家海军所实行的并不是一套完善的现代管理制度。当时的战舰上常常人满为患，条件恶劣，等级森严，伴随着病态的惩罚和控制措施，本土的海员们往往逃避在海军军舰上服役。这样，军舰上的水手数量不足，各舰的船长除了招募无业游民充数，还强行征召外国海员、海边渔民服役，而这些人，一得到机会就会逃跑。基本上，一次航行任务就得重新雇佣一批海员。[1]

"罗姆尼"号的船长康纳开始遵循惯例强拉水手入伍，这立即激起了波士顿人的反抗。英国的海军部在这方面非常失策，派遣船只来之前应该仔细调查一下的，因为波士顿人对待这件事的强硬态度是有历史传统的。

1747 年，也就是 20 年前，英国海军准将查尔斯·诺里斯曾经带着他的舰队到波士顿寻求补给，上岸的时候，派出征兵队，抓来了工匠、劳工、佣人、奴隶，还有在港口抛锚停泊的商船上的船员。

1　安德鲁·兰伯特：《风帆时代的海上战争》，郑振清等译，上海人民出版社，2005，第 44—49 页。

还没等征兵队把这些人强行带走，愤怒的波士顿人就抓住了几个英国军官，包围了总督的住所。恼羞成怒的诺里斯威胁要炮轰整个城市，最后却服软，释放了强征的波士顿人。

那时候就有个波士顿年轻人指出，人民有"天赋的权利"联合起来反抗剥夺他们自由的征兵队。他把事件中支持总督的当地要人称作"专制政权的工具"[1]。这个年轻人的名字就是塞缪尔·亚当斯。

有过这种经历，波士顿人可不会轻易低头。1768年夏，"罗姆尼"号奉海关委员会的命令去捕获一艘违反贸易规定的单桅帆船，这艘帆船属于约翰·汉考克，此人是波士顿相当成功的商人，平时没少做走私买卖的勾当，可他经常花钱资助或举办各种爱国庆祝活动或宴会，因此深得人心。暴怒的波士顿群众袭击了抓捕人员，民兵袖手旁观，海关官员们被迫逃到"罗姆尼"号上暂避风头，在那里待了几个月。

对海关官员的袭击使得英国人确信波士顿人是捣乱分子、故意不服从者。在得到伯纳德总督的报急之后，内阁派遣大军前来，加强对殖民地的管理。1768年10月1日，红衣兵开进了波士顿的街头（一开始是第14、29团，从11月开始又开来了第64、65团，后者在次年6月撤走）。这就是本章一开始那一幕的源头。

对这一切骚乱和对抗，有一个人全看在眼里，痛心疾首。这个人就是托马斯·哈钦森，马萨诸塞殖民地的代理总督，最高法院

1　加里·纳什等编著：《美国人民：创建一个国家和一种社会》（上卷），第142页。

的首席法官。一个殖民地居民能够获得的所有职位和荣耀，他都已经获得。许多革命者坚决认为，有少数殖民地权贵迎合甚至主动煽动大英帝国的专制统治者来摧毁美洲的自由，这其中最声名狼藉的一个人物，就是托马斯·哈钦森。比起英国国王和内阁，哈钦森更遭人痛恨。前文中已经提过约翰·亚当斯等人对哈钦森的厌憎。世人直指他迎合"大人物的激情与偏见、愚行与堕落，以邀彼之眷顾与宠幸"[1]，他是布特、曼斯菲尔德和诺思等人的走狗。整个英美争执都有此人作祟，他是美洲自由之敌。当时的一大票人都作如此之想。

托马斯·哈钦森可以说是出身名门，同波士顿人早有历史过节。他的曾外祖母名叫安妮·哈钦森，是一位伟大的妇女，"五月花"号上的乘客，马萨诸塞殖民地的早期先驱之一。她受过良好教育，大胆执言，鼓吹宗教自由和言论自由。在那个妇女普遍居于从属地位的年代，她凭借热忱、虔诚和才能，吸引了大批民众，为清教当局不容而被驱逐，死于印第安人之手。在波士顿为纪念她而建立的一座塑像下方的铭文是："公民自由和宗教宽容的勇敢倡导者。"但对安妮·哈钦森而言，最合适的颂辞是美国宪法第一修正案里的文字："国会不得制定法律确立某种宗教，亦不得限制宗教自由。"

不过，她的子孙跟政府的关系就不像安妮一样恶劣了。到了托马斯·哈钦森这一代，哈钦森家族已经是新英格兰的富商家族。

1　Bernard Bailyn, *The Ordeal of Thomas Hutchinson*, p.2.

当时的新英格兰，虽然横向比较是地球上少有的平等社会，但是在财富和阶级上处于高位仍然是一个人掌握政治权力的必要条件。哈钦森家族在伦敦和地方上都有势力、关系，因此，受到提携是应然之事。

托马斯·哈钦森很小的时候就以聪慧著称，19 岁时就拿到了硕士学位。他是一个成功的商人，也是当时北美最出色的历史学家之一。20 多岁的时候就成了马萨诸塞殖民地的议员，之后更晋升为参事，可谓官运亨通。30 岁的时候，有人给他画了一幅肖像，从这幅画来看，他衣着简洁，有一张细长的脸和一双大眼，脸颊圆润，面色柔和，像是一个温和而有教养的年轻人。

在日常生活中，他重视品德和个人修养，甚至到了缺乏幽默感的地步。他务实、不玄谈、克制、讲究理性，有着典型的清教徒性格。他的传记作者对他的形容是"讲究道德但并不与时俱进，为人聪明但有些说教，有活力但固执己见"[1]。总的来说，他是一名 18 世纪的绅士，持保守意识形态，对他的同胞和世人，这位杰出人士评价甚低，对自己和身边的社会，他心满意足。

从后代史家的研究看来，哈钦森并不是弄权之辈，他也并没有像约翰·亚当斯所想的那样，策划什么阴谋以从中牟利。事实上，在 18 世纪 60 年代以前，哈钦森在美洲的口碑不错，他也曾尽心尽力为马萨诸塞的福祉出力，有过许多功绩。这么一位上层绅士，是怎样成为"人民公敌"的呢？

1　Bernard Bailyn, *The Ordeal of Thomas Hutchinson*, p.24.

哈钦森的政治生涯开始于 1734 年，那一年，他被选入马萨诸塞殖民地下议院。1758 年，他成为副总督。1760 年，他上升到殖民地最高位置之一——最高法院首席法官，而这件事，其实是祸非福。任命他的人是马萨诸塞殖民地的新总督，名叫弗朗西斯·伯纳德，为人平庸，胸无大志，自视过高，依靠裙带关系得来官职，此前从无管理大型人群的经验。伯纳德满心高兴地来到这退休养息之地，没想到却跳入火坑之中。英美关系本就复杂难解，恰在此时又来了一个既不懂政治，也不懂得与人相处之道的总督，简直是添乱。

伯纳德有十个孩子要养活，马萨诸塞殖民地总督的薪水不高，所以他手头很紧。当时殖民地总督的收入除了年薪，就是殖民地议会的赠与，再加上从违反贸易法规的走私商手中罚没的货物价值的一部分。为了保证这部分收入来源，他必须寻找一位愿意严格执法的首席法官。于是他找上了托马斯·哈钦森。

哈钦森之前从未当过律师，也未从事过法律业务，这项任命不免引人非议。更糟糕的是，之前的总督已经将这个职位许给了波士顿最好的律师老詹姆斯·奥蒂斯。许多法律界人士因此对哈钦森侧目以视（其中就包括约翰·亚当斯）。在严格执法中遭受损失的商人也心怀不满。老奥蒂斯的儿子小奥蒂斯从未宽恕过这一侮辱，他发誓说，如果他的父亲得不到这个任命，那么他将让整个省份都陷于大火之中，自己粉身碎骨也在所不惜。[1] 从此之后，小奥

1　Bernard Bailyn, *The Ordeal of Thomas Hutchinson*, p.52.

蒂斯从未停止对哈钦森的攻击。批评之一就是哈钦森身兼多职——参事会的主席、首席法官、副总督——破坏了殖民地政治权力之间的平衡关系，而这，无异于是一种新形式的独裁。

从此，密谋与腐败的指责就如影随形地跟着哈钦森。这种指责恰巧与不列颠内部正在弥漫的"阴谋论"猜疑不谋而合，当时许多辉格党人都怀疑国王手下有批廷臣正在通过收买议员谋求重建君主专制。许多人就理论联系实际，联想到了哈钦森和新总督的头上。

1765 年印花税出台，奥蒂斯立即指责是哈钦森一伙人为了邀宠，吃分裂饭搞出来的。但实际上，在前一年，当印花税的风声传到哈钦森的耳中，他就写信给马萨诸塞驻伦敦的代表，指令反对此事。他的理由同殖民地日后的反对派没有什么区别：国王和内阁在很久之前就给了殖民地以自主权；"无代表不纳税"，"实质性代表"说不能成立；殖民地的建立并非由国家出资，而是私人努力建成；大英帝国从殖民地贸易中已经获利良多，征税会危及此种利益。

当时马萨诸塞殖民地的议院也听到了风声，于是准备向英国下议院递交一份陈情书。作为参事会的主席，哈钦森主持了陈情书的撰写工作。在撰写中，他极力劝说同僚保持冷静、克制，力求妥协，在文字中不要显露出对英国议会权威的藐视。在他看来，这是老成持重之举。但事实表明，他的这种举动使他付出了沉重的声誉代价。当其他殖民地声势高昂的反对声音传到马萨诸塞，对比之下，激进者自然对他侧目以视。1765 年印花税照旧通过，哈钦森的克制、示弱压根没有对英国下议院的决策有什么影响。在不列颠，人们甚至都不知道他做了这种调和工作。哈钦森的妹夫被任命为印花税票的代销人这件事更是雪上加霜。殖民地的激进人士开始怀疑哈钦森是个两面派，故意搞鬼。他们认为只要大家伙表示坚定，就能逼议会让步，而哈钦森是在拆大家的台。

人们开始回想起哈钦森的种种过去——他带头否决了殖民地发行纸币的努力，他在当最高法院法官期间严格执法，他任用私人，等等。质疑与责问接踵而来。对不列颠政策的指责与对具体人物的愤懑结合起来，就足以在社会怨恨聚集的地方激发起冲动，而这就是他家被暴民砸毁的缘由。

哈钦森饱读诗书，天赋聪明，政治经验丰富，难道看不出关节所在？他为什么不选择站在一边，束手无为，避开公众的锋芒？

这有几方面的原因，其中之一同哈钦森的个人品质有关——他并不是一个淡泊名利的人；其二则同他的政治意识形态有关——他是一个保守主义者。

保守主义者的第一准则就是尊重传统和崇尚审慎，他们相信秩序、正义和自由是多少世纪以来不断尝试、反思和实践的产物，因此，要改变一种社会，不能像修理机器一样拆装，而只能进行渐进而审慎的变革。保守主义者通常对人和人性持相当悲观的看法，对政治能够达成的目的不抱太大希望，政治不过是可能的艺术，以某种原则为指引去构建完美社会，并不是保守主义的理想。

作为一个生意人，作为一个久经沙场的老政客，哈钦森对普通人的评价不高。在他看来，普通人好自我欺骗，容易被感情和想象所驱动，也很容易被人煽动。在某种程度上，他是霍布斯的信徒，相信为了达成一定的秩序，这样的人必须牺牲一定的自由，将一部分权利交给一个权威来处置。说到底，哈钦森是一个典型的 18 世纪新英格兰绅士，既尊重自由与权利，又相信等级和权威存在的必要性。回顾英国历史，他看到的是自由与权力之间的平衡与摇摆，偏向任何一方，都会造成无政府或专制状态。当时，主流的政治思想和古代智慧也都认为，混合政制是最优良的政体，君主、贵族、人民各司其职，各尽其份，自由和秩序才能并存。哈钦森自然也接受了这个看法。看待当下，他发现不列颠和美洲殖民地"自由的呼声"鹊起，而这有破坏政体平衡的危险。

对英国的政体，他怀有信心，环视世界，尽是专制暴君（以英国人的眼光来看），这使他更珍视自己大英帝国子民的身份。哈钦森相信，在这个战国世界，殖民地要生存下去，离不开英国的扶持。维护英国议会的权威，在他看来，是保证殖民地自由的必要条件。殖民地内部纷乱，管理薄弱，绝无可能独立于世，一旦脱离英国，只能为他国所并。在英法七年战争期间，哈钦森从不列颠争取到了给殖民地的战争补贴，这也使他感恩戴德，对大英帝国的意图不疑有他。

当殖民地的自由同帝国的权威起冲突的时候，他的判断是，这两者都是好的，但为了维护大家共同的安全，临时性地彰显权威压制自由是不得不接受的安排，权利少总比没有好。他在给朋友的信中写道："我珍视殖民地的福利，但是比起同母国脱离，我宁愿殖民地的自由受到某种限制，这种分离将会带来殖民地的毁灭。"[1]

但大英帝国正处在骚乱之中，这是事实。这个责任该由谁来负？哈钦森知道自己决没有什么吃分裂饭的念头，也没有耍什么阴谋。那些恶毒攻击他的人意图何在呢？哈钦森认为，一部分是出于误解和无知，另一部分则是出于阴险的图谋。由于他的贵族地位和保守性格，他无论如何也不能理解新的理想、新的原则在当时的人们心中激发起的热情，同时由于他没有不满也就不能领会那种渴望，只能把它理解成煽动与盲从。他自然否认殖民地社会制度有变革的需要，因此，正如别人怀疑他腐败和搞阴谋诡计一样，他也怀疑对方图谋不轨——不法商人、觊觎权力之辈在兴风作浪，以图私利。

当然，哈钦森也理解，群众之所以能够被煽动，还在于大英帝国当政者处置失当，没有耐心和智慧。普通大众对内阁和议会的行为有疑惑，害怕英国的举动有不轨的意图，这一怀疑是情有可原的。都怪内阁对殖民地大众的心理与美洲社会几乎一无所知，也没有看到不列颠与美洲殖民地之间需要建立正式纽带的需要。内阁和议会贸贸然让自己，也让殖民地的行政当局陷入两难境地——如果强行推行帝国政策，自由惯了的美洲大众定然不服，可能酿起民变，但如果就此退缩，殖民地的反对组织也会趾高气扬，议会的权威也就丧失了。

那么解决办法有哪些呢？哈钦森的上级——平庸的伯纳德的

---

[1] Bernard Bailyn, *The Ordeal of Thomas Hutchinson*, p.64.

想法是，用强硬的手段逼着殖民地吞下这颗苦果。他给内阁的建议是更改殖民地的宪政与社会结构。大英帝国在北美的殖民地太多，每块殖民地又太小，管理的力度太弱，应该合并在一块，节省管理成本。同时要让殖民地的政治结构向母国看齐（在他看来，北美是典型的民主政治，同不列颠的混合政制有一段距离）。伯纳德有个妙招：在北美建立类似不列颠社会中的贵族阶层，使之成为政府的坚强盟友。同时，应该让北美殖民地在英国议会中有一席之地。

当时在政府官员内部还有另外一种意见，那就是要重组大英帝国的政治结构，使之符合新的地缘事实。比如说废除重商主义的贸易法规，让殖民地人民选举产生代表派往英国议会。此外，还有人提议把整个美洲殖民地变成一个自治领。

对于这两种方法，哈钦森都表示反对。作为一个土生土长的马萨诸塞人，他自然不希望地方利益受到损害，对北美人传统的政治制度，他也不愿意更改。对于改革英国议会，使之能够容纳殖民地代表的建议，他觉得政治上无法操作，因为许多北美人压根就不愿意往英国议会派出代表。他们觉得即使有了代表，也很容易沦为少数，只是让母国的"压迫性"立法拥有合法性罢了。至于建立一个单一的北美自治领，哈钦森认为这是为一种诱人理论而牺牲现实，等于变相鼓励各殖民地的反对派，会导致无政府状态。

要解决英美之间的纠纷，哈钦森认为，需要的是灵活的政治手腕，而不要寄急切希望于政制变更。美洲的现状是历史遗留产物，贸然变更很是不妥。说到底，目前的纠纷是由于北美人对不列颠缺乏信任感所造成的，只要这种不信任感存在，在当下做什么制度上的骤然改变都无济于事。他的想法是，用技术手段来搞定这件事。

　　回顾殖民地历史，他认为殖民地远居海外，自然无法享有英国本土人的某些权利与自由，因此殖民地人民应该得到相应的补偿和放任空间，比如免税，比如在政制和宗教上有自主权，在得到这些好处的同时，尊重英国的主权和议会的权威。这不是什么新鲜事，这只不过是旧来行之有效的惯例而已。现在内阁要做的，不过是照老方针办事，把这一隐性契约正式化而已。

　　哈钦森提出了一个分阶段计划：一是立即废除印花税及其他税收；二是休养生息，无为而治，等待人们的情绪平静下来；三是殖民地行政机构要争取温和派的支持；四是在不引发疑心的前提下，加强殖民地行政机构的权力。只有当这些阶段都已完成之后，才可以考虑在政制上对大英帝国的结构做重新安排。

　　哈钦森还想出了一些具体措施，比如说要利用并制造各殖民地之间的不和，从而削弱反对派的力量。在哈钦森看来，自己还是用心良好的，这是行小恶而免大恶。无论是自己，还是英国内阁，都没有借此彻底剥夺北美人自由的企图，一切不过是权宜之计罢了。哈钦森还提出可以在英国议会内成立一个永久性的美洲委员会，制定符合美洲殖民地利益的法规，让殖民地习惯议会的立法。总的来说，哈钦森的建议是，议会必须稳定、有常规地对殖民地行使它的权威，但这一权威的行使必须是优惠性的，要给殖民地带来好处。

　　悲剧的是，作为边陲小吏，哈钦森的这些建议并没有被内阁采纳，他们更倾向于采取强硬的做法，硬逼着猴子吃下辣椒。哈钦森在伦敦只能影响到几个二流人物，他的这一切考虑，都付之东流。

时光流逝，殖民地的政治危机日渐严重。哈钦森观察到，英国议会废除印花税这件事被殖民地的反对派看成是他们坚定表态的成果，大众也做如此之想，这就增加了反对派的力量和他们的勇气。"权力一旦获得就很难自愿放弃"，哈钦森如是说。[1] 这种权力立即被用来对付殖民地行政机构，哈钦森和他的许多同僚被马萨诸塞殖民地议会投票剥夺了参事会的职务。随着汤申税的出台，殖民地的反抗浪潮再一次高涨，奥蒂斯继续攻击哈钦森，而这一次，有许多人开始相信政府内部有一批人在暗中搞鬼，将殖民地人民正当的抗议夸大扭曲汇报给英国内阁和议会。随着英国内阁与议会企图加强对殖民地的管理力度，这反过来被看作阴谋存在的证据。

1768 年，骚乱四处蔓延。殖民地的反对者开始动用私刑惩治与当局合作的人，殖民地行政机构无法应对。英国红衣兵应召而来，协助政府弹压局势。对于军队的到来，哈钦森心中充满矛盾。他告诉自己的朋友，他多年来终于可以睡得踏实一点了（个人安全得到了保障），但他又承认，军队的到来实际上将波士顿逼到了一场血腥起义的边缘。就在两年前，1766 年，富兰克林也说过同样的话："（被派到美洲的军队）不会找到一场叛乱。他们实际上会激起一场。"[2] 军队的功效照样值得怀疑，它实际上使局势变得更糟糕。要镇压一场街头骚乱，军队太过大材小用；但要用来镇压一场武

---

1   Bernard Bailyn, *The Ordeal of Thomas Hutchinson*, p.112.

2   Hiller Zobel, *The Boston Massacre,* Norton Library, 1970, p.90.

装反叛,这么一支小部队又无济于事。军队的存在本身就具有挑衅性,只能给反对者制造口实。要使用军队来弹压局势,在政治上是很不妥当的一件事情。为了刺激军队做出过分反应,反对派将会煽动民众,他们会变得更加大胆,行动更加肆无忌惮。而且根据英国的宪政惯例,一个地方的政府权威固然可以召来军队维持治安,但是军队本身不能替代当地政府,只能为民事机构(比如说当地警官与治安法官)提供保护与支持。"一旦派出正规军队,其指挥官也会被再三告诫,务必要遵照地方民事官员的指令行动,并且行事要万分谨慎。"[1]军队要镇压暴动,只有在地方民事官员要求他们援助,并命令其行动的情况下才可以。而且本地的法院将有权判断军队的作为是否合法,审判其违规者。问题是,反对派早已掌握了波士顿的民事机构与当地法院。军队前来援救的,是那些并不希望军队在这里的人。

事情果如所料,情况并无好转,骚乱日甚一日。哈钦森对反对派用心的猜疑也更加黑暗,他认为他们也正在暗中策划,企图推翻现有的政府结构,将殖民地从大英帝国分裂出去。不列颠的内部也有一些人为了自己的政治目的,在怂恿这些人。哈钦森听到,从小酒馆里传来辱骂国王的声音,他听说,塞缪尔·亚当斯在很多场合下都呼吁民众立即拿起武器,把国王的人通通抓起来。[2]

1769 年,伯纳德总督迫于殖民地议会的压力离职,哈钦森成

1　H.T. 狄金森:《十八世纪英国的大众政治》,第 145 页。
2　Bernard Bailyn, *The Ordeal of Thomas Hutchinson*, p.125-127.

为代理总督。他面临的处境更加险恶。在波士顿，不进口运动开始
轰轰烈烈地开展起来。不进口运动的参加者并不都是自愿的，有些
人是因为社区压力，有些人则是由于受到实际的胁迫而被迫参加
的。正如我们在任何一场集体行动中所看到的那样，为了杜绝搭便
车者和投机主义者，集体行动的组织者必然会采取某些超常手段。
比如说一场罢工中，工人会搭设警戒线，会自行惩治那些违规上班
的人，会阻挡外来工人上班。

面对这些闹事者，哈钦森几乎没有能力应对。在那个年代，
群众闹事在英国的政治实践中处于一个灰色地带，具有半合法半
非法的性质。当时的政治理论模模糊糊地承认群众闹事有一定的
合法性，视之为一种社会诉冤的举动。考虑到当时的政治结构并
不是特别开放，群众闹事作为一种意见表达方式，作为一种大众
制约王权、绅权的手段，被大英帝国的政治家们所承认。哈钦森
自己也承认这点，他在 1768 年说道："某种群众闹事，是合宪的。"
根据狄金森的研究，按照习惯法，参与暴动只被视为轻罪，一般
只处以监禁、鞭挞或罚款。1715 年倒是有一个《取缔闹事法》，
对暴动者施以重刑，但是该法在实施过程中则多虚应故事，法不
责众在那个时候也是现实。现有的研究表明，在 18 世纪，很少
有暴动者被起诉。[1]

大英帝国的警察是一支地方性力量，规模很小，也没有接受
过处置大规模暴动的训练。民兵不太乐意镇压本乡本土的乡亲。地

---

1   H.T. 狄金森：《十八世纪英国的大众政治》，第 147—148 页。

方官员在动用正规军队平暴的时候，通常也束手束脚。一旦召集了军队，地方官员就要为这些人的食宿和日常行为负责，鉴于当时军队士兵的声誉，这委实是一个让人头疼的事情。而且使用军队来维持秩序总是一件很忌讳的事情，"18 世纪没有哪一任英国政府愿意给人留下这样的印象，即他们是通过武装力量在进行统治"。[1]而且，地方官员也是人，他们会担心受到起诉、报复或者社会谴责，如果没有本地社区的配合，他们其实不太敢面对暴民。

哈钦森之所以说闹事合宪，恐怕也是因为考虑到殖民地的社会现实。殖民地的社会结构，从过往人类社会经验的角度看，是异常扁平化的，没有多少专职的政府管理机构和人员，也没有多少现代社会已经习以为常的、高度复杂化的社会中介组织（人口基数太小，养活不了这种组织）。殖民地人民要想从事公益活动，就不得不依靠临时聚集在一起的"众意"。比如在当时的波士顿，就没有专职的消防队，完全依靠大众自愿参与灾情救援，一旦有事，人人守望相助。由于地方小、人口少，也不大可能出现集体行动的困境。除此之外，防疫也好，整顿社会风气也好，往往都极度依靠公民的自觉参与。参与往往就体现为群众集会。换句话说，当时的殖民政府承认，在自己的管理之外，还存在着一种管制力量。

在不进口运动中，自由之子所采取的抵抗形式，也同殖民地人民的上述经验一致。新英格兰的清教徒作为一个紧密团结、相互监督的小宗教群体，很早就注重利用群体压力来保证个人行为的合

1　H.T. 狄金森：《十八世纪英国的大众政治》，第 145 页。

群性。因此，在不进口运动中，激进派很快就借用了这一传统来对脱离该运动的个人施加社会制裁。从现代眼光来看，这些制裁自然侵犯了个人的人身权和财产权。哈钦森认为，一个人可以自己参加不进口运动，但是不能胁迫别人也参加。但他无能为力，在一场骚乱中，他命令警官去制止暴动，警官直截了当地拒绝服从命令，他们觉得那样做很不安全。

有一个印刷商，名叫约翰·梅因，没有听从激进派要他不进口英国货物的劝告，还在自己的报纸（*Boston Chronicle*）上嘲笑了激进派的领导人，结果他的报社被自由之子捣毁，他本人则在大路上被围攻。他逃到警卫那里，要求得到哈钦森的保护。哈钦森左右为难，如果他动用军队，就会给反对派以口实，让他们宣称军队到这里来就是为了进行政治镇压。如果他不用，就难以对上级交代为什么不保护政府的拥护者。哈钦森最后决定不动用军队，而是命令治安法官去稳定秩序——他清清楚楚地知道治安法官做不到这点。海关委员们要求他出兵强迫波士顿人结束不进口运动，他照样加以拒绝。

哈钦森的家人也遇到了这样的问题。哈钦森自己的儿子在经营家族业务，也被群众包围要求遵守不进口运动。哈钦森的侄子家的窗户被砸破，妻子受到威胁，门口被人涂上屎尿。这个侄子吓得逃到了纽约，波士顿的自由之子组织传话给纽约方面，他在纽约也待不下去，之后突然中风死掉了。

1770 年 2 月 22 日，一次严重的事故发生了。当时在那些坚持进口英国商品的商店外面，总是有一群小孩站着，朝进出商店的人发出嘘声，投掷脏东西，还在商店窗户上涂抹泥巴，有的时候还直接砸碎玻璃。在这些商人中，有一个叫作特奥菲卢斯·利耶（Theophilus Lillie）。就在那天，利耶的店铺受到这帮小孩的骚扰。他有一个伙计（也是邻居），名叫艾本尼泽·理查森（Ebenezer Richardson），站出来保卫自己雇主的店铺。

这个人以前犯过事，后来波士顿的海关人员聘请他做了线人，让他报告非法走私情况，波士顿人从此对他另眼相看，视之为无赖。

这帮小孩向他投掷泥块和石头，逼得理查森奔回自己的家中。小孩们仍然不依不饶地跟着，自由之子组织的一些人也围在理查森家周围。他们边辱骂，边开始朝理查森的家里投掷砖块、石头、鸡蛋和烂水果。他家的窗玻璃被打碎了，门被打坏，理查森的妻子也被砸到了。

房内，理查森拿出了自己的枪，靠近窗户。在警告无效后，他朝外面开了一枪。外面，一个名叫克里斯托弗·赛德（Christopher Seider）的 11 岁小孩中枪倒下。

这是第一例冲突导致的死亡事件，理查森随即遭到逮捕和审判。[1]

2 月 26 日，波士顿的自由之子组织为赛德举行了一次盛大的葬礼。四五百个学校的孩童走在赛德的棺木之前，两千个波士顿人、三十辆马车紧随其后。送葬的队伍长达一公里。

---

[1] 威廉·莫里诺（William Molineux）是自由之子的领导人之一，他和其他一些人阻止了群众私刑处死理查森。见 Robert J. Allison, *Boston Massacre*, Commonwealth Editions, 2006, pp.4-6。

这次葬礼极具象征意义和宣传价值。就在将近一年之前，英国军队在伦敦的圣乔治广场上朝威尔克斯的支持者开了枪，枪杀了一个名叫威廉·艾伦的男孩。在美洲，激进人士一向认为自己同威尔克斯等人追求的是同一样东西：反抗压迫、保卫古已有之的自由权利。两次事件具有一定的相似性，赛德就成了共同的自由事业的又一个牺牲者。

哈钦森不得不哀叹，波士顿人发疯了。气氛如此紧张，以至于一颗火星就能让整个殖民地熊熊燃烧。他日益害怕军队和平民之间会出现冲突事故。1770 年 2 月，他写信给盖奇将军，请他在 3 月 14 日之前尽快将军队撤出波士顿。他很聪明，但这个举动已经太晚了。3 月 5 日，红衣兵在广场上朝波士顿人开枪了。

二　血案的祸根

3 月 5 日的那个雪夜，到底发生了什么事情？为什么会发生这种事情？

我们的教科书对那天晚上发生的事情记载不详，却总给人这样一种印象：红衣兵在波士顿的街头耀武扬威、横行霸道，随随便便就向嘲弄他们的群众开了火。这种画面挺符合我们对殖民主义、帝国主义者丑恶嘴脸的描述，也很符合我们正邪不两立的历史观。

那么，事实的真相是什么呢？

一个想要了解事情真相的人，要排除先入为主的观念，把自己想象成审判席上的陪审员，听取控辩双方的论点和呈堂证据，然后再做出我们的决定，这样也许才是不错的选择。

我们首先听听原始控方，也就是波士顿激进派的意见。他们倒也不认为这是一场官方授意的政治镇压行动，而把它描述成一场军民事故。但是这场事故也不是随随便便就来的，究其原因，还是由于英国的军事占领。

波士顿市镇大会在事件发生后印刷出版了一份文章，从激进派的眼光陈述了事件的起因——英军自驻扎在波士顿就压迫当地居民。英军哨兵在城内到处挑衅城镇居民，导致许多争吵和不安定。英军还犯下别的许多劣行，比如，一个英军上尉鼓动波士顿的黑人奴隶暴动，还有些士兵冲击市镇内的司法机构。士兵殴伤市民的事情那就更多。这使他们跟市民之间的关系处在极恶劣的状态中。

3月2日，一群英军士兵同一群制绳厂的工人起了冲突，发展成一场斗殴，英军士兵被打跑，于是含恨在心，决心报复。有人作证说，有些英军士兵事先就夸口说要让很多波士顿人再也吃不了第二天的早餐。还有人作证说，有些英军宣称要用新英格兰人的鲜血来染红自己的刺刀。

3月5日那天晚上，一群英军全副武装地跑到街头，殴打无辜的市民。一群小孩出于义愤同海关大楼前的英军士兵起了口角，向他们投掷雪球。英军上尉普雷斯顿带着一小队英军前来支援，英军士兵随即在他的命令下向聚集在那里的普通群众开了火。[1]

1 "A Short Narrative of the Horrid Massacre in Boston," Boston: Edes and Gill, 1770, https://archive.org/details/shortnarrativeof00inbost.

按照控方的说法，波士顿的枪击事件就是一场蓄意的谋杀（而不是镇压）。波士顿的银匠和印刷商——保罗·尼维尔（Paul Revere）立即就此事件制作了一份雕版画，题目就叫作"波士顿血腥的大屠杀"（尼维尔是自由之子组织的活跃成员，一位雕刻手艺方面的大师）。在图画中，一排英军站立，在英军指挥官的命令下向群众开火，在英军的背后，耸立的是海关大楼，从窗户中伸出几根枪管，也在朝群众开枪。手无寸铁的波士顿居民或奔逃，或流血匍匐在地，烟雾弥漫，一个和平市镇正在受到践踏。

控方的这些指控到底站不站得住脚呢？这些简要的控诉有没有遗漏什么东西呢？事情难道真的就只是英军的骄横跋扈所引发的吗？波士顿人在这其中扮演什么角色呢？枪击事件是蓄意的谋杀还是士兵怒火下的过激反应？是出自军官的授意还是士兵的自作主张？

辩方——某些现代历史学家——发现事情并不像激进派说的那么简单。波士顿的市民同英国士兵的关系恶劣这件事并不假，但真相却要复杂得多。

事情还要从五年前讲起,那时候波士顿人还在反对印花税。"忠诚九人"开始采取超越口头抗议的方法，他们招募了鞋匠麦金托什和他手下的人来替他们干这些脏活。之后，"忠诚九人"融入到波士顿的自由之子组织中。自由之子也决心继续保持对殖民地行政机构的压力，以强硬的行动表达自己的抗议。他们有两个优势：舆论动员工作卓有成效，控制了地方议会和司法机构。波士顿人，同当时其他的英国人一样，无法忍受和平时期在自己的地方上驻扎着一支常备军。当英军进入波士顿城之后，就发现自己遇到了相当大的麻烦，面临的是一个有相当敌意的环境。

　　首先是军队营房问题得不到解决，市镇议会就是不愿意给英军提供营房。市镇议会宣称既然是伯纳德总督要求征召这支军队，就应该自己解决他们的军需供给问题。面对民间的不配合，伯纳德安排一部分军队住进政府设施里：一部分人住进法纳尔大厅——这是市镇会议开会的地方，一部分人住进老议会厅（Old State House）——这是殖民地议会开会的地方。这深深触怒了本地领导人，他们越发认为伯纳德别有用心。[1]一开始，大部分英军就不得不驻扎在野外的帐篷里。

　　当时的英军，仍然保留着相当程度的遗风，有浓厚的商业雇佣色彩，普通士兵是被招募进来的。由于薪水不高，只有社会最底层的人士才愿意从军。当时的士兵一个月才有 1 英镑到 2 英镑左右的收入（考虑一下当时的物价吧，1808 年一个士兵的日记中记载道，一瓶廉价的汤姆酒 1.5 个便士，一双皮鞋要 72 个便士）。当时，当兵是一项被人看不起的职业，和平居民很少看得起当兵的，觉得他们粗鲁、潦倒又危险。这也是大伙不愿意给他们提供营房的原因，不愿意让他们住在自己家里，威胁到家人。这样的军队，士气和纪律不可能很高。波士顿的秋冬天天气寒冷，开始有逃兵出现。在头两个星期内，就有 70 个人开了小差。这其中不乏波士顿市民鼓动策应的功劳。最后，英军是靠租房子才渡过了这个难关。

1　Robert J. Allison, *Boston Massacre*, p3.

随着英军在波士顿驻扎下来，英军士兵同普通市民的关系开始逐渐紧张起来。军队驻军，开始设立岗哨，盘查行人。英军设立岗哨是为了保卫政府设施，也是为了抓逃兵。但是波士顿的居民很不乐意被陌生人盘查，城市居民的正常生活被扰乱了。军队在波士顿就是一个刺激源，时时刻刻提醒居民，军队是为照管他们而来。当然，按照历史学家希勒·B. 佐贝尔（Hiller B. Zobel）的说法，塞缪尔·亚当斯也做了很多煽动工作，利用手中的报纸和关系网，宣传军队的恶行，也处处给当兵的下绊子。

约翰·亚当斯在家中每天看见英军列队从房子前走过进行军事训练，就分外生厌，他日后在回忆录中写道："每天在我的门外看见那些士兵，我认真地想了两年。（英军）在波士顿的出现，对我来说是一个有力的证据，表明大不列颠企图让我们臣服，我们做什么也不能改变他们这种念头——我们做的每件事都被误解，我们说的每句话都不被信任。"[1]

许多英军士兵在服役之余，会到地方上打些零工，部队军官知道士兵平日清苦，也不予干涉。这么一批人出现在劳动力市场上，就同波士顿当地的劳工有了经济上的冲突，当地的薪资水准因为这批廉价劳动力的出现降低了50%。于是纠纷、斗殴事件层出不穷，在小巷子里也常常有群架发生。

当时的平民司法机构对驻扎在当地的军队的违法行为是有管

---

[1] *John Adams Autobiography,* part 1, "John Adams," through 1776, sheet 11 of 53 [electronic edition]. Adams Family Papers: An Electronic Archive. Massachusetts Historical Society. http://www.masshist.org/digitaladams/.

辖权的，波士顿当地的司法机关对英军毫不客气，这也加剧了英军同波士顿人之间的冲突情绪。站岗放哨的士兵有的时候会被起诉扰乱秩序，有些士兵会以践踏草地的罪名被罚款或监禁。[1] 在纠纷事件中，大陪审团很少起诉本地人，但对士兵却全力追查。当时的波士顿有这么一条法律，如果某人犯了偷盗罪又没钱赔，法庭有权将他拍卖给出价最高的买家，让他干活偿债。有个英军士兵偷东西被人抓住，波士顿人串通起来出了很高的价，结果这个英军士兵就要被迫干上几年的活。连詹姆斯·奥蒂斯都看不下去了，在法庭上说他自己都为波士顿人某些不公正的行为感到羞愧。[2]

　　1769 年 10 月 24 日，双方郁积已久的紧张情绪终于爆发了。前一天，一名叫罗伯特的当地人冲进英军哨所，指控军队偷了他的木头，要求面见哨所指挥官，随即同士兵们起了冲突。当天，波士顿的地方法官发来命令，让哨所指挥官立即向自己报道。与此同时，一群波士顿人蜂拥而至，聚集在哨所英军的周围，一边辱骂，一边投掷砖块、石块。英军保持了克制，但是在撤退的时候有人不小心走火了，子弹打到了附近的店铺上。这次开火激发了群众的愤怒，他们咆哮着涌上来。指挥官明令手下人不得装填子弹，也不得袭击当地人，一边整理阵形一边撤退。

　　有个当地人迎面朝着一个当兵的脸上来了一拳，将他打倒在地，其他的英军士兵举起刺刀，展开防卫姿态。当天英军的执勤军

1　杰拉尔德·冈德森：《美国经济史新编》，第 118 页。
2　Hiller B. Zobel, *The Boston Massacre*, p.136.

官叫作莫尔斯沃思（Molesworth），看到这个情形，赶紧冲出来控制局面。他对士兵们喊道："除非为了自卫，你们不要攻击任何一个人。"他又随后加上一句："如果有任何人想要袭击你，那用你的刺刀捅他们。"于是波士顿群众退开了。

这是军队和平民之间第一场有组织、成规模的冲突。

莫尔斯沃思在事后立即被带到地方法院，受到审判。波士顿的法官戴拿（Dana）冲着他喊道："你，怂恿你的士兵去谋杀城镇居民……居民们做得完全正确,当一个当兵的开枪（伤人）的时候，他们不仅有权利去揍他，而且还有权利把他从军队中拖出来，拖到法院来接受审判。"随后，戴拿法官对法院的旁听者说："你们有权利这么做。"

"如果有人只是拿着棍子或者用拳头袭击哨兵，而士兵在你的命令下用刺刀或是别样武器回击，导致该人死亡的话，那么你就要受到绞刑。"戴拿法官继续对莫尔斯沃思说道。[1]

戴拿法官这么说倒不是在虚言恫吓。在当时的观念看来，军官是不能随便下这样的命令的。士兵们当然有权自卫，但是只有在其他一切手段都无效或用尽，在自己的生命受到威胁的情况下才能杀人。在其他的场合下,士兵要对平民开枪，只有得到平民政府（也就是当地的治安官）的授权才行。

在上述军队与平民的冲突事件中，从英国军队的表现来看，他们并没有把自己看成一支镇压叛逆的占领军，毋宁说是一支帮助

1　Hiller B. Zobel, *The Boston Massacre*, pp.140-142.

平民政府维持治安秩序的警察力量。那么在波士顿的反英人士看来呢？他们好像也没有把英军看成是一支杀气腾腾的占领军，否则在面对军队的时候，不至于毫无惧色。

自由之子组织是否在幕后操纵一切冲突？对于这个问题，现代历史学家莫衷一是。有人（Hiller B. Zobel, 1970）说是，认为波士顿的群众行动受到了严密的控制。但是他们也承认，并没有直接的证据。其他历史学家（Jesse Lemisch,1970；Pauline Maier, 1971）则认为，波士顿人同英军的冲突在很大程度上是自发性的，激进派在其中的作用不过是宣传鼓动而已。[1] 但不管是直接控制也好，还是宣传鼓动也好，从有些证据看起来，塞缪尔·亚当斯和波士顿的激进分子似乎是在执行一种边缘政策，类似于与英军玩一种比谁胆大的游戏（两个人开着汽车迎面行驶，看谁有种一直向前开，谁没种闪到一边）。他们似乎确信英军不会对平民开枪，所以用激化军民冲突的方法来达到其驱逐英军出城的目的。

当英军开始部署到波士顿时，激进者以冷遇应对。在他们看来，"正确的方案就是彬彬有礼地对待军队，但是不给他们提供任何东西"。这个举措在军队驻地问题上很明显地表现出来。当军队克服阻碍，开始在波士顿扎下根来的时候，看起来激进分子就开始日益转向边缘政策了，也就是尽力给军队制造各种麻烦。塞缪尔·亚

1　Jesse Lemisch , "Radical Plot in Boston（1770）: A Study in the Use of Evidence," *Harvard Law Review*, Vol. 84, No. 2（Dec., 1970）, pp. 485-504; Pauline Maier , "Revolutionary Violence and the Relevance of History," *The Journal of Interdisciplinary History*, Vol. 2, No. 1（Summer, 1971）, pp. 119-135.

当斯本人在早些时候写道："本省的治安官不会有违人类的情感和公正,荒唐地命令部队朝没有武装的群众开枪的。"[1] 因为有此确信,波士顿的民众对待军队的态度也就更加敌对了。当然,似乎塞缪尔·亚当斯和其他激进派领导人倒并没有想发动一场暴乱。在大街上骚扰单个士兵、在法庭上整治他们是一回事,朝部队开枪是另外一回事。后者就是叛乱,而前者还可以被看作合法的抗议。

驻扎在波士顿的英军开始感觉到人身不安全,他们很委屈地发现,自己处在任人殴打的境地,也不相信当地司法机关能够主持公正。这种感觉,就为一场血案埋下了祸根。

三　"自由之子"的嫌疑

山雨欲来风满楼。

3月2日,一群制绳厂的工人正在劳作,第29团的一名士兵到制绳厂来寻找临时工作。一个制绳工人对他说："当兵的,你想找一份工作吗？""是的。"士兵回答道。制绳工人："那你就去倒我的屎桶吧。"士兵反唇相讥："你自己去。"言语交锋升级,士兵和制绳工人扭打起来,不敌退走,又带了八九个弟兄回来,发展成了群殴。

3月3日晚上,第29团有一名士兵没有回营签到,军队里开

1　Hiller B. Zobel, *The Boston Massacre*, p.143.

始有流言，说他已经在外边被人杀掉了。[1]这则流言说明，军队和当地人的对立已经到了危险的地步。

3月4日，各种流言已经在城内传播。军队里的士兵将种种军心不稳的言论告诉自己在城内的朋友，希望他们能避开这场极有可能发生的冲突。

3月5日晚，天气寒冷，街上的积雪有30厘米厚，冻得硬梆梆。那个时候，波士顿的街上并没有路灯，幸好天上无云，有残月的惨淡月光照明。在镇议会大楼的南面不远处，康希尔（Cornhill）大街和国王大街的交会处，坐落着主哨楼（main guard），这是波士顿的军事中心。在不远处，国王大街和皇家交易巷子（Royal Exchange Lane）交会的地方，英军士兵休·怀特（Hugh White）在那里站岗放哨。他的身后，就是波士顿的海关楼。当天的执勤军官名字叫作托马斯·普雷斯顿，40岁，爱尔兰人，为人冷静，深得哈钦森的赞许。

这个时候，第14团的约翰·古德芬奇上尉（John Goldfinch）从休·怀特的面前走过，后面跟着一个年轻的学徒。这个学徒在一家假发店工作。他叫嚷道："这个人让我师傅整理他的头发却不给钱。"约翰上尉是给了钱的，学徒误会了。上尉就没理他，自顾自地走掉了。过了一会，学徒走回来，气不过，就在怀特面前咒骂起来。怀特对学徒说："他是一位绅士，如果他欠你什么东西肯定会付钱给你的。"学徒回嘴说，这支军队里就没有什么绅士。

1　Hiller B. Zobel, *The Boston Massacre*, p.183.

"让我看到你的脸。"怀特吼道。"我把脸露出来又不害羞。"学徒回敬道。怀特二话不说拿起枪托就在学徒的脸上砸了一下。这下就惹怒了路人。一开始只有八九人围着怀特叫骂，但人数很快就增多了。这个时候，老砖瓦教堂（Old Brick Church）开始敲起了钟，"失火了"的叫声响彻波士顿。当时的波士顿没有专业的消防队，房子都是木质结构，全靠市民自愿参与灭火。遇到火灾，以教堂钟声为号，召集大家。听到钟声后，许多人急急忙忙地跑出来，街道上的人也就越来越多。怀特面对越来越有敌意的群众明显害怕了，跑到海关楼前寻求庇护，他装上刺刀，并装填了子弹。人们开始朝他扔掷冻得硬梆梆的冰块。"干掉他，干掉他，打倒他！开火啊，你这个混蛋，开火啊，有种你就开火！"有人喊道。有人试图劝阻大众不要为难这个士兵，但没人听。怀特大声呼喊求救。这事大约发生在晚上八九点。

那个晚上发生的事情很复杂，头绪繁多，也颇有蹊跷之处，但先让我们把目光集中在海关楼前吧。

钟声连续不断，街头上人头攒动。普雷斯顿上尉当时在自己的寓所中，有人告诉他说，敲钟并不是为了救火，而是为了召集众人袭击部队。普雷斯顿赶紧赶往主哨楼。根据日后他的证词，他在路上遇见了一大批口中骂骂咧咧、情绪高昂的民众。[1]当他赶到主哨楼后，镇上有个人通知他说，大家伙儿的目的是要把哨兵从岗哨

1　"Deposition of Captain Thomas Preston, March 12, 1770." http://law2.umkc.edu/faculty/projects/ftrials/bostonmassacre/prestontrialexcerpts.html.

上拖走，他命令这个人再回去打探，这个人回报群众要杀掉哨兵。

普雷斯顿在主哨楼前徘徊了大约有半个小时，还是拿不准主意该何去何从。他有三条路可以走：一是他可以派出一支部队增援怀特，展示力量，驱散人群。但是普雷斯顿手中的兵力并不多。当时围住怀特的人，据后世历史学家估计，在100人至400人之间（后者较为得到认可）。普雷斯顿手头只有十几号人，很明显无法镇压如此规模的人群，而且普雷斯顿也知道，只有在平民政府下达命令的情况下，部队才能用来镇压骚乱，他并没有得到这项命令。二是他可以派出部队接应怀特，掩护怀特撤回主哨楼。这样做的危险是海关楼就没人看护了。三是他可以什么都不做，只是派出人员通知其上级——达尔瑞普上校，把这个烂摊子扔给他处理。这样做的风险是怀特的生命也许会受到威胁，同时，自己也有失职之嫌。

最后，普雷斯顿决定不能什么也不做，他组织了一支小分队，由7名士兵组成，这7名士兵都是掷弹兵，是军队中最高大、最强壮，通常也是最勇猛的人，由他亲自指挥，前去协助怀特。在日后的证词中，他自述这么做是有两个考虑，挽救怀特兼保卫海关。救人肯定是真的，保卫海关，佐贝尔则认为是普雷斯顿后来的托词。因为要向不列颠政府交代为何会闹出人命激起民变，说保护政府财产总是显得情有可原一点。当时的士兵被视为可消耗的资源，一两条命衮衮诸公恐怕不瞧在眼里。[1] 人数较少也有不想引发更大敌意的意思。

---

1 Hiller B. Zobel, *The Boston Massacre*, p.193-194.

这支小分队推推搡搡来到怀特的身边。途中，一个亲英分子警告普雷斯顿上尉，让他照管好自己的手下："他们开火的话，你就死定了。"普雷斯顿点头称是。

以上是确定无疑的事情。以下发生的事情，在日后众人证词中就有不同的描述了。以下的描述，依据是大多数历史学家对证词权衡之后得出来的共识。

当普雷斯顿上尉来到怀特身边的时候，他的人马已经自行在枪膛中装好了子弹（很有可能有些人在枪膛里装了两颗子弹）。这支小分队试图将怀特带离群众，回到主哨楼。但是群众挡住了道路，很多人手里拿着棍棒、短剑之类的武器。"该死的，你们开火啊！"有人喊道，"你们不可能杀掉我们全部人。"普雷斯顿权衡了一下，没有尝试使用武力突破。

在海关楼外，英军成半圆形部署，枪口朝外。普雷斯顿站在士兵之前，命令群众撤离。回答他的只有辱骂："上啊，你们这帮无赖，你们这群红虾兵，有种你们就开枪啊，见鬼去吧，我们知道你不敢开枪。"雪球、冰块、石头、砖块投向士兵。钟声仍然不断，人们仍然在不断涌来。士兵在颤抖，可能是出于恐惧，也可能是出于愤怒，但仍然面无表情。群众离士兵相当近，出现了推搡。人们在努力激怒士兵，让他们放下武器，公公平平地干上一架，或者干脆开枪。这样的事情持续了一刻钟之久，群众越来越烦躁，士兵也越来越有挫折感。

正在这个时候，有个前奴隶，黑白混血儿克里斯普斯·阿图克斯（Crispus Attucks，也有人说他就是黑人或印第安人），手持一根棒子，冲上来一棍子打在列兵蒙特哥莫瑞（Montgomery）身上（也有人说是另外一个人干的）。这一棍力道不小，蒙特哥莫瑞被击倒在地，枪掉落在冰地上。蒙特哥莫瑞挣扎着站起来，又害怕又愤怒，叫道："该死的，开火！"随即就开了枪。听到枪响，站在普雷斯顿上尉旁边的一个人拿着棍子就冲过来，一棒打在上尉的身上。周围的群众也开始和士兵们厮打了起来。于是其他的士兵也纷纷开了枪。第一声枪响和第二声枪响之间的时间间隔，不同的证词说法不一，从六秒到两分钟不等。枪声平息之后，当硝烟散尽，地上已经躺着若干具身体，其中3人当即死亡，2人垂死重伤，6人负伤。

街上的人们开始分散逃命，普雷斯顿及其哨兵赶紧赶回主哨楼。在镇子里，"武装起来"的叫声随即响起来，之后镇子上的鼓开始敲起来，这是召集民兵的信号。普雷斯顿随即命令自己的鼓手也开始击鼓，让波士顿的全体英军武装集合起来。一场血腥的内战一触即发，这就是开头所述哈钦森总督所面临的一幕。当他赶到主哨楼的时候，他愤怒地质问普雷斯顿："先生，你知不知道，除非你得到了地方治安官的许可，你没有丝毫权力向聚集起来的公众开枪。"普雷斯顿答道："我是被迫的，这是为了拯救我的哨兵。"

在哈钦森代理总督的操作下，波士顿的群众总算暂时稳定了。当天晚上，哈钦森赶紧召集地方法官，连夜审核证人证据，结果有人做出了对普雷斯顿等人不利的证词，于是他们决定将普雷斯顿和其他8名士兵收监。在监牢里，他们将待上六七个月的时间。

那天晚上发生的事情其实还颇有蹊跷。因为在波士顿城内，军民斗殴的事件不仅仅只是发生在海关楼前。当怀特同学徒发生冲突之前，在波士顿城的北部，更混乱的事情已经发生了。在不远处的多克（Dock）广场上，有两百多人从北角（North End）街区涌出，手持棍棒，大叫："失火了！"有一个旁观者评论道："拿着棍子去灭火，可是一件奇怪的事。"[1]一个穿着红大衣戴着白假发的人（此人是谁，历史中没有记载）站在广场中间做了一番演讲，群众再三欢呼，然后分成三批散开。一位波士顿居民吓得不敢回家，因为他看见街上有很多拿着棒子的人。[2]

在布拉特尔斯（Brattles）大街上，有旁观者观察到，一群士兵挥舞着棍棒、刺刀跑来跑去。那条街上有第29团的驻营地，名叫穆雷兵营（Murray's Barracks）。在不远处的一条小巷口，一群红衣兵正在竭力抵御群众扔来的雪球。第14团的约翰·古德芬奇上尉恰好正走到这里，为了避免士兵与居民发生更严重的冲突，就领着这批士兵回到了营地，将他们隔离起来。之后有很多波士顿人开始聚集在营地门前，质问英国军官为什么不看好自己的士兵，放任他们到街上殴打市民。有些平民高呼："胆小的懦夫！""害怕战斗！"

营地之前的居民越来越多，气氛也越来越紧张，士兵的情绪也越来越歇斯底里。幸好有个波士顿商人理查德·帕尔马（Richard Palmes）跟着军官一起劝说群众离去，于是这些人逐渐离

---

1 Hiller B. Zobel, *The Boston Massacre*, p.189.

2 Robert J. Allison, *Boston Massacre*, p.9.

开。但仍然有大群人不愿意就此罢手，呼喊着向主哨楼方向跑去。就在这时，在镇会议大楼旁，老砖房教堂的钟声开始响了起来。

接下来发生的事情就是众所周知的悲剧了。

仔细推敲一下那天晚上发生的事情，其实颇有疑点：谁在敲钟？为什么敲钟？如果没有人敲钟，可能就不会有那么多人上街；一大群手持斗殴工具的平民出现得如此及时，好像早有准备似的。

有谁在背后组织了这一切吗？是不是有人安排好个人冲突，组织好力量以扩大冲突，最后敲钟将群众带到街头，引入到这场冲突中来？

人类的心智总是习惯于将互不连贯的事件编织在一起，用一根线索贯彻始终。为了解开这个谜团，至少我们应该追问一下自己，假如这种可能是存在的，那么谁最有嫌疑？

不需要训练有素的侦探出场，一个普通人就可以将疑问的目光投向波士顿最大、最有组织能力的反对团体——自由之子。自由之子一直在议会、报纸、街头巷尾、酒馆里面抨击英国军队。当初英军进占波士顿的时候，塞缪尔·亚当斯还一度呼吁拿起武器进行抵抗。

这里的关键是：波士顿的自由之子组织是不是一个密谋团体、某种地下抵抗组织？他们是否有意图超出常规直接进行武装对抗？

要回答这个问题，就要把自由之子组织讲个明白。首先要说明的是，自由之子并不是一个地下组织，其成员的名单是公开的。但是，一开始的时候，自由之子们喜欢在黑夜里聚会，这就让人产生了"这是一个秘密组织"的印象。1769 年 8 月 14 日，波士顿的自由之子们聚会，在自由之树下用餐，共有 335 人参加。约翰·亚当斯也是其中的一员。

有些历史学家猜测自由之子组织同群众暴力脱不了干系，但是另外一些历史学家则认为这么说于史无据（前者如 Hiller B. Zobel，后者如 Pauline Maier）。他们认为，自由之子在宣传反抗的时候，也在努力地遏制大众暴力。

如果不过分猜疑自由之子们是口是心非，那么从表面的证据看来，自由之子们确实是在遏制群众暴力超出范围。自由之子最好的领导之一小詹姆斯·奥蒂斯，1767 年在市镇会议上呼吁波士顿公众采取"正确与合法的手段来获得救济"，"请愿与抗议要谦卑与尽责"。[1] 塞缪尔·亚当斯则在 1768 年告诉波士顿人，要蔑视其敌，但是不要碰他们任何一根头发。[2]1768 年 6 月，波士顿人因为"自由号"帆船被海关官员扣捕事件发起骚乱的时候，又是激进派将之劝散的。在这场骚乱中，有些人从海关官员手里抢了一些货物，激进派劝这些人归还之。1769 年 9 月，詹姆斯·奥蒂斯在酒馆里面被两个海关官员殴伤，波士顿群众群情激奋，想采取报复行动，一个激进派人士喊道："不要使用暴力，否则你会伤害到我们的事业。"[3] 劝阻了群众。1770 年 3 月 2 日，一群英国士兵同制绳工人打了起来，一位名叫约翰·希尔的法官站出来制止了事态的扩大。这

1　Pauline Maier，"Revolutionary Violence and the Relevance of History"，p.123.

2　Pauline Maier，"Revolutionary Violence and the Relevance of History"，p.123.

3　Hiller B. Zobel, *The Boston Massacre*, p.151.

名法官，也是自由之子。[1]

3 月 5 日那天晚上，从事发现场的群众构成来说，主要是小孩、学徒、海员、码头工人还有几个黑人（或是印第安人）。许多重要的自由之子成员都各自待在家里或者朋友处，对发生了什么事一无所知。在现场的一些自由之子，举动不一。在英国军队营地前劝说大家散开的理查德·帕尔马也是自由之子，但是这个人随后又出现在了海关楼前，就站在普雷斯顿上尉身旁，枪声一响，他也参与了厮打。另外一些著名的自由之子，比如托马斯·杨，站在皇家交易巷子口上，力劝大家散去。[2]

总的来看，3 月 5 日这天晚上发生的事情颇为混乱，看起来不像是有统一领导的样子。不过，这次枪击事件也确实有可疑的地方。很可能是，军队里的普通士兵和一些波士顿人对军民进一步激烈冲突早有预料，也早有准备。鉴于前几天谣言一直四处流传，实在不足为奇。就在制绳厂斗殴事件发生后，工厂厂主约翰·格雷（John Gray）听说士兵们准备在 5 日袭击他的工厂，就向达尔瑞普上校报告，达尔瑞普上校也说自己听说了这样的事。他们商量好各自约束好自己的人。[3]根据历史记载，在现场的 8 名士兵中，至少有 3 名卷入了 3 月 2 日和 3 月 3 日的斗殴事件，在枪击现场的波士顿人中，也有多名卷入斗殴事件的工人。也就是说，那天晚上发生

1 Hiller B. Zobel, *The Boston Massacre,* p.182；Pauline Maier, "Revolutionary Violence and the Relevance of History," p.124.

2 Pauline Maier , "Revolutionary Violence and the Relevance of History," pp.124-125.

3 Robert J. Allison, *Boston Massacre*, pp.6-7.

的事情，并不完全随机。不过，群众一方可能没有想到会发生枪击，因为他们手持的是木棒等非致命性武器。如果事先就预计好要发生大规模流血冲突的话，他们显然会装备枪支。

以我个人的猜想，那天晚上发生的事件顺序可能是这样的：在八点钟的时候，有些波士顿人开始骚动起来，起因可能是听说一个英军士兵殴打了一个居民，还谣传说英军要砍倒自由树。[1]有两百到三百人在多克广场那里聚集起来然后散开，一部分前往主哨楼，另一部分往穆雷兵营走去。结果一群红衣兵在穆雷兵营附近的小巷子里面同他们中的一些人发生斗殴，有些人开始叫喊"失火了"，"镇里的，都出来"，之后有人敲响了钟。由于英军躲避在穆雷兵营里，高挂免战牌，居民只好散开去寻其他英军士兵的晦气。当时怀特正好被几个学徒围住，于是成为第二个聚集点。接下来的事情就是众所周知的了。

综上所述，自由之子的嫌疑大致可以洗去。另外，从事件发生后的处置来看，也看不出自由之子有意煽动更紧张的局势。塞缪尔·亚当斯同意将普雷斯顿及其士兵的命运留给法庭解决，而不是抓出来私刑处死。威廉·莫里诺是自由之子中最激进的人士，就是他组织了一帮人去骚扰不参加不进口运动的店主；在英国军队（第29团）撤出波士顿城的时候，也是他同军队肩并肩走在一起，保护军队不受波士顿当地人的攻击。[2]

---

1 Robert J. Allison, *Boston Massacre*, p.9.

2 Pauline Maier , "Revolutionary Violence and the Relevance of History," p.125.

四　惨案发生之后

让我们把时钟再拨回到 1770 年 3 月 6 日之后。当时全美的英军总司令是盖奇将军，他驻扎在纽约。他得知波士顿惨案的消息，立即向达尔瑞普上校下达指令，命令他彻查英军行径，对军队严加管束。猜想起来，盖奇将军对波士顿惨案的起因大概也心中没底，否则不会下达这样的命令。当时的英国绅士们普遍鄙视军队中的士兵，视之为群氓，盖奇有这样的反应也在所难免。

3 月 13 日，马萨诸塞殖民地的司法系统开始运转起来，马萨诸塞殖民地最高法院接手此案，大陪审团被召集起来。不过，当时马萨诸塞殖民地的总检察官乔纳森·休厄尔（约翰·亚当斯的好朋友）在签发起诉书后却不告而别，离开了波士顿（英美法体系是对抗式的，由检察官提出公诉，律师进行辩护，陪审团做出决定）。由于乔纳森·休厄尔亲英的立场素来为人所知，激进人士担心他是想故意避开这个案子，于是通过波士顿市政会议要求任命一个特别检察官。马萨诸塞殖民地的参事会提名塞缪尔·昆西担任此职（他是乔纳森·休厄尔的表兄弟，约书亚·昆西的兄弟，我们可以想见波士顿实际上是个大熟人圈子），由于塞缪尔·昆西以亲英著称，波士顿人觉得不可依靠，于是从外地请来了一个名叫罗伯特·特里特·潘恩（Robert Treat Paine）的著名激进人士来协助塞缪尔·昆西，顺便也做监军。

由波士顿群众所构成的大陪审团决定起诉普雷斯顿和他的士兵，但同时也起诉了其他 4 个平民，其中包括一名海关官员，指控他们也从海关楼上对群众开了枪（当时他们躲在海关楼里面关注事态）。哈钦森觉得激进分子这么做，完全是项庄舞剑意在沛公，目标是波士顿海关的委员们。当时的海关委员人人自危，除了一人，其他人要么躲到了剑桥，要么干脆打道回府，回了英国。

波士顿惨案的消息，就随着这些海关委员在 4 月传到了不列颠本土。当时的英国，对美洲的态度可以说是复杂矛盾的。一方面，许多上层人士已经觉得自己的耐性到头了。1770 年 1 月，乔治三世国王在议会发表演说，其中谈到要努力使美洲臣民恢复"尽他们的义务和建立对合法权利的真正观念"，这种说法得到了大多数国会议员的赞同。下台的前首相老皮特宣称，北美人"必须服从。特别是在所有与贸易和航海有关的法律方面，英国是母国，他们是子民；他们必须服从，而我们发号施令"[1]。想必大多数议员在心里都暗暗称是。另一方面，内阁和议会决定还是要怀柔的，毕竟，汤申税并没有带来事先预料到的收入，反而遭到北美人不进口运动的报复，后者又酿成政治风波和商贸损失。于是，在 3 月 5 日那天，正好是波士顿惨案发生的那天，新任的首相诺思勋爵向议会提出法案，大幅修改汤申法，所有征税项目只留下茶税一项，保留茶税也不过是为了申明国家有收税权罢了，并无实质利害。在这种怀柔的精神下，当波士顿惨案的消息于 4 月抵达之时，议会遂下令彻查。之后，不列颠政府同意由马萨诸塞殖民地的法院来裁决此案，不能不说是出于向殖民地表明心态的政治考虑。当然，地方审查军队，

---

1 R.C. 西蒙斯：《美国早期史——从殖民地建立到独立》，第 430 页。

也是英国宪政的旧有惯例。

　　在这之前，我们开篇所叙述的人物，詹姆斯·福瑞斯特，开始四处为普雷斯顿寻找律师。他首先找到了约书亚·昆西，一个36岁的能干律师，请他帮忙。约书亚·昆西是个坚定的自由之子，被人称作"美洲的威尔克斯"，是塞缪尔·亚当斯的亲密伙伴。但福瑞斯特相信他的法律才能和职业操守，同时也认为，只有一个坚定的反对派人士来做辩护律师，才能说服陪审团，将普雷斯顿救出生天。[1]

　　约书亚·昆西在一开始颇不乐意，也想避开这桩案子。从情感、政治理念上来说，他对英国士兵都殊无好感。日后他的儿子在为他写回忆录的时候，还自豪地说道："没人比他（约书亚·昆西）更公开或更有激情地向同胞进行呼吁，也没人比他更热心地激起公众对军队及其雇员的不满。"[2]但他思索再三，以得到约翰·亚当斯的协助为条件答应接下这个棘手的案子。他的老父亲，听到这个消息很骇然，写了一封信给自己的儿子。

　　"我处于极大的苦恼之中，因为众人议论纷纷，道路以目"——以前那些认为约书亚·昆西"注定是国家的救星"的人现在对他有很坏的观感。"说你为一群谋杀自己同胞的罪犯鼓吹，"老爹苦恼地问道，"我的上帝，这是真的吗？我不敢相信这个。""你的父母齿衰心耗，胸中满是焦虑、悲痛。……除非你亲口告诉我，或亲手写

1　Robert J. Allison, *Boston Massacre*, pp.32-33.

2　Josiah Quincy, *Memoir of the Life of Josiah Quincy, jun., of Massachusetts*, Cummings, Hilliard, & Company, 1825, p.32.

信给我，否则我不相信这是真的。"[1]

约书亚·昆西写信回答时的心情已经不可考了，在信中他说道："被指控犯下谋杀罪的这些人，还没有在法律上被证明其罪，因此，根据上帝和人类的律法，他们有权利获得所有的法律咨询服务和援助。作为一个人，我有这个义务去做这件事，身为律师更责无旁贷。""我真正的朋友考虑的应该是一个律师的誓言和职责。"虽然他出于责任所限一定要为普雷斯顿提供辩护，但"我的全部身心都奉献给了我乡土的事业"。在信的末尾，他更预言道："将来有一天，所有的人民都会为我今天的作为——为这些被控谋杀自己同胞手足的'罪犯'进行辩护——而欢呼庆祝。"

在这封信中，他还透露说，"出于谨慎，我一开始想拒绝参与"，但塞缪尔·亚当斯和其他自由之子们听到这个消息，也来找过他，但并不是来劝说约书亚放弃的，而是支持甚至催促约书亚接下这个重任。[2]

塞缪尔他们为什么这么做，约书亚并没有说明。如以小人之心度之，难道是想让约书亚当黄盖？但以约书亚·昆西和约翰·亚当斯的人品和性格来说，都绝对不会接受这种侮辱。从日后约书亚·昆西和约翰·亚当斯的所作所为来看，两人都尽心尽力为其客户提供法律援助。哈钦森虽然对这两人殊无好感，但对他们的努力也加以赞词。同时也没有任何证据表明塞缪尔·亚当斯有这个

1   Josiah Quincy, *Memoir of the Life of Josiah Quincy, jun., of Massachusetts*, pp.34-35.
2   Josiah Quincy, *Memoir of the Life of Josiah Quincy, jun., of Massachusetts*, pp.36-38.

打算。

后世学者推测起来，塞缪尔这么做，是极力想为这场审判提供合法性。如果草草审判了事，就会给外界和大英帝国以口实，这绝不是塞缪尔所乐意看到的。当时大家群情激愤，有恨不得把普雷斯顿拖出来私刑处死的，塞缪尔更不以为然，认为这种做法只会损害他们的事业。塞缪尔可能也没有想到这些当兵的会有被判无罪释放的可能性，当时看起来证据确凿，既然如此，自然也不妨做得漂亮些。

塞缪尔·亚当斯无疑是一个激进分子，现代史学家们争论的是，他激进到什么份上。无论他多么激进，可以肯定的是，他并不冲动。3月6日那一天，当他和哈钦森对峙的时候，无论他表面如何强硬，他心中却是忧虑万千的。他知道，虽然眼下众寡悬殊，波士顿人可以凭借数量优势将不列颠军队赶出城外，但此举是否能得到其他殖民地的后续支持还是未定之数，何况不列颠肯定会施加报复，当战舰如云而至，大军震天动地前来镇压叛乱之时，波士顿该何去何从？所以当哈钦森答应了他的要求，他转回到群众集会场所传达这个消息的时候，他估计是波士顿最轻松的人。[1]

塞缪尔·亚当斯并不想用私刑了结枪击事件，相反，他急切地想把枪击事件中的英军当事人推上法庭审判。一方面，他想向外界表明，波士顿民众并非一群暴民，而是珍视法律程序、依法保

1　Dennis B. Fradin, *Samuel Adams: The Father of American Independence*，Clarion Books, 1998, p.68.

护自己权利的反抗者；另一方面，他也确信，他手头有充分的证据，足以证明这些英军士兵和军官的罪行。同时，不排除塞缪尔·亚当斯想利用审判过程进行政治宣传和大众动员。对约书亚·昆西和约翰·亚当斯这位乡下堂弟的人品和政治信念，塞缪尔·亚当斯是信得过的，他相信这两位不会被人收买，也不会罔顾事实。

至于马萨诸塞殖民地代理总督托马斯·哈钦森，枪击事件发生后，他忙于安抚两边的人，尽力避免政府与大众之间的对抗，事情交由法律途径解决，他心里也实在是松了一口气。不列颠政府并没有指示说要用帝国权力将人捞出来，避免马萨诸塞殖民地当地法庭对其进行审判。哈钦森对约翰·亚当斯的印象其实并不太好，在哈钦森看来，约翰·亚当斯是一个自负的家伙，容不得别人的冒犯和蔑视。"他（亚当斯）的野心没有边际。"[1]但他也承认，约翰·亚当斯和约书亚·昆西的自由之子身份对审判大有好处。[2]

哈钦森虽然在事件当天晚上向群众宣誓说，这件事将会秉公处理，一切交由法律程序。但是立刻开庭却不符合政府利益。哈钦森心中的算盘是推迟审判，他期待波士顿群众的激情会随着时间的过去慢慢消淡。

马萨诸塞殖民地最高法院的法官们接到这个棘手的案子之后，甚为头大。不接不妥，接了更不妥。哈钦森也在左右为难，他最

1　Thomas Hutchinson, *The History of The Province of Massachusetts Bay: From 1749 to 1774*, p. 297.

2　Thomas Hutchinson, *The History of The Province of Massachusetts Bay: From 1749 to 1774*, p. 328.

后决定让本杰明·林德（Benjamin Lynde）主持法庭。本杰明·林德是一位年近七十的老法官，为人谨慎小心，为此两度提出辞呈，哈钦森都加以回绝。

最高法院为了安抚众人，也为了尽量拖时间，就先安排对艾本尼泽·理查森的审判，他被控谋杀克里斯托弗·赛德，早已下狱。但是这件案子也被拖到了 4 月 17 日才开庭。约书亚·昆西被法庭指定为辩护律师，他做了相当出色的辩护，在法庭上慷慨陈词，"一个男人的家就是他的城堡"[1]，当他的家面临危险之时，理查森有权自卫。但是在法庭上围观的波士顿人大为不满，他们叫喊着"血债血偿"，有些人准备将理查森拖出来私刑处死，同时也有些人威胁陪审员们，要求他们做出正义的判决。在这种压力之下，陪审员宣判理查森有罪，应问吊刑。法官们知道这种判决有违法律正义，所以他们故意拖延行刑时间，希望能等到乔治三世用国王特权加以赦免。

与此同时，波士顿市政会议一直在催促对普雷斯顿等人进行审判，法院则利用各种借口一拖再拖。一个法官身染痼疾，另外一个法官则在骑马回城的当口摔下来，卧床不起。于是法庭决定暂时休庭，待到 6 月再开庭。波士顿市政会议大发雷霆，他们向哈钦森请愿，请他任命几个特别法官，填补空席。哈钦森坚决拒绝，本来波士顿人不会善罢甘休，但这个时候一场政治风波暂时转移了波士顿市政会议的视线——哈钦森命令将马萨诸塞殖民地议会从

1　Hiller B. Zobel, *The Boston Massacre*, p.224.

波士顿迁到剑桥去，这将大大削弱波士顿人对议会的影响。在今后的几个月内，波士顿市政会议就顾不上司法程序这头了。

就这样，时间不知不觉进入 9 月。哈钦森总督想趁着冬季还没到来之前，把这桩案子了结掉。他现在心中的算盘是这样的：现在波士顿民众情绪稍稍冷静下来了。如果法院宣判普雷斯顿等人有罪的话，他还来得及在冬季航运停止之前从伦敦搞到赦免令，再往后拖就危险了，再说一再推迟审判保不准会激起民变，于是他一改初衷，要求法院即刻开庭。9 月 7 日，马萨诸塞殖民地最高法院终于安排对普雷斯顿和他的士兵提出起诉。

当时，一共有三人组成辩护律师队伍，这三人分别是约书亚·昆西、约翰·亚当斯和罗伯特·奥克穆蒂（Robert Auchmuty）[1]（后者并未全程参与辩护）。这一年，约书亚·昆西 26 岁，约翰·亚当斯 35 岁。两人都是美洲权利的坚定拥护者，但他们同样也是法治理想的虔诚信徒。6 月 28 日，约翰·亚当斯在日记中记录了法学名家贝卡利亚的一段名言："如通过捍卫人类之权利和不争的真理，我可尽绵薄之力从死神之手救出一个暴政或愚昧肆虐下不幸的受害人，纵然天下人加我以白眼，那人激动的泪水和祝福，也足以慰我心怀。"[2] 这句话是约翰·亚当斯的引述，原话来自贝卡利亚的《论犯罪与刑罚》一书。

政府方面的起诉首先就给这几个血气方刚的律师们提出了一

1　后者出身律师世家，忠于英王，普雷斯顿案后退出了辩护队伍。

2　Hiller B. Zobel, *The Boston Massacre*, p.232.

个难题，因为检察官们对普雷斯顿和他手下的士兵是分别提出起诉的,这样就意味着这个案子要分成两拨来做。难题的根源很简单，因为普雷斯顿和士兵们各自的最佳辩护策略是相互冲突的。普雷斯顿并没有参与枪击平民，他可以说开枪是士兵们自作主张。士兵们呢，则可以以只是遵照长官指令、奉令开枪为辩护词。当时的审判次序规定是先审普雷斯顿，后审其他士兵，对这些士兵们来说，他们的情况就比较尴尬。加上普雷斯顿始终是一名绅士，这些当兵的下等人自觉身份有差距，怕马萨诸塞殖民地法庭歧视自己，就向法院提交了一份请愿书，请求与普雷斯顿上尉一起审判，但是法院拒绝了他们的请求。

10 月 24 日，法院终于开始正式审理普雷斯顿案。在这之前，控方和辩方已经就挑选陪审员问题多次交锋。当时马萨诸塞殖民地各镇各乡都提交了陪审员候选名单，控方和辩方都想挑选出对自己有利的人员，相互否定对方的提名，结果等到名单用尽，还有若干陪审员席位空缺着，于是法官下令让警长出去征召候补陪审员。根据当时的惯常做法，警长可以从观众和路人中拉人出来，要求他负担起这份公民责任。这个时候有 5 个效忠派人士乘机混进陪审团，而控方在混乱之下也没有提出异议。这样，正义的天平一开始就向普雷斯顿严重倾斜了。

代表控方出庭的是约书亚·昆西的兄长塞缪尔·昆西，命运在这两人身上开了一个玩笑。塞缪尔是一个坚定的托利党人，主张维持与母国的良好关系，现在他的职责却是起诉国王陛下的军人。约书亚则是一个热血沸腾的辉格党，但他现在的职责却是要为英国的镇压工具辩护。虽然政见不同，但这两兄弟的一个共同点就是，他们都有一份职业上的骄傲，他们也共同拥有一份宪政、法治传统。从审判的进程来看，没有人可以指责这两兄弟没有尽到职业上的本分。

其实从对事实的判断来说，两兄弟之间也存在一定的契合点。作为辩方律师，约书亚和亚当斯并没有掩饰自己的政治观点，但是他们认为，真正的罪魁祸首是派遣一支占领军到和平城镇来的内阁官员，军队只是他们的工具。当把政治责任排除在一边不论的时候，要紧的就是这支军队是否真的打算攻击平民，还是也是紧张局势的受害者？由于不涉及政策辩论，塞缪尔也可以放心大胆地追究军队的责任。

因此，将大的问题分解为政治问题和司法问题两个方面，有效地缓解了政治派别的对立情绪，使他们不必做出非此即彼的选择。

从 10 月 24 日到 10 月 30 日，除开休息日，这场审判整整持续了 5 天时间。这是破纪录的时间安排，在殖民地司法史上从来没有过这么长的庭审时间。当时的司法制度虽然已经具备了现代英美司法制度的雏形，但从现在来看，整体上仍然显得非常草率。在伦敦中央刑事法庭，据统计，那个时代一场刑事案件的庭审时间平均不超过 8 分钟。如果我们穿越时空回到当时的英格兰，我们也许会看到这样的场景：在狭小的法庭内，工作人员不停地熏香来驱散异味，旁听的人群叽叽喳喳，陪审团嬉笑怒骂，辩方律师和控方律师在交叉询问方面并不特别努力，听完辩论后，陪审员当庭脑袋一碰耳语几句就能做出一个死刑判决，相当"高效"。殖民地的法庭比起伦敦人来说，可能要更慎重一点，但通常也会在一天之内了结。

佐贝尔（Zobel）在《波士顿大屠杀》（*The Boston Massacre*）一书中向我们描述了审判室的布局：法院坐落在皇后大街上，审判室就在法院的二楼，大概有接近 11 米的宽度；法官的席位安排在壁炉的前面，证人席、秘书席位和陪审员席被安排在法官席位前面，然后是律师们的席位和被控人的囚位；这之后是一道栅栏横贯审判室，观众可以站在栏杆后观看审判。佐贝尔认为每场审判都至少有 60 名观众。来观看审判的，无论是英国王室的支持者，还是激进分子，都显得很有秩序，表现礼貌。

由于这场审判并没有留下庭审记录，所以我们现在不知道具体的审判过程是怎么样。从私人的转述中，我们只知道尽管有几名证人指称说他们亲眼看到普雷斯顿下令开枪，但有更多的证人作证说普雷斯顿并未下达这样的命令。此外，代理总督哈钦森也走上证人席位，为普雷斯顿的人品作证。前面提到的那位自由之子理查德·帕尔马也作证说，他当时就站在普雷斯顿面前，没有听到普雷斯顿下达这样的命令。

在辩论过程中，约书亚·昆西曾经想使用一种辩护策略，那就是把城市居民同母国和军队的不和谐关系尽量表现出来，使陪审员们可以看出士兵们有自卫的需要。约翰·亚当斯则反对这样做。他认为，一则没有充足证据能够证明普雷斯顿上尉下达了开火命令，这就已经足够开释普雷斯顿上尉了，没有必要把政治扯进来；二则如果说得过火，就有可能将激起波士顿居民的怒火，诱使他们将政治意见和法律意见混为一谈。万一如此，岂不弄巧成拙，搭上普雷斯顿的性命？

当普雷斯顿上尉得知这一消息之后，忧心忡忡，担心约翰·亚当斯是在出工不出力，想过要换一个律师。但是约翰·亚当斯对他的用户确实是忠心耿耿的，他并没有在"磨洋工"。在庭审的最后，亚当斯是主要负责结案陈词的人，他的陈述，据旁人所言，极为精彩："与其让一个无辜之人蒙冤受难，不如让五个罪人得以逃脱。"约翰·亚当斯将目光聚集在枪击事件的本身，认定这只是军队面对带有严重威胁人群的自卫行动，（而）"自卫是法律的首要准绳"。他将反对派的证词——驳倒。"人是一种社会动物，其情绪和想象易于传染。当时的场景如此激动，足以挑起任何人的激情，也易于在我们所有人的心中制造阴暗与忧郁。这就是为什么许多诚实的人的证词大相径庭的缘故。"[1]他更指出，在士兵开火的时候，普雷斯顿是站在士兵前列的，如果他下令开火，自己有中弹的危险，其人岂会如此愚笨呢？

当律师发言完毕之后，法官们对陪审员们下达了指示，在这些指示中，法官们对普雷斯顿多加袒护，认为他派出部队解救哨兵是合法之举，而闹事者为手持武器的暴徒。最根本的一条，法官们指出，陪审员们必须做出结论，普雷斯顿有没有下达命令开枪，有没有相关证据证明。如果没有，那么普雷斯顿的罪责是什么？

陪审团做出了裁决：普雷斯顿无罪。

1　Hiller B. Zobel, *The Boston Massacre*, pp.260-262.

普雷斯顿上尉的获释，并没有释去约书亚和亚当斯肩头的重担，正相反，这副担子现在更重了。首先，为士兵辩护，这任务本就不轻。这些士兵在大多数人眼里，向来就是无赖的代名词。在这之前，士兵同当地人屡次斗殴。如果从动机上说，这些士兵深具嫌疑。普雷斯顿则不同，他是一名绅士，被人高看一眼，租住当地人的房屋，出入当地人的家宴，关系本就不错。再说了，要开脱普雷斯顿的责任，只需证明他没有下达过开枪的命令就行，而在士兵方面，夺去五人生命的子弹是从他们的枪膛里射出来的，这点怎么也无法否认。

其次，普雷斯顿被释后，塞缪尔·亚当斯很愤怒，他认为这是政府在暗中搞鬼，干预司法，不顾铁板钉钉的事实而为人脱罪。于是他一改以前的懈怠，全程关注了后一场审判，也动用了自己的全部能量，要将罪人绳之以法，这就包括严格审查陪审员资格，不让上次审判中的类似失误再次出现。正是因为如此，陪审员的挑选花了很长的时间，双方律师都严格把关。到最后，虽然陪审团里面一个波士顿人也没有，但也没有了亲英人士。

所以，对约书亚和亚当斯来说，真正的审判，现在才刚刚开始。1770 年 11 月 27 日，法院开庭，走上被告席的英军士兵分别是威廉·威姆斯（William Wemms）、休·怀特、休·蒙特哥莫瑞、马修·克洛伊（Matthew Kilroy）等 8 人。

控方的策略很简单，他们会向陪审团展现这样一些问题：英军士兵在不在场？他们开没开枪？他们是不是事先就心怀恶意？

塞缪尔·昆西和罗伯特·潘恩花了三天时间招来了一系列证人，

纷纷表明自己在枪击现场看到的就是这些英军士兵。有 5 个证人看见休·蒙特哥莫瑞开枪杀人，有 4 个人看见休·怀特也这么做了，剩下的英军士兵也分别有一至三名人证。其中一名士兵马修·克洛伊的刺刀上第二天还被发现沾染着血迹。

对于最后一个问题，许多证人都作证说士兵同当地居民曾多次发生冲突、相互辱骂和斗殴。其中一个证人，本杰明·伯迪克（Benjamin Burdick），向陪审团指称之前英军士兵在他家周围鬼鬼祟祟地出没，跟踪他的房客图谋不轨。

给辩护方以最沉重打击的来自塞缪尔·海明威（Samuel Hemmingway）的作证，他是当地的一个马车夫。在枪击事件发生两个星期前，有一个晚上，他和马修·克洛伊一起坐在一个厨房里烤火，海明威听克洛伊说过，"如果能有一个机会朝当地居民开火，他肯定不会放过，自从他在波士顿登陆之后，就有了这个想法"。[1]

有位叫约翰·杰弗瑞（John Jeffries）的医生也作证说，在枪击事件十天前，第 14 团一个名叫克里斯托弗的士兵在他家里，对镇上的人大加诋毁。该名士兵声称，如果没有任何意外，掷弹兵们会在镇上来一次游行示威，踏平国王大街的街头，他自己已经打过很多仗了，他觉得有可能在这儿就干上一仗。如果真发生这样的事情，他绝对不会错过这个好机会，他会把枪放低，不错失目标。波士顿的街道上很快就会血流成河的。

马修·亚当斯（Matthew Adams），一个学徒，更作证说，就

---

1 Robert J. Allison, *Boston Massacre*, p.41.

在 3 月 5 日当天，跟他关系不错的一个士兵希望他今晚早点回家，当天晚上发生了什么事也不要出门，因为士兵们打算就在今晚报复波士顿人。

于是，塞缪尔·昆西在控方陈词中将波士顿人当晚的骚动描述成一次自卫行动：为了救火，大家集合到一起，而"那天晚上，在城市的几乎所有地方的大街上，一伙士兵从军营里冲出来，带着棍棒、短剑和其他致命武器……因此，任何人都有权……在遭到攻击时保护自己"[1]。

控方举证完毕之后，就轮到约书亚·昆西出马了。他的任务，旨在理清事实。昆西首先提醒陪审员们，"法律将市民和士兵置于同等约束之下……你们应该如同一个陪审员那样思考、判断、决策，而不是把自己看作一个政治家"。[2] 他们的职责是主持公正，殖民地和母国之间的政治争端不应该影响他们的法律判断。街头巷尾的传言，除非经过法庭上的对证，不然也不宜贸然采信之。

他简短地回顾了一下波士顿同母国之间的麻烦，以及双方的激情与愤懑。他召来证人，说明 3 月 5 日那天晚上街道上挤满了手持棍棒、短剑的人群，描述了那些漫天飞舞的冰石块、那些骚动、撞击和激动的叫喊。

接下来，辩方的证人描述了年轻学徒们对哨兵的调戏、骚扰与攻击，也描述了枪击事件发生前现场的混乱与群众的挑衅。一个

1　Hiller B. Zobel, *The Boston Massacre*, p. 276.
2　Hiller B. Zobel, *The Boston Massacre*, p.278.

证人作证道，本来人群就要散开了的，结果阿图克斯手上拿着棍子带了一小伙人走上来，一边激励群众，一边冲撞英军士兵，顿时激化了军民之间的冲突。这些证词描述的是一场遭遇战，而不是一次和平集会。

对辩方来说，最有力的证词来自一位枪击事件受害者——帕特瑞克·卡尔（Patrick Carr）。当天晚上，他被子弹打中，几天之后，不治身亡。临死之际，约翰·杰弗瑞医生向他询问了当时的场景："我问他，他是否想到过士兵会开枪。他告诉我他觉得士兵们在老早之前就应该开枪了。我问他是否觉得当士兵们走到现场时遭到了凌辱，他说是的。我问他是否认为如果士兵们没有开枪的话，就会受到伤害。他说他确实认为会发生这样的事情，因为他听到许多人在喊——杀掉他们。我接着问他，他认为这些士兵开枪是为了自卫，还是有意想杀害群众。他回答说，他确实认为这些士兵开枪是出于自卫。他并不责怪那个开枪打伤他的人。"[1]

在对质之中，约书亚·昆西问道："他事先领会到他处于危险之中吗？"杰弗瑞医生回答道："他是爱尔兰本地人，在爱尔兰，他常常能够看到群众暴动，军队被召集起来实施镇压。"卡尔称自己是个大傻瓜，因为他在爱尔兰常常看见军队朝群众开枪，但是从来没有看见军队（像这次事件中）有如此的忍耐。杰弗瑞医生转述了卡尔临死时的遗言："他特别说道，无论是谁开枪打了他，他都

---

1 Hiller B. Zobel, *The Boston Massacre*, pp. 285-286.

　　原谅，因为这个人只是出于自卫，并无恶意。"[1]

　　关于克洛伊和克里斯托弗等士兵在事变前说过要报复波士顿市民这件事，约书亚·昆西的辩解是，就凭他说了几句话就要定罪是太过分了，这些话完全可以是出自一时的气愤。

　　12月3日，约书亚·昆西结束了自己的辩护陈词，将下一阶段的任务交给了约翰·亚当斯。

　　那一天，约翰·亚当斯表明他果然是北美优秀的律师之一。对陪审员，他一上来就问道，假设在当天晚上，居住在海关楼附近的托马斯·马歇尔上校走出家门，发现士兵们带着刀剑向他涌来，假如马歇尔上校因此召集了格雷和阿图克斯（枪击事件的受害者），命令他们站岗放哨，而三十名或四十名士兵用雪球、冰块、牡蛎壳、煤炭和棍棒袭击了他们，格雷和阿图克斯会作何反应呢？他们会不会像此案中受审的士兵们那样一直隐忍呢？

　　亚当斯说道："假如一项冒犯会危及人们的生命，（法律是）不会强行要求我们保持镇定的，假如一大群人围在我们身边，向我们投掷东西，（我们别无他法保护自己，法律也）不会要求我们站着不动（任由他人摆布）。"[2]这是一场暴乱，亚当斯强调道，而自卫权是人类社会自由和财产的基础。

1　Hiller B. Zobel, *The Boston Massacre*, p.286.

2　Robert J. Allison, *Boston Massacre*, p.45; John Adams, "Adams' Argument for the Defense,3-4 December 1770," in Legal Papers of John Adams, Volume 3, http://www.masshist.org/publications/apde2/view?id=ADMS-05-03-02-0001-0004-0016#LJA03d031n1.

在论述完自卫权之后，亚当斯开始讨论群众当晚集会的性质，他将之描述成一场暴乱（riot）。亚当斯指出，人们参与暴乱的倾向虽同政府的专制程度有直接关联，但即使是在最优良的政治制度内，还是免不了要发生暴乱。法律对暴乱持消极态度，因为在暴乱中，人们易于采取过激行动，危及整个政府体制。

"在一项非法集会之中，所有参与者都要为任一非法行为负责（前提是这一行为是由参与者之一为着集会的非法目的而犯下的）。"亚当斯告诉陪审团，"法律的规则应该是普适的，不管它在政治上会产生什么影响。"[1]从法律上来说，让非法集会中的个人负有连带责任，是为了阻止暴动和骚乱的产生（不让个人可以躲在集体之后为恶）。

有的人可能会指责说，只有得到地方执法官的许可，士兵才可以出动去平息暴乱，在当时却无此授权，所以英军不得以平暴为借口。对这种指责，亚当斯回复道："如果有一个征兵队在本镇登陆，没有得到授权，就在国王大街上攻击水手或本地居民，将他们带到陛下的军舰里面当差……你们觉得，要到什么时候居民会觉得自己已得到法律授权，前去反对这帮非法之徒呢？"[2]

亚当斯这么说，是引了1748年的成例。当时英军舰队在波士顿港湾停靠，派出征兵队上街拉夫，波士顿居民自发组织起来，将之赶走。当时波士顿人也没有事先得到本地执法官的许可。如果居

1　John Adams, "Adams' Argument for the Defense,3-4 December 1770."

2　John Adams, "Adams' Argument for the Defense,3-4 December 1770."

民可以这么做，那么这些士兵这么做自然也是说得通的。这是个非常聪明的说法。

12月4日，第二天，亚当斯将重心转向证据本身。警官爱德华·朗福德（Edward Langford）的证词尤被其看重。在 3 月 5 日晚上，爱德华警官看见 20 到 25 个年轻人围住了哨兵休·怀特，他稍后过去劝慰哨兵说不要害怕。亚当斯因之提出了疑问，为什么爱德华警官要劝慰哨兵，不正是因为哨所正处于某种危险之中吗？

在这里，亚当斯的策略是什么呢？他要证明，这场悲剧不是由士兵们引起的，而是由暴民引起的。值得澄清的是，以维护和平为借口在城市驻兵，其不可避免的后果就是产生暴民。但是，目的上的正义并不能自然带来手段上的正义，把政治争议转化成危及士兵生命的暴动则是错误的。

不过，亚当斯并不想直接把矛头指向波士顿市民，指称他们负有引发暴动的责任。于是他话锋一转，替体面的市民开脱了。

"我们用了很多词（称呼这群人），却回避把这样一群人称为'暴民'。……用日常的英语来说，他们就是一群由嘴上没毛的小孩、黑人、混血儿、爱尔兰人和疯疯癫癫的水手组成的乌合之众。我想不出来，为什么我们会如此忌讳称他们为'暴民'，除非这个称号对他们来说还算是褒称。（如果我们说）3 月 5 日在波士顿有群暴民袭击了士兵，太阳不会因此停止不动或者熄灭，河水也不会干枯。"[1]

---

1 John Adams, "Adams' Argument for the Defense,3-4 December 1770."

毋庸讳言，亚当斯这么说是不公正的，带有强烈的种族主义和阶级偏见。但在当时，枪击之夜主要是一次下层群众的抗争则属确定事实。亚当斯青睐的是"非暴力不合作"，而不是一场冲击社会秩序的运动，这一倾向也反映在他的这段评价中。

如同约书亚·昆西一样，亚当斯接着再次描述了当时呼啸混乱的场景和士兵们面对的危险局面，比方说，休·蒙特哥莫瑞"被一棍子击倒在地，当他尽力站起来的时候，另一棍子又击在他的胸或肩上，他能做些什么呢？"亚当斯问道："你是否能期待他表现得像个斯多葛哲学家那样，凡事无动于衷？"

亚当斯重点指出了，阿图克斯本人难辞其咎，是他带领二三十号人拿着家伙浩浩荡荡地一路冲过来，高声叫嚷："不要害怕他们（英军士兵），他们不敢开枪，杀掉他们！干翻他们！"他本人还亲自带头攻击。

这么说，亚当斯就把暴动的责任推到了外人身上，是他们自取其祸。

"事实就是事实"，亚当斯对陪审团说道，"无论我们的愿望、倾向、情感如何，他们都无法改变事实与证据。"法律是清楚的，如果士兵们遭到攻击，他们的生命遭到威胁，"他们就有权为自卫的目的杀人"。即使这种攻击并没有威胁到他们的生命，他们的行为也是可恕的，他们的罪过也不是谋杀，而只属过失杀人。

最后，亚当斯引用了英国哲学家阿尔杰农·悉尼（Algernon Sydney）的名句来做结案陈词，"法律是激情所不能扰，欲望、恐惧、贪求与愤怒无所用的场所"。他继续道："无论贫富贵贱，法律一视同仁。法律是聋子，是无情和坚定的。在一方面，法律无视囚徒的眼泪与哀号，在另一方面，法律也对群众的抗议声充耳不闻。"[1]

12月5日下午1点30分，陪审团开始讨论判决。4点，陪审团宣布了判决：8名士兵中的6名无罪释放，休·蒙特哥莫瑞和马修·克洛伊则被宣判为"过失杀人"。

对后两人，约翰·亚当斯提出上诉，请求引用一条中世纪的法律免除其罪责。[2]这条中世纪法律是这么规定的，凡是神职人员，均有不在普通法法庭上受审之权利。随着时间的演进，这个法律就变成对初犯的宽大之举。只要某人能识文断字，就有权获得宽大的处理。不过，一个人一生只能用一次，所以要在申请人的大拇指上烙一个印子出来作为标记。12月14日，蒙特哥莫瑞和克洛伊受此烙刑然后获释。

就这样，案件落下帷幕。

消息传来，英国方面长吁了一口气。英王乔治三世出手为普雷斯顿和他的士兵支付了司法费用（共264英镑，昆西和亚当斯等人拿到了共140英镑的律师费），王室另外赐给了普雷斯顿200英镑的年金，准许其从军队退役，安安心心回英格兰当一名绅士。

在波士顿人一方，虽然塞缪尔·亚当斯颇为愤怒，在报纸上指责法官有严重偏向，但总体而言，他们平静地接受了事实。这一平静使得哈钦森相信，事情已经风平浪静，法庭的这一判决已经解

1　John Adams, "Adams' Argument for the Defense,3-4 December 1770."

2　"神职特典"（benefit of clergy）1827年才在英国被废除，在北美则是1790年被废除。

决了问题。当时的殖民地已经是一个法治社会，他如此想倒也不奇怪。

无论乔治三世还是哈钦森都没有考虑到，在马萨诸萨最高法院上得到解决的，仅仅只是一个司法问题，而司法问题之上的政治问题却还悬而未决。

于是就在隔一年的 3 月 5 日，哈钦森失望地发现波士顿居民决定举办纪念仪式传承对这一天的记忆。"城里所有的钟都在轰鸣。"那一天他说道。在后来的若干年内，这一纪念仪式是波士顿人每年都要面对的。那一天，人潮汹涌，激情澎湃，每次都有重要人士担任发言人。

在纪念仪式中，人们已经没有意愿要在普雷斯顿和他的士兵身上进行报复，而倾向于把他们仅仅看作暴政的可怜工具或者悲剧的一部分，他们要责问的是，是谁把这些士兵带到波士顿城来的。

1773 年 3 月 5 日，塞缪尔·亚当斯决定邀请约翰·亚当斯担任纪念仪式的主要发言人。约翰·亚当斯考虑了一下，决定回绝这个邀请。那天晚上，他在日记中写道：

> 我有理由来记得那致命的一夜。我为普雷斯顿和士兵们进行辩护，所收获的是自身的忧虑和他人的责难。然而，这是我毕生最英勇、最无私、最慷慨和公正的行动之一，这也是我为我的国家所做出的最好的事情之一。如果将这些士兵判处死刑，那么就像在过去处决贵格教徒或猎杀女巫那样，会给这个国家带来耻辱。正如证据所表明的那样，陪审团的

裁决是绝对公正的。

但是，本城将那夜发生的事情称为一场屠杀不是没有道理的，无罪判决也不能用来支持总督和大臣们的作为，正是他们将军队派到这里。发生的事情恰恰最能证明一支常备军会带来什么样的危险。[1]

* * *

今天回过头来看，殖民地的反抗者对波士顿"惨案"的这种处理过程，最好不过地揭示了美洲抗争运动的"阳光"性格——"所谓阳光，显然是指美国革命的性格，温和而耐久；而闪电则爆发于黑暗，电闪雷鸣，暴雨如注，照亮并荡涤旧世界的角角落落，但也迅速回归黑暗。"[2]

在近代之前，群众常常通过闹事来表达对权贵和压迫的反抗，但北美人反征税的社会抗争很显然超出了闹事的范畴。如果社会学家查尔斯·蒂利说的没错，北美人的这次抗争是人类有史以来第一波社会运动。[3] 蒂利认为，社会运动通常结合了三类诉求：纲领

1　John Adams diary 19, 16 December 1772-18 December 1773 [electronic edition]. Adams Family Papers: An Electronic Archive. Massachusetts Historical Society. http://www.masshist.org/digitaladams/. 在这里，要说句公道话，在审判期间，激进派们并没有把约翰·亚当斯和约书亚·昆西看成叛徒。事实上，约翰·亚当斯在那段时期被波士顿人选为马萨诸塞殖民地议会议员。亚当斯对自己的名声非常敏感。

2　朱学勤：《闪电与阳光：近代革命与人性改造》，载苏珊·邓恩《姊妹革命：法国的闪电与美国的阳光》，杨小刚译，商务印书馆，2015。

3　查尔斯·蒂利：《社会运动：1768—2004》，第29—34页。

诉求、身份诉求和立场诉求——"我们是合乎正道的人们，我们有资格表露心声，我们决心反抗不公正的统治。"体现这种结合的，就是社会运动的"仪式感"——运动参与者们通过某种统一且公开的符号、仪式，公开展现他们所拥抱的价值、团结一致的风貌、成员的数量及其献身于斗争事业的决心。换句话说，社会运动不是秘密会党式的暗中破坏或暴动，不是群众临时临事的起义，不是乌合之众的聚合诉冤，而是一群人堂堂正正的、长期的政治行动。它既表示对一定政治、社会秩序的抗议与反对，又遵循一定的政治规则与伦理。

这并不是说自由之子们与暴力无缘。从政治理念上来说，当时殖民地的精英分子并不信奉不抵抗主义，他们认为这只会有利于暴君的压迫。他们绝不会放弃使用武力，但只是将之作为最后的凭借。他们懂得暴力，也知晓控制暴力的重要性。知道暴力的局限性，不奢谈暴力、不惧怕使用暴力，知道什么时候停止使用暴力，可以说是那个时代的革命者的特征。

自由之子们之所以采取这种既鼓动又限制的做法，首先恐怕同他们的绅士性格有关，同他们对合法性的追求也分不开。从时机上来讲，在1770年之前，自由之子组织至少是把自己当成大英帝国的一股改革力量来看待的，正是在这种认识下，他们才同英国的威尔克斯等人取得联系，互通声气。为了给自己的行动增加合法性，争取英国朋友的同情与支持，就不能使用太过激烈的手段。

其次，对于这些殖民地的人来说，英国革命还没有成为尘封的记忆。革命的权利、对专制者的抵抗，在18世纪的大英帝国政治规范中，都是得到肯定的。但是，英国革命的历史经验也是，抵抗和革命并不就意味着为无政府状态打开大门。殖民地的精英们对待暴力的态度是谨慎的，他们知道，不到万不得已不能使用之。他们懂得暴力的边界止于何处，能为暴力的适用设定一个合理的目的。他们知道，暴力的使用，只能是出于人民实质的授权。

对于被反抗的大英帝国统治者来说，应对这种社会运动，必定是很头痛的。这种社会运动是具破坏性质的，蕴含暴力潜能，却不以完全毁坏社会、政治秩序为最终目标，组织内部既有分散的合法权威，也有稳定的服从关系。鉴于规模之大，无法小视，可与之合作，又太过困难。如果是纯粹的暴动，那倒好办了，拔剑出鞘就是，想必这场暴动的社会基础也不会太广，帝国至少不会后院起火。但是这种社会运动本身是在既存的合法的社会制度轨道中进行的，不能不投鼠忌器。从表面上看，虽然此社会运动的目标"有限"，存在绥靖的可能，但这种"有限"的目标，往往意味着重大的制度变革。对帝国决策者个人而言，这种变革的政治成本可能是非常之高的。它是"政治"的，所以存在讨价还价、利益交换与妥协的可能，但也正因为它是"政治"的，是不同人群之间对政制的不同期望的碰撞，所以不好用其他技术性手段来解决。如之奈何？

第四章

挽救帝国

一 行不通的方案

在独立战争之前，对美政策的主角还是内阁与议会。

格伦维尔内阁是祸事的起源，当不列颠与北美殖民地的关系显著恶化的时候，也是第一个需要对北美−不列颠政治关系进行思考并作澄清的内阁。"无代表不纳税"是殖民地人士的口号。当北美人明显不吃"实质性代表"这一套的时候，格伦维尔内阁就必须严肃对待这一口号了。因为如果说"无代表不纳税"，那么殖民地往英国国会派出代表是不是就能解决问题了呢？

事实上有一大批人在危机甫发时就提出了这个建议。不列颠驻美洲的官僚们对此最热心。马萨诸塞总督伯纳德在 1765 年 11 月的一封信中提议，"北美人认为他们不服从是有理有据的，因为他们在国会中未得代表。这种情况就为我们指出了一条出路，以其之道还施彼身，来强迫他们服从。把他们的话当真，让他们现在

派出代表。北美大陆派 30 人，西印度群岛派 15 人，应该就足够
了。既然在这个议会中殖民地得到了真正的代表，那么就对美洲政
府事务兜揽到底。发布议会法令建立一个完整而统一的政府体系，
根据他们自己的原则，北美人将不得不顺从之。让大不列颠和美
洲之间的关系一锤定音。从此美洲政府的权利，以及它们对大不
列颠的服从，将一劳永逸地摆脱疑虑和争论"[1]。当然，伯纳德提
这个建议的时候，格伦维尔已经辞去了首相职务。但有证据表明，
格伦维尔在任期间曾经考虑过在议会中设立北美代表席位的主意。[2]

　　伯纳德之后，又有一批人士纷纷提出相同的建议。如果说伯
纳德这个主张还只是建议美洲临时向国会派出代表，时任魁北克总
检察官的弗朗西斯·马赛雷（Francis Maseres）则在 1770 年发表
文章,正式提议美洲殖民地向国会派出 52 名代表。"(只有这样才能)
给双方带来持久和切实的好处，或者我应该这么说，避免双方彻底
毁掉自己。"[3] 新泽西的总督威廉·富兰克林、马萨诸塞的前总督托
马斯·伯纳尔（Thomas Pownall）也有同样的建议。[4] 在殖民地人
士一方，宾夕法尼亚的本杰明·富兰克林（当时任宾夕法尼亚

1　Francis Bernard, letters, 1765-1768, in Andrew MacLeish, The American Revolution through British Eyes, Row, Peterson, 1962, p.127.

2　John Phillip Reid, *Constitutional History of the American Revolution*, Volume IV ,*The Authority of Law*, pp. 102-103.

3　Francis Maseres, *Considerations on the Expediency of Admitting Representatives from the American Colonies into the British House of Commons*, London, 1770, pp.9-15. http://archive.org/stream/cihm_20442#page/n15/mode/2up.

4　John Phillip Reid, *Constitutional History of the American Revolution*, Volume IV ,*The Authority of Law*, p.99.

殖民地驻英国的代表)、马萨诸塞的詹姆斯·奥蒂斯也提出了相似的建议。[1]

作为一项英国政治传统,也作为对先例的继承(英格兰与苏格兰合并),这个建议并不是那么令人惊异。但是这个提议无论是在伦敦还是在殖民地都遭到了冷遇。[2]

在伦敦一方,冷淡的态度有多种理由。有些理由自私,有些琐碎,有些出于愚昧无知,而有些则确实是由于制度限制。比如说,当时的议员是不领薪水的,所有人都必须自掏腰包。伦敦米贵居之不易,(据柏克估计)外地议员一年的花销至少在 1,000 英镑[3],未必有那么多殖民地居民能花得起这个钱。殖民地政府每年总的行政经费(根据亚当·斯密的计算,扣除马里兰和北卡罗来纳)大概是 64,700 英镑(且各殖民地有别,新泽西就只有 1,200 镑)。[4]如果每个殖民地派四个代表,总共就要花销 52,000 英镑,所以殖民地政府愿不愿意花这钱很难说。如果是由帝国政府给薪水的话,就很难只给殖民地议员发,不对不列颠议员一视同仁(光下院议员就有 558 人)。况且,给议员付薪水有违英国的传统政治观念,在

1 Gordon S. Wood, *The Americanization of Benjamin Franklin*, pp.115-116.

2 以下对代表问题的阐述,非常受益于瑞德(John Phillip Reid)在《美国革命的宪政历史》(*Constitutional History of the American Revolution*)第四卷中论 representation solutions 的阐述。

3 这笔钱不是小数目,狄更斯小说《孤星血泪》里面说,15 英镑就能在外地开个铁匠铺子,可见其价值。如果按照购买力来说,1765 年的 1,000 英镑相当于 2010 年的 10.7 万英镑,如果按平均收入水准来说,这 1,000 英镑相当于 2010 年的 157 万英镑。计算过程与标准见 http://www.measuringworth.com/pp.oweruk/。

4 亚当·斯密:《国民财富的性质和原因的研究》(下卷),第 145 页。

此观念中，议员应该是有身家、能"独立"的人，这样才能保证政治永远不会"堕落"成平民政治。如果是国王用自己的行政经费来发，那就更不行了，这直接违背 1707 年《任职法案》，该法案规定，"凡议员得到国王任命或从国土那里领取薪俸后，就失去了议员资格"。制定此法案的目的是防止国王在议会中安插培植亲信。[1] 只有这样才能保证议会作为制衡王权的政治存在。

谈完钱再谈人。伯纳德的数目是 30 人，但约翰·亚当斯要求根据人口比例来派代表，因此北美代表应该达到 250 人左右。[2] 下议院已经人满为患。美洲代表来的话，人少起不了作用，人多的话，有人就会担心国会臃肿不堪、喧嚣混杂、运转不灵与管理不便，国事必受影响，甚或有政治动乱的危险。再说，美洲派代表，爱尔兰、魁北克、西印度群岛诸殖民地以及东印度公司派不派？怎么平衡？

还有一个问题，从不列颠到美洲路途遥远，而不列颠的议会代表是每年一选，等到美洲代表选举完毕前往不列颠赴任，议会议事早已进行良久，黄花菜都凉了。

不过，这恐怕不是最主要的反对理由，因为无论是钱、代表人数还是选举制度，即使没有一致意见，还是可以坐下来谈谈，而谈判本身就是有好处的。

最主要的反对理由恐怕有两个。一是害怕美洲代表在国会中形成一个稳固的政治利益集团，同政府的反对派合作，或者与不列

1　阎照祥：《英国政治制度史》，第 203 页。

2　John Phillip Reid, *Constitutional History of the American Revolution*, Volume IV, *The Authority of Law*, p.100.

颠的工商阶层结合，来危害地主的利益（地主乡绅仍然是国会的主
要组成部分）。这是阶级考虑作祟。二是同母国与殖民地力量对比
的此消彼长有关。在一个世纪之内（17 世纪到 18 世纪），殖民地
的人口增加了十倍（从 20 万到 200 万），不列颠人口增速相对要
缓慢得多（400 万到 700 万），此人所共知。从幅员和资源含量上
来看，美洲社会成长的空间也要大太多。富兰克林本人就自豪地考
虑过未来英帝国以北美为主要基地的可能。如果允许北美正式成为
帝国顶层政治结构一部分的话，那么一步步发生由不列颠向北美的
权势转移是相当可能的。

也许正是由于以上这些考虑，格伦维尔首相才摇摇头拒绝了
这个建议（当然格伦维尔一直是一个强硬派），他说："下议院是
绝不会让这个建议过关的。"据说国会里面找不出十个人赞同这个
提议。[1]

尽管不列颠不甚热心，但殖民地自己恐怕也并不希望这个口
号落到实处。也正是在 1765 年，马萨诸塞殖民地议会决议说，派
代表前往不列颠国会是不切实际的（impracticable）。[2] 殖民地所有
政治派别，无论是效忠主义者（Loyalists）还是激进派（Whigs），

---

1 John Phillip Reid, *Constitutional History of the American Revolution*, Volume IV, *The Authority of Law*, p.102-103. 富兰克林对国会的这个反应评论说：这是自视过高，当心悔之莫及。见卡尔·范·多伦《富兰克林》，第 364—365 页。1778 年独立战争已经打响两年后，一支不列颠国会的代表团被派往美洲，向大陆会议提出和解建议，正式提出在不列颠国会中容纳美洲代表。当然，为时已晚。

2 Resolutions of the Pennsylvania Assembly On the Stamp Act (Massachusetts Resolves), October 29, 1765, http://www.patriotresource.com/amerrev/documents/stampact/massassembly.html.

尽管在对母国的政治态度上各执一词，但在这个问题上意见一致。[1]

首要的理由当然是地理距离。根据北美政治生活的传统，地方选民通过发给其代表指令来保证议员的投票符合地方利益，英美之间横隔大洋，议员有不了解民情的危险。但这个理由其实说不过去，因为长期以来，各殖民地都在伦敦派驻代理人，以游说议会，保护地方利益。之前怎么没有人抱怨这个问题呢？

瑞德（John Phillip Reid）在研究这个问题的时候，认为殖民地居民对地理距离的担心其实不是由技术因素而是由政治因素促发的。那就是当时殖民地的观察者认为英国国会非常腐败，充斥着宫廷的附庸关系与大臣的暗中贿赂。[2]这样，在监督不便的情况下，代表本身能不能抵制住诱惑，行事公正，就很让人担心。[3]

最根本的障碍在于，即使殖民地向不列颠派出代表，他们都只会构成国会中的少数。马萨诸塞议会解释道："我们不想要国会代表，原因在于我们不认为殖民地将得到平等和充分的代表。如果不平等，那就根本没有效果。"[4]宾夕法尼亚一份报纸刊登读者来信，说："在国会有代表能对我们有什么好处呢？除非不列颠和殖

1　John Phillip Reid, *Constitutional History of the American Revolution*, Volume IV, *The Authority of Law*, p.105.
2　这点伯纳德·贝林在《美国革命的思想意识渊源》中也有很好的描述，他重点介绍了殖民地居民对母国腐败现象蔓延的惊骇，以及对其政治含义的思索。见伯纳德·贝林《美国革命的思想意识渊源》，第四章。
3　John Phillip Reid, *Constitutional History of the American Revolution*, Volume IV, *The Authority of Law*, p.105.
4　John Phillip Reid, *Constitutional History of the American Revolution*, Volume IV, *The Authority of Law*, p.105.

民地的利益一致,那么在国会有代表才有意义。在这个（设想中的）
国会里，绝大多数人，家在不列颠，利益也在于斯，事务又是通过
多数票决来决定的,如果我们期望美洲的利益（同他们的利益相反）
能够得到考虑，那会是很荒谬的，荒谬程度如同期望从一个在争
端中自任法官的人手上获得公正。"[1] 不列颠议会可以借助此合法程
序对美洲任意立法，北美人只得吃哑巴亏。马萨诸塞人对不列颠
的这种揣摩并非捕风捉影。日后，1801 年，英格兰决定同爱尔兰
合并，让爱尔兰派出代表进入英国国会。一英国官员在同首相小皮
特的通信中说道："让爱尔兰人在 650 人的议会中有 100 人，他们
在议会中也做不了什么事情，但是却能让爱尔兰人承认其权威……
这次的合并是防止爱尔兰变得太强大的唯一方案。"[2]

　　对殖民地来说，到底怎样代表才是"平等"和"充分"呢？
按照人口、财富与税基平等分配议席？这里的关节仍然是，不列颠
太大，殖民地太小（虽然小却不可以被忽略）；不列颠太单一，殖
民地太分散。

　　现代政治学通常认为，在类似这么一个分裂社会（divided
society）中实行多数民主制，非但不能弥合分歧，反而会促进冲突
的激化。

　　因为，要想在议会中，而不是在街头上或战场上解决争端，其

1　"The Objection to American Representation in Parliament," in Edmund Sears Morgan,
　　Prologue To Revolution: Sources and Documents on the Stamp Act Crisis, 1764-1766, The University
　　of North Carolina Press, 1959, p.90.

2　Michael Hechter, *Internal Colonialism, The Celtic Fringe in British National Development,
　　1536-1966*, University of California Press, 1975, p.73.

实有一个前提条件，那就是罗伯特·达尔（Robert Dahl）所形容的"相互安全"（mutual security），即必须给双方的基本利益或权利提供最低限度的特殊保护，以便在投票中的失利不会彻底剥夺一方的生存或议价能力。而且，不列颠所使用的威斯敏斯特（Westminster）政治体系的特征有二：一是少数服从多数，二是政治圈子被划分成当政派和反对派。假如一个社会中的多数和少数之间的界限相对固定（如不列颠和北美），凡事按照少数服从多数的方式（没有给少数以特殊保护）来分配政治和社会资源，很可能就会形成多数的垄断，以程序上的平等建立排他性的统治。

要避免这点有多种方法。有一种方法是现代瑞士、比利时、荷兰、奥地利等多族群国家所使用的"协和模式"（Consociational Mode）。该模式有这些特色：一是政府组成人员里面包括所有主要社会板块的领导人（不分当权派、在野派，没有政权的轮替）；二是在重大政策问题上允许弱势一方拥有否决权；三是选举程序采用比例代表制，甚至给予少数族群以超出其人口比例的政治代表席位；四是政治程序极端注重妥协和协商；五是社会、经济资源的分配也按照比例进行；六是各社群内部高度自治，中央地方互不统属。[1] 比如在瑞士，德语人口是大头，[2] 但瑞士政治中有一条规则就是，联邦委员会（瑞士的最高行政机关）中七个成员里面必须有两个人是

---

1   Arend Lijphart, *Democracy in Plural Societies, a Comparative Exploration*, Yale University Press, 1977, pp.25-52.

2   瑞士由四种语群的人组成，根据 2000 年的资料，德语人口占其总人口的 63.7%，法语人口占 20.4%，意大利语人口占 6.5%，罗曼什语人口占 0.5%。Wolf Linder, *Swiss Democracy, Possible Solutions to Conflict in Multicultural Societies*, Palgrave Macmillan, 2000, p.2.

法裔或意裔出身。

这种现代思想绝少"一统"观念，承认差异与社会分歧，明了异己的存在，对当下的政治现实不以为必然，以及抱定一颗共存的心。当时的帝国诸公恐怕念不及此。

总之，只是往国会派出殖民地代表这条路子是走不通的。因为殖民地真正需要的，不是"平等"，而是"特殊"。没有这种"特殊"，殖民地的焦虑无法得到排解。在一个帝国内，指望"平等换忠诚"，是有难度的（更不要提不平等了）。

那怎样在帝国设计中体现这种"特殊"，又不至于否认大家还处在一个政治共同体之内呢？

1765 年后，殖民地居民已经开始提出，大家都是英国人这个事实并不意味着英国是一个单一国家。大英帝国是由不同部分组成的政治社会共同体，在这个共同体内，北美殖民地人民与不列颠人民的地位是平等的。作为平等的一员，帝国的各个部分应该各自管理自己。殖民地与不列颠的共同点在于，"效忠于同一个君主，法制相通"。[1] 时人如此说道："（不列颠与殖民地）应该被看成是同一个王国（kingdom）下的不同国度（countries），它们的处境使得它们不能建立一个共同的议会，这使得它们要依赖它们的统治者来作为这么一个分立政体（partial polity）的共同基础，这样才能最好地适应各自的环境。"[2] 一个化名为 Britannus Americanus 的作者

1　关于这点，可以参考李剑鸣《美国独立战争爆发前的政治辩论及其意义》，《历史研究》2000 年第 4 期，第 78—81 页。

2　Jack P. Greene, *The Constitutional Origins of the American Revolution*，p.123.

在《波士顿公报》(*Boston Gazette*) 上发表文章，拿不列颠与汉诺威之间的例子打比方，认为除了有同样一个国王，不列颠议会对汉诺威并无管辖权。[1] 杰斐逊在 1774 年撰写《英属美利坚权利概观》的时候提出，北美与不列颠应该以平等的资格共同拥戴英王，而北美与不列颠之间的关系可类比于未有合并协议之前的英格兰与苏格兰之间的关系。在这个关系中，"只有一个行政首脑，而没有其他必要的行政联系"[2]。换言之，杰斐逊提出了"共主体制"解决方案。

这个想法也是行不通的。固然，后世有政治学家，如唐纳德·霍尔维兹 (Donald Horowitz)，认为假如一个强有力的总统是通过人口和地域上的绝大多数 (super-majority distributional formula) 或转票制 (subsequent-preference voting) 选出来的，那么比起议会制来说，能更好地弥合社会分歧，使得政治不那么排他。[3] 这是因

1　Jack P. Greene, *The Constitutional Origins of the American Revolution*，p.90.

2　刘祚昌：《杰斐逊传》，中国社会科学出版社，1996。

3　Donald L. Horowitz, "Comparing Democratic Systems," *Journal of Democracy*, Volume 1, Number 4, Fall 1990, pp.73-77. 前者以尼日利亚为例，宪法规定其总统候选人必须至少在 13 个邦中（总共 19 个邦）的每个邦里面都要获得 25% 以上的选票，才具有当选资格。这意味着总统必须得到大量种族群体的支持。后者以斯里兰卡为例，"选民在选举时可以选择多个候选人，并按偏好程度将其依次排列。计票的时候，首先计算选民的第一偏好。在选民第一偏好中赢得绝对多数的候选人当选总统。如果在第一偏好中无人获得绝对多数，那么从中拣取得票最多的两名候选人，同时计算这两人在其余选票第二偏好中的得票情况，并与这两人的第一偏好得票情况合并计算，获得绝对多数者当选总统。如果仍未达到绝对多数，则按照前述方法依次累计各偏好得票情况，直到产生绝对多数"。在这样的选举制度下，总统候选人不能只照顾自己的基本盘，还必须使自己在其他族群的心目中具有吸引力。"这样产生的总统将是选民不同层次偏好调和的结果，有利于各个族群之间的和解与妥协。"参考张勇《转型国家的宪制选择与民主巩固》，《学海》2010 年第 2 期。

为总统的任期和稳定度较内阁首长都要更长和更高，受多数民意的控制要少。由于特定选举制度决定他（她）会是一个稳健派，这样也有利于减轻少数的忧虑。

问题在于，英国国王无法充当这样的角色。首先是因为他得位于世袭，并不需要把自己的执政地位归到北美人民的拥戴上；其次是因为当时的政治理想是"国王在议会"（King in Parliament），无论是在不列颠还是在北美，人们对王权都有很强的防范心理。总统无需顾忌合法性的问题，但国王却很难违背任何一个立法机构的意愿，强行执行可能不受一部分人欢迎的政策。

换句话说，国王本身实际上起不到帝国枢纽的作用。这点在英苏合并上已经很明显了。

那么，还有什么其他可供选择的方案吗？有人在 1768 年提出，可以集合不列颠、爱尔兰、北美诸殖民地、西印度诸岛，成立一个帝国议会，专门负责帝国总体事务（整体防务、规制商贸和海洋等），然后各地保留自己的议会，自行处理一切内部事务（包括收税）。[1]这其实是对往国会派出殖民地代表的改进方案，可以用限制国会权力范围的方式来缓解殖民地被多数压倒的焦虑。但是这个建议不会通过不列颠那关。如果说吸纳殖民地代表还在国会的考虑范围之内（1778 年一支不列颠国会的代表团被派往北美，向大陆会议提出和解建议，正式提出在不列颠国会中容纳美洲北美），但将自己降为一个帝国总议会的下级机关，恐怕很难被国

1　Jack P. Greene, *The Constitutional Origins of the American Revolution*，p.132.

会接受。大英帝国在美国革命之后至今也从未建立这么一个帝国议会。

　　还有一个选项是在北美殖民地单独建立一个"大陆议会"。这个方案是一个妥协方案，它并不寻求殖民地进入大英帝国的最上层政治结构，但同时可以使各殖民地形成合力，提升它们在帝国正式结构中的地位，这样便形成了倾斜式双头帝国。

　　殖民地人民曾经很认真地考虑过这个方案。1774年第一届大陆会议花了大量的时间讨论未来的帝国政治结构。约瑟夫·盖洛韦（Joseph Galloway）是宾夕法尼亚代表，他是一名律师，在1766年到1774年间担任宾夕法尼亚议会的发言人，他同前任发言人本杰明·富兰克林有很长的合作关系和友谊，在许多问题上都意见一致，富兰克林视之如自己的子弟与政治继承人。终其一生，盖洛韦都认为，大英帝国固然有这样那样的缺点，但相比世上其他国家，却还算得上是善治，其属民得到了很好的对待。他也认为，只要大英帝国改良其北美政治，提供有效并合法的治理，大多数北美居民仍然效忠于王室。早在1765年，他就提议要改革帝国的政治结构，增加北美各殖民地在大英帝国中的发言权。在会议上，提出了所谓的"盖洛韦方案"。根据这个方案，在十三殖民地上将会建立一个北美殖民地总议会（grand council），这个议会的成员将由各殖民地议会派出的代表组成。凡不列颠议会涉及北美事务的立法，这个议会拥有否决权。该议会对北美事务的立法，不列颠议会也拥有否决权。与总议会一起，还将设立一位总统或主席，由英王任命，由他来负责北美的行政领导，由总议会对其进行监督与制约。[1] 简而言之，这个计划将造就一个倾斜式的双头帝国结构，北美总议会和不列颠议会将构成大英帝国在北美领土的上下两院。当然，盖洛韦计划并没有将北美总议会同不列颠议会并列，而是承认，北美总议会是不列颠议会的下级分支。这个计划被看作向英国递出的橄榄枝，得到了许多代表的支持，从 1774 年 9 月 28 日到 10 月 22 日近一个月的时间内，第一届大陆会议都在讨论这个方案。到 22 日，大陆会议进行了投票，结果是 6 : 5，以微弱劣势，该方案被否决。之所以遭到否决，可能是因为很多代表的地方主义情绪，他们对这么一个总的大陆政府的可行性表示怀疑，如同以后的反联邦主义者对联邦的态度一样。但这个方案最根本的缺陷是，来得太晚。面对不列颠的步步紧逼，要求殖民地承认不列颠在美洲事务上有立法权，实在是强人所难（这个方案要求殖民地做出让步，让弱者在冲突面前主动退却，实在困难）。[2] 此外，不列颠的当政者也不太会考虑这样的做法。如果说将北美代表纳入英国议会算是激进做法，那让各殖民地拥有对殖民地事务立法的否决权，恐怕也不算温和。直到最后，不列颠的统治阶级也没有考虑过这样做。

最后一个政策选项是，不列颠议会以立法的形式将 1763 年以前的政治潜规则正式确立下来——不列颠议会负责总体事务，但将内部事务留给各殖民地议会自行处理。这是对 1763 年实际运行体

1　Galloway's Plan for the Union of Great Britain and the Colonies, http://www.ushistory.org/declaration/related/planforunion.htm.

2　John Phillip Reid, *Constitutional History of the American Revolution*, Volume IV ,*The Authority of Law*, pp. 112-118.

制的确认，也是对 1763 年体制的突破（因为这赋予了各殖民地以更多的自主权）。查塔姆伯爵（威廉·皮特）在 1775 年 2 月，柏克在 1775 年 3 月分别在议会中发表演讲，主张"在实践上，回到经验所一致指明的最好办法"。他们提出几项基本提议：承认殖民地议会的合法资格，承认其有益于帝国，承认由殖民地议会自愿输将而不是被动纳税才符合帝国利益；帝国不干涉殖民地的宪章。[1]从事后看来，这种"什么都不做"的办法，也许可行，虽然争端的结构性根由没有消除掉，但是把争端的具体理由抹掉，也能得过且过，一如以后的澳大利亚、新西兰、加拿大故事。但是这个主意的缺陷是，它必须有一个互信的环境和历史清白的基础，而且要求强者（不列颠）首先做出让步。到了 1775 年，当双方已经有了足够多的冲突的时候，这个方案就显得不够令人信服。尽管殖民地可能会愿意接受这个方案，但是大英帝国在直接的冲突中已经赌上了自己的荣誉。而且，这一计划比起 1763 年体制更会削弱中央政府的权限，也更后退，在欧洲国家以及大英帝国其他的殖民地眼中，很可能看起来像是可耻的投降与虚弱的表现（盖洛韦方案好歹还给了不列颠部分主权）。

这样，盖洛韦方案和柏克方案都有一些问题。强者和弱者都各自有不能、不愿后退的理由。

至此，宪法选项用尽。

1　埃德蒙·柏克：《美洲三书》，第 124—135 页。

二 得过且过的帝国

格伦维尔以后的历届内阁，面对宪法通道看起来被堵死的局面，还有什么其他的法子解决北美问题呢？

1765 年，不列颠第一次了解了北美人对不列颠版帝国改革计划的真实反应。

就在当年 11 月 4 日，北美驻军总司令盖奇报告国内："要说谁没有附逆，的确很难。无论最有地位者，还是最寒贱的人，都以签名，或共约，或他们乐意称之为'合法抵抗'的所有形式，在抗拒这一法案。如何有效地阻止或扑灭这暴乱，尚未知计之所出。别的省份，亦骚然如纽约；它们都断然拒领印花票，并威胁要抢劫，或杀死领票的人。这种事，是每个省都有的。看起来，法案自身的力量若不足推行之，剩下的手段，则只有庞大的武力一途。"[1]

格伦维尔自己赞成用兵，他希望能用强制性手段继续推行印花税。当他去职之后，继任的罗金厄姆内阁中有些官员也还是赞成这么做的。1765 年 10 月 24 日，南方事务部（当时南方部算是北美殖民地的主管单位）国务秘书康维（Henry Seymour Conway）向盖奇和各殖民地总督都发出指令，指示在逼不得已、用尽其他政策手段的时候可以动用武力。[2]

到了 11 月，罗金厄姆内阁基本达成共识，那就是回避使用武

1 埃德蒙·柏克：《美洲三书》，第 47 页。
2 Robert W. Tucker, David C. Hendrickson, *The Fall of the First British Empire: Origins of the War of American Independence*, pp.220-222.

力强制北美各殖民地服从议会的权威。当然，英国陆军规模不大、人手不足，要远渡重洋部署确有实际困难，但是这些困难日后并未阻止诺思内阁对美用兵，可见真正的阻碍并不是来自军事考虑。

当时的英国人并不怀疑英国的军事优势。威廉·皮特一直是美洲之友，他在 1766 年 1 月 14 日在国会发言的时候，向议员保证道："（假如目的正确）这个国家的力量能够把美洲碾压成粉末原子。"那为什么皮特本人不想拔剑出鞘？原因是"（英国的）胜利将是很冒险的。假如美洲倾覆，那她就像大力士参孙[1]一样，抱住国家的柱石，把宪法一起拉下来陪葬"。在同一个演讲中，皮特还提到："当你们在兄弟阋墙的时候，波旁家族（七年战争的失败者，西班牙和法国）正在联合起来对付你们呢。"[2]在这里，皮特提到了两个重要考虑因素：内政与外交。去碾压北美人，很可能在英国国内也引发严重的宪政危机。七年战争之后，英国在欧洲大陆相当孤立，法国与西班牙都图谋报复，他们可以通过援助叛乱的北美削弱英国的国力。当然，皮特没有说出另外一个因素：经济。当时不列颠正处于经济危机之中，国债高企。如果要对美动武，就要再发行大量国债，对当时正焦头烂额的政治家来说，是非常大的麻烦。[3]

1　《圣经》典故。以色列的大力士参孙被情人腓力士人利拉出卖，以色列人的统治是腓力士人，他们弄瞎了参孙的双眼。后腓力士人逼迫参孙演武，参孙推倒庙宇，与敌人同归于尽。

2　Martin Kallich and Andrew MacLeish ed., *The American Revolution Through British Eyes*, p.15.

3　Robert W. Tucker, David C. Hendrickson, *The Fall of the First British Empire: Origins of the War of American Independence*, p.230.

如此看来，对当时的英国政治家来说，阻碍他们动手的就是决心——冒险的决心。

既然不愿或不能动武，那么搁置印花税争议如何？看起来也不是一个好主意。搁置时间短，等同将决策时间延后，不列颠人、北美人都不会满意这种拖延；搁置时间长，等于无条件向北美让步，承认不列颠议会无权为美洲立法。这肯定也不是当时的伦敦政客们所能容忍的，绝对无法向议会交代。

最后，罗金厄姆内阁的决策就是找由头避开宪法争论，不去理睬英国议会是否对北美拥有主权之类的理论问题，而是直接动手把问题的表征，即印花税以其他的理由取消掉。当时英国正处于战争繁荣之后引发的经济危机之中，罗金厄姆内阁于是找出各种理由称这一经济危机是由北美的贸易抵制引起的，因此取消印花税对英国有好处。内阁又称北美人无法负担印花税之重，因此废除印花税也是为殖民地考虑。现代史家虽然认为这不是事实，[1]但罗金厄姆内阁紧抓这两个论点。总而言之，内阁想要人们关注经济上的可行性而非法律的严肃性，关注花销、成本而非政治原则，在整件事上打马虎眼。

为了堵住议会内强硬派的嘴，罗金厄姆内阁在废除印花税的同时也出台了一份《权利申明法案》（Declaration Act），声称殖民地必须服从和依赖英王和英国议会；议会过去、现在和将来在

1　Robert W. Tucker, David C. Hendrickson, *The Fall of the First British Empire: Origins of the War of American Independence*, pp.225-228.

任何情况下都有权制定管理和制约殖民地的法令。当然，当时即使最同情北美人的英国政治家，也不敢说、不会说英国议会无权为北美立法。比如威廉·皮特一直在为北美人的自由权利鼓与呼，但是在议会发言中，他还是要说："我坚持认为，这个王国的政府对其殖民地是拥有主权的，并且在行政和立法等各种情况下都是上级机关。"[1]

罗金厄姆入阁的时候，带来了自己的私人秘书——埃德蒙·柏克。这个爱尔兰人是罗金厄姆侯爵党派的谋主，是个实务家和雄辩家，也是伟大的保守主义政治思想家。他的著作，大多是对当前政治问题的演讲和供宣传用的小册子。时人都赞他敏锐、善察、通晓世务、富于智谋。

他日后在演讲中回顾了当时决策的考虑，也为当时的决策做了辩护。"要考虑的问题有二。第一，撤销是全部好，还是部分好——凡沉重的或可作税源的，概予砍除，空文以申权利，则保留之。第二个问题是，法案的撤销，该依据什么原则。这个问题，可用的原则亦有二。一是本国对美洲的立法权，并非是无所不包的，而有一定的限制或界限。二是这种性质的课税，与商业的基本原则、与政治公平的每一观念，都是格格不入的。"[2]

申明权利，却放弃实际行使，岂不矛盾？柏克的回答是——理论与实际不一样。一国对其属地的主权，从理论上来说，必定无

1　Martin Kallich and Andrew MacLeish ed., *The American Revolution Through British Eyes*, p.11.

2　埃德蒙·柏克：《美洲三书》，第39页。

限（这是为了应对极端情况——"我把议会的课税权，看作是帝国的工具，而非筹款的手段"[1]），但是从实在上讲，是根据各地环境、历史之不同而有权利边界的。尊重这一自然形成的边界，有赖于主政者的克制与智慧。毕竟主权是为人民福祉而设，"野猪被逼急了，会掉头冲向猎人。假如你要的主权，与他们的自由不相容，他们将何去何从呢？他们会把你的主权甩在你的脸上"[2]。何况现在大家都知道，在北美的抵制之下，印花税实际上收不上来多少钱，相反更引起了北美的贸易抵制，得不偿失。之所以还有人要保留印花税，是为了面子，也是为了以此作为形式申明不列颠议会对北美拥有主权。他们害怕放弃印花税后北美人会得寸进尺，最终否定英国对美洲的主权。这正是柏克最害怕的想法。他认为，原则的对抗，是异常危险的，因为甲对乙是否享有主权，并没有更高的原则可以决断。所以英国对美洲的政策，一定不能驱使北美人去质问这一主权的根据；除了美洲的同意，或觉得英国的主权有益于自己的幸福和自由，这主权还有什么根据呢？假如英国不顾北美人的心愿，一意推行这课税的主权，北美人将要质疑的，就不仅仅是课税权了，而是英国的全部主权了。

柏克一方面承认，"大英帝国之政体……是有别于不列颠的政体的"[3]。另一方面，按照柏克的思想脉络，他大概认为不列颠在帝国内的中心地位是由历史因袭产生，自有其合理性，为什么不能得

---

1 埃德蒙·柏克：《美洲三书》，第 64 页。
2 埃德蒙·柏克：《美洲三书》，第 62 页。
3 埃德蒙·柏克：《美洲三书》，第 64 页。

过且过呢？为此生事是不明智也不必要的。

对罗金厄姆内阁时期的北美政策，我们可以从多方面去理解。我们既可以说罗金厄姆内阁处于既不能战又不能和的尴尬状态，最后只能暂时冻结做出真正的决策。我们也可以说，这是传统的英式智慧，少谈学理，模糊过关。我们会看到，这种态度之后一直在不列颠的北美政策中反复出现。

罗金厄姆没有能够看到他的拖延政策起效，他本人的政治能力不够，其在议会的党派势力也十分薄弱，很快，国王撤换了罗金厄姆，代之以威廉·皮特。新一届内阁的主要官员，都是由"美洲之友"构成的。威廉·皮特本人以及其他几位重臣（比如南方事务部大臣谢尔本伯爵）都在议会中投票反对过《权利申明法案》，财政大臣汤申本人（虽说长久以来对美持强硬态度）也位列投票取消印花税的议员名单中。照道理说，这样一届内阁应该能更好地处理北美问题才对。事实上，在皮特内阁的初期，英美前途看起来也非常光明。他们放松了对美国西部土地的管制，取消了禁止北美殖民地发行纸币的禁令，还取消了帝国政府对殖民地法官任职资格的干涉。

皮特内阁遭遇到的反应却并不特别乐观。当时印花税刚刚被取消，北美各殖民地为了这件事欢欣鼓舞，南卡罗来纳殖民地议会还特意决议为威廉·皮特个人树起一座雕像。但是在英美关系中仍然有一些遗留问题，比方说为了保住面子，不列颠曾出台决议，要求各殖民地惩治暴乱分子，并给印花税中被攻击的人以一定补偿，各殖民地要么只做后一项（还不完全），要么干脆置之不理。还有纽约商人向不列颠议会提交陈情书，要求放松贸易管制（威廉·皮特对此极为反感，他觉得这个请愿"非常不得体。从时机上来看，非常荒谬；就他们的期望来说，非常僭越；从他们的理由上讲，非常的虚妄，也很伤人"[1]）。最严重的事情出在纽约，他们拒绝遵行《驻军法》(Quartering Act)，拒为英国驻军提供适当的营地。

　　许多"美洲之友"期待取消印花税的和解能够迅速迎来正面的反应，消弭一切的反抗与作乱，很显然，他们失望了。这在政治上也是一个打击，容易被反对派抓住把柄。要忍受这种打击，就需要有一个稳固和强势的政府。但是很遗憾，皮特政府并不稳固。皮特本人想要组织一个超党派的政府，不根据党派归属，而是自己挑选有能力的人入阁。这一方面是因为其秉持的古典共和理念，另一方面，皮特这个人性格非常孤傲，喜欢出风头，卖弄才华，性情固执，与人相处困难，以至于虽有声望但是没有自己的班底，所以也只能如此。他的政府里面，各派人马都有。如此，这造成了政府内政治联系松散，在外也被他疏离的政治党派孤立。在议会内，许多人都在摩拳擦掌等着看他的笑话。

　　皮特自己恰恰在组阁之初接受了查塔姆伯爵的称号，升入了上议院，成为掌玺大臣。据说这是因为他子女众多，负债累累，而成为贵族就能拿到一笔年金。但是根据英国的政治规则，他不能同时在上下议院兼职，就只能放弃下议院的席位，将下议院交给

1　Robert W. Tucker, David C. Hendrickson, *The Fall of the First British Empire: Origins of the War of American Independence*, p.235.

财政大臣查尔斯·汤申来打理。这一行动使法国外交大臣舒瓦瑟尔公爵（Étienne-François, duc de Choiseul）感到困惑："在我看来，他的全部力量在于他能继续留在下院，他很可能发现他非常像被拔掉头发的参孙。"汤申这个人，并不甘于只做查塔姆的传声筒，他当时41岁，已经是议会中最有经验也最有人脉关系的政客，在很大程度上能够左右议会与内阁。最严重的是，皮特在上任之初就饱受痛风病的折磨卧床不起，而他还有精神方面的问题（抑郁症或躁狂症），几乎完全丧失了处理政府事务的能力。他退到乡下的别墅休养，闭门不见自己的同僚，直到近两年后辞职为止。即使乔治三世提出要以私人名义拜访他，也被彬彬有礼地拒绝。这样，他的政府随后就发生了分裂，无人负总责，内阁官员各行其是。

　　这么一个并不稳定的政府就必然要面对议会内部对其温和政策的批评（认为内阁"太软了"，而且软弱的政策也没有起效），而他们也有维护自己声誉的心理需求。此外，从政见上说，皮特自己虽然对北美持相当的同情，反对剥削北美以自肥，但是他对不列颠垄断帝国管理者角色的合理性并没有怀疑，他并不反对在正当的名义下与适当的时候勒紧马嚼子。

　　有些历史学家认为，这届内阁的一个共识是，要收拾前前任（格伦维尔）扔下的乱摊子，对全体殖民地用强是不行的，但完全放弃对殖民地的管理任其所为恐怕也说不过去。应该说，1765年以后，英美双方放到谈判桌上的东西虽然很轻，但双方看得都很长远，都认为让步的后果非常严重。一件事务背后的风险，在北美人看来，是殖民地的自治和人民免于暴政干涉的自由；在不列颠的主政者看来，是帝国的存亡、不列颠的安全与福利。任何议题，都被双方以这些标准来考量。每一件事务，都会被上升到宏观高度来评估它的可能损益。双方都小心谨慎，生怕对方提出的要求是推倒多米诺骨牌中的第一张，这极大地限制了双方的眼界与手脚。[1] 尽管本届内阁是"美洲之友"，但是这种担心毕竟还是存在的。所以，他们的应对是要有分寸地行动。

在纽约不愿遵守《驻军法》这件事上，内阁进行了辩论。最终的结果是内阁决定出台一个宣告——如果纽约不遵守这项法令，那么总督就不要通过任何当地议会制定的法令（这是汤申的主意）。这种做法有很多优点，它不需要主动去做什么事情（比如说格外加税、解散当地议会什么的）以免激怒当地民众，又属于总督的传统职权范围，还只是一个对未来的宣告，而不是对过去行为的惩罚。此外，这个宣告还只对纽约殖民地一地提出，一次只对付一个（现在内阁的共识是对殖民地分而治之，避免它们的统一行动）。当然，纽约的议会可能扣住总督的工资作为报复。那么，还要想办法解决这个问题。

汤申手头正好有一个征税计划可以一举两得。他的想法是，还是要在北美收税，但是这个税本身应该既合法又便利，不至于遭到北美人的抗议。然后再用这笔钱来支付在北美的军队开支或者总督与法官的工资。

1　Robert W. Tucker, David C. Hendrickson, *The Fall of the First British Empire: Origins of the War of American Independence*, p.236, pp.213-215.

他把眼光放到了茶上。在那个时候，根据《航海条例》，茶要从东方进口到英国，支付一笔进口税之后再由中间商人出口到北美去。由于这笔进口税和中间人的存在，导致茶叶的价格较高，无法同走私的荷兰茶竞争。那么，在汤申看来，比较好的做法是让东印度公司直接把茶叶运到北美去出售，不需要再支付转口的费用以及税收（反正由于走私猖獗，合法茶叶销量低，也收不到多少钱），直接在北美的港口里对茶叶征一笔进口关税就是。他最终确定的征税数字是每磅茶叶 3 便士（以前是每磅 1 个先令），保证茶叶的价格比以前要低廉，从而打消人们购买走私茶的念头。这样进行征税惠而不费，与人方便、与自己方便。这样做的另外一个重大好处是迎合了殖民地人对《航海条例》的抱怨，由于殖民地人士自己也承认内部税与外部税的区别，承认帝国有权征收外部税，那么从茶身上收钱就是名正言顺的（尽管以前并没有直接以增加国家岁入为目的而收过税）。与茶叶类似，汤申还打算允许北美殖民地直接从西班牙和葡萄牙购买葡萄酒和若干种水果，也不需要绕道英国，只需要在北美的港口交一笔进口税（也会便宜下来）。此外，汤申也计划在玻璃、纸张、铅、颜料等英国货物上征税，这些东西北美自己制造有困难，不愁北美人不买，在整体的英美贸易中这些货物也只占非常微小的一部分，想来征收一点费用也绝对不会影响到英美贸易的大局。[1]

---

1   Robert J. Chaffin, "The Townshend Acts Crisis, 1767-1770," in Jack P. Greene and J. R. Pole edit, *A Companion to the American Revolution*, Blackwell Publishers Ltd, 2000, pp.134-136.

在 1767 年 3 月内阁的讨论中，汤申用辞职的威胁使得内阁同意实施他的计划。不过尽管内阁其他官员可能不同意他的具体征税计划，但是此征税的目的（用来供养总督与法官）也是他们非常赞同的。[1] 所以，对汤申的计划，他们也不持坚决反对的态度。这样，在五六月份，汤申就在议会中径自提出了加税的议案。在议会的争论中（议会坚决要维护《航海条例》），汤申放弃了葡萄酒和水果，也放弃了让东印度公司直接向北美输入茶叶的想法（但为东印度公司提供了大量补贴），但仍然保留了对茶叶和其他物资的征税计划，预计总收入是 4 万英镑左右。同印花税或糖蜜税比起来（以 10 万英镑预计），这笔钱并不算多。在这之前，1767 年 1 月份议会曾经有过一次争论，格伦维尔要求殖民地来承担北美防务开支。汤申站出来反对，认为现在并不是全面征税的时机，而应该慢慢让北美习惯这种小额税收，之后再另外打算。[2]

对汤申这种圆滑的做派（同时又要满足不同目标），日后柏克予以了辛辣的讽刺。柏克说道："此人毕生的职志，固然是面面讨好；但课税于人，却又想讨好于人，正如坠入情网，却又想聪明一样，这样的能耐，上帝是不曾给人的。可他偏要逞身手。为讨得'美洲税党'的欢心，他抛出了一篇序言，阐述这一税收的必要。为弥缝与美洲的分歧，这一税种，则成了外部税，或港口税；而为了使另一派听来顺耳，它又成了筹集岁入的税。为取悦殖民地的人，

1　Robert J. Chaffin, "The Townshend Acts Crisis, 1767-1770," p.137.
2　Robert J. Chaffin, "The Townshend Acts Crisis, 1767-1770," pp.135-136.

则税是课于英国产品的；为了讨好英国的商人，税率又是很小的，且绝不涉及主要的商品（茶除外，这仅与忠诚的东印度公司有关）。为打击美洲的走私，茶税一先令降至三便士；但为了迎合想课税于美洲的人，他又改变了征收地，和其余的税种一样，它是在美洲征收的。还需要我多说吗？这计划，编织得既如此精巧，则所有精巧之政策的常有命运，也便临于它的头顶。"[1] 不过史家认为柏克这么说其实也是后见之明，当初汤申提出该计划的时候，也未见得柏克如何反对。[2] 汤申这个法案，几乎是悄无声息地被通过了。由此可以见到当时议会未预料到任何反对意见的心态。汤申也好，议会的议员也好，都觉得自己行事温和中庸，只是在沿着美洲人也承认的底线——帝国有权征外部税——行事而已。

　　汤申税的出台说明了许多帝国人士同殖民地的隔膜到了什么地步，即使在经历印花税所引起的大抗争之后，他们还是无法理解或不愿意理解殖民地人背后的政治诉求，也不清楚殖民地的抗争深度，以为废除掉印花税就能从头开始。他们既缺乏必要的见识明白帝国的虚弱程度，也缺乏审慎与忍耐以让时间来缓和一切。前车刚覆，怎么能在一年之间又再一次提出对殖民地的征税法案呢？固然，汤申税和印花税在数额、征收方式、征税对象上有很大的差别，但是一个好的政治家应该能够了解，"象征"也是有杀伤力的。而且，既然要妥协，就不能这么小家子气，退两步、进一步的方式

1　埃德蒙·柏克：《美洲三书》，第 56—57 页。

2　Robert W. Tucker, David C. Hendrickson, *The Fall of the First British Empire: Origins of the War of American Independence*, p.239.

可不是寻求和解的好方法。

殖民地的反抗随之而来，约翰·迪金森写出了《宾夕法尼亚农夫来信》，提议抵制英国货物，而马萨诸塞殖民地议会在塞缪尔·亚当斯的操作下于 1768 年 1 月给其他殖民地发出了一份通函（circular letter），终于把内部税、外部税的说法撇在一边，指出议会没有权力仅为增加国家收入就对殖民地征税。各殖民地纷纷传阅这份通函，进行讨论。到了同年 3 月，波士顿和纽约的商人就在谋划一场全美的不进口运动（虽然在费城商人的反对下，这个不进口运动暂时被推迟了一年，但是到 1769 年 8 月，所有的殖民地都采纳了这个做法）。

面对北美新一轮的抗议，内阁已经明白自己做了一件傻事，重新陷到泥潭里了。这些在台面上的人物，同其前任一样，有同样痛苦的认知——北美是如此重要，以至于是战是和都不合适。同其前任一样，这些不列颠的贵族觉得与北美的冲突成本太高。内阁阁员卡姆登公爵（first earl of Camden）评价说，在与美洲的冲突中，"如果大不列颠失败了，那就是致命的。如果成功了呢，也是无利可图的"[1]。另外一位阁员也指出："同殖民地起冲突，如果后者得到这个国家的敌人的支援——而这肯定是会有的——对我们来说就会是毁灭性的"[2]。即使始终持强硬态度的前首相格伦维尔也指出：

---

1 Robert W. Tucker, David C. Hendrickson, *The Fall of the First British Empire: Origins of the War of American Independence*, p.253.

2 Robert W. Tucker, David C. Hendrickson, *The Fall of the First British Empire: Origins of the War of American Independence*, p.253.

"军事力量应该用在最后避不可免处,而不是一上手就使用之。"[1] 这种理由，日后在柏克的演讲中一再回响 :"首先……单靠动武只是一时的办法。它也许能镇压于一时,却不能铲除再一次镇压的必要；一个国家，若需要不停地被征服，那是不可能统治的。我反对动武的第二个理由，是它的不可靠。……你若一击不中，你就没有了手段。……我反对动武还有个理由，那就是你虽然试图保全它，却因此损害了它。你收复的东西，不再是你为之而战的东西。……从整体上看，我消耗的恰是大不列颠的力量。我不想这一场耗尽体力的冲突结束时，我被外来的敌人抓个正着，更不想在冲突之中被他们抓住。"[2] 就算是动武成功，也不是万事大吉,"我们之拥有殖民地，目的不在其他，只为了有益于我们，则为驯服他们而使之变得无益，这种做法，我诚然愚钝，实在是觉得荒唐了点。……不满将随苦难而增加；所有的国家，莫不有国运危机的时刻，到了那时，他们固然贫弱，无所贡献于你的繁荣，但完成你的毁灭却有余力。"[3] 美洲人民的传统、信仰和教育也不是武力所能够动摇的,"彻底铲除他们的律师坐议其中的民选议会，也不太可行。取代它们而治理美洲的军队，靡费将更大，效果则不如 ;事到后来，军队会变得像它们一样难以驾驭，真也未可知"[4]。

1　Robert W. Tucker, David C. Hendrickson, *The Fall of the First British Empire: Origins of the War of American Independence*, p.255.
2　埃德蒙·柏克：《美洲三书》，第 87 页。
3　埃德蒙·柏克：《美洲三书》，第 102—103 页。
4　埃德蒙·柏克：《美洲三书》，第 104 页。

而且就在这两年（1768—1769 年），不列颠内院起火。在伦敦，旧有的统治秩序正在受到空前严重的挑战，那就是威尔克斯选举骚动（又称为 Middlesex election dispute）。这一骚动是如此富有冲击力，以至于查尔斯·蒂利这位社会学家在其著作中将此视为现代政治社会运动的开端。

看看以下蒂利从报纸上摘下来的几个时间片段，就可见一斑。

以下是 1768 年 4 月伦敦斗争事件的汇编，主要事件如下——4 月 2 日：邻近伦敦的布伦特福德郊区，一伙人拦截了一辆过路马车，强迫车上的人喊"威尔克斯暨自由"，以示支持议会候选人约翰·威尔克斯。……4 月 15 日：在布伦特福德公路，威尔克斯的支持者们拦截了一辆马车，并强迫车上的人声明支持"威尔克斯暨自由"。…… 4 月 27 日：威尔克斯的支持者穿过斯特兰德大道、跨过西敏寺大桥向监狱的方向行进。他们试图从狱警手中解救威尔克斯，但威尔克斯摆脱支持者向狱方自首。4 月 28 日：威尔克斯的支持者包围了萨索瓦的王座法庭监狱，叫嚷着要焚烧这座监禁威尔克斯的监狱，并象征性地烧掉了一只靴子和一顶苏格兰帽。这就是 1768 年 4 月伦敦多姿多彩、有声有色的斗争事件的历史画卷。[1]

1　查尔斯·蒂利：《社会运动：1768—2004》，第 21—22 页。

　　威尔克斯的选举支持者，如前所述，主要是没有选举权（因此没有政治参与渠道）的下层民众。很快，他们对威尔克斯的拥护已经变成一种对自身政治力量的展示和对上层的警告。除了偶尔对上层人士人身攻击，"威尔克斯及其支持者们突破了以往的集会许可界限：不仅将选举活动和公共集会扩展成为向民众英雄表示支持的群众宣言，而且将委派代表和请愿游行——使之不再是简单地委派几个庄重的代表唯唯诺诺地为民请命——转变成为遍布大街小巷的群众盛会"[1]。

　　当时的贵族对这种新民主运动自然抱有极大的警惕。要知道这种改革运动一直延续到法国大革命兴起，有深厚的时代与社会基础（农业社会向工业社会转型，出现广大无产者，他们汲汲于要求得到政治关注），若处置不当而旧制度从此被一涤而空也未可知。像前任首相罗金厄姆对此事就忧心忡忡，觉得威尔克斯既然通过正当程序当选，议会再加以剥夺，实在太蠢，也有危害宪法的危险。在他的影响下，英国一些地方发起"请愿运动"，敦促格拉夫顿首相尽快解散国会，重新举行大选。到1769年年尾的时候，全国多达18个郡及13个城市先后向首相发出同一请愿。这让格拉夫顿内阁手忙脚乱。

　　在这种被内部动乱所牵制的时候，再持续与殖民地的人争衅可就太愚蠢了。

　　既然不能前进，那么后退？像印花税争议那样行事，废掉汤

---

[1]　查尔斯·蒂利：《社会运动：1768—2004》，第26—27页。

申税？从内阁到议会都很不情愿这么做。一个原因是，废除汤申税的政治后果可能比废除印花税严重得多。向殖民地征印花税于史无征，但汤申税从形式上来说属于贸易税，而征收后者是不列颠行之已久的权力。他们担心废除汤申税就给殖民地质疑其或推翻不列颠管理帝国贸易的权力以及《航海条例》提供了先例与契机。他们还担心，一让再让会完全剥夺不列颠在政治谈判中的筹码。他们觉得，印花税的废除明显让北美殖民地的人民看到了自己的力量，鼓励了他们下一步的抗争。如果再废除汤申税的话，会不会鼓励殖民地一方进一步得寸进尺呢？要是这样，从此帝国事务的主导权就要交给"会哭的孩子"了。第二次让步总比第一次要来得辛酸，这是可以预见到的。

此外，促使内阁与议会不愿进入冲突的那个内部因素——威尔克斯选举争议——也同时使彻底妥协变得很困难。在美洲，殖民地予以威尔克斯极大的同情，认为彼此同气连枝。在不列颠，许多威尔克斯的支持者也是殖民地的同情者。同为犯上作乱，何能厚此薄彼？

这样，在内阁和议会之中，不动武和不妥协的认识都同时存在，而且基本上被所有人共享（无论鸽派、鹰派）。这样，就又一次陷入决策僵局。

在这种由普遍共识形成的僵局之中，一般会发生的事情是，在领导层之中，谁的意志力更强或更"横"一点，就能够把事件向自己偏好的方向推进一点。因为反正也没有更好的办法。

在政府之中，汤申已经在1767年9月因病去世，威廉·皮特本人继续卧病在床直到 1768 年 10 月辞职，内阁领导人和首相一职就先后落入格拉夫顿公爵（Augustus Henry FitzRoy, 3rd Duke of Grafton）手中。但这位格拉夫顿公爵实在谈不上有什么政治能力，他以软弱、追求享乐和缺乏政治热情著称。他因为阶级地位而勉强履行自己的政治责任。当时无论哪个政治派别，都对他嗤之以鼻，威廉·皮特甚至说，"（格拉夫顿）与一个伟大国家的政府不相称"。他之所以还在任上，恐怕是因为暂时没人愿意接手这个摊子。

格拉夫顿内阁在这个时候孤立无援。在议会中，当时的几个主要派别都同内阁多多少少有矛盾。罗金厄姆派死活不愿意支持内阁，国王又讨厌格伦维尔，于是格拉夫顿只能和贝德福德帮（这个派别一直在反对同北美殖民地妥协）议和，邀请他们加入内阁。[1] 贝德福德帮中的一个就是希尔斯伯罗伯爵，1768 年 1 月，他被任命为美洲事务部大臣。在这个时刻，任命这位大臣，对大英帝国来说，是一个极为不幸的事件。因为这位伯爵历来主张对北美持强硬政策，同时还是一个政治庸才。换句话说，他既缺乏柏克的政治眼光来判断局势，又缺乏汤申至少还拥有的圆滑处事能力。他本人倒是在许多场合讲过，希望议会从来没听说过汤申税这个玩意，但是既然制定了该种税收，就要顾忌不列颠的尊严而不能轻易否定。要让步，得殖民地先放弃犯上行为，然后不列颠再予以废除，这样就能皆大欢喜。最起码，不能在皇室政府毫无作为的情况下单

1　古德温编：《新编剑桥世界近代史，第 8 卷：美国革命与德国革命（1763—1793）》，中国社会科学院世界历史研究所组译，中国社会科学出版社，1999，第 699 页。

方面废除汤申税。

希尔斯伯罗决定要来硬的，在1768年年初他首先下令马萨诸塞殖民地总督伯纳德解散该殖民地议会，也让各殖民地总督威胁解散那些传阅马萨诸塞殖民地通函、附和反抗的殖民地议会。既然这位大臣在情急之下这样做了，也就轻易地放弃了内阁一次只对付一个殖民地以免全体殖民地团结起来的既定策略。马萨诸塞殖民地议会确实被解散，重新进行了选举，但反对派在选举中反而获得了更多的胜利。其他殖民地议会则被此威胁激怒，视之如无物。

希尔斯伯罗的第二项命令是在年中要北美驻军总司令盖奇将军派遣几个团的军队进入波士顿，这一举动的无益在前一章论及波士顿枪击事件时已有较详尽的描述。希尔斯伯罗的第三项举动是在1768年年末拿出亨利八世时期（16世纪早期）制定的一项叛乱法，要传讯美洲"暴徒"至英格兰受审（他当时还建议修改马萨诸塞殖民地宪章，将组织参事会的权限从民众手上夺回来。后被乔治三世否决）。这项举动毫无意义，一方面它使全体殖民地人觉得自己的司法权被蓄意破坏，另一方面也根本无法得到执行。伯纳德总督写信给朋友抱怨说："除了显示政府的无能，（该命令）没有其他的结果。除非我手上有力量……可以迫使人服从。但是现在我手上并无这些力量，否则我早就用了。"[1]

---

1 Robert W. Tucker, David C. Hendrickson, *The Fall of the First British Empire: Origins of the War of American Independence*, p.266.

由上可见，这位伯爵的所有举动都很空头且起反效果（但措辞却非常激烈）。当时议会中的强硬派，如坦普尔（Lord Temple）和格伦维尔，纷纷嘲笑内阁发动的是一场"纸面"战争。

到 1769 年年底的时候，马萨诸塞殖民地议会同伯纳德总督闹得实在不可开交，内阁给了伯纳德一个爵位，把他从马萨诸塞调了回来。伯纳德忍羞含辱，四处活动寻求对马萨诸塞激进分子的报复。他花了两个星期才找到一次与格拉夫顿面谈十分钟的机会。伯纳德本来准备痛陈马萨诸塞局势的紧迫性，但结果格拉夫顿把大部分时间花在了劝说伯纳德到乡下度假这事上面。[1]

内阁的这种进退两难，时人都看在眼里。还是柏克，他日后痛惜道："瞧瞧我们自那以来的处境吧：政令朝出而夕改；一会儿是执行，一会儿是撤销；忽而是恐吓，忽而是告软；做了，又废除；操之而烦，纵之则弛；议会抗命，好，解散了它；议会还不服从，怎么着？照样召集！今天派军队去镇压抵抗，明天真遇到了抵抗，又马上召回；国内的事，也措置乖方，内阁的用人如弈棋转烛，一日三变，连起码的官体都不讲了，还谈什么国策的秩序、条贯和力量？"[2]

当时北美有位明眼人也有同样的看法："他们自己也不知道该干些什么。太顽固而不能后退，太虚弱、太犹豫而不能前进。他们选择了这个不起眼的中庸之道——看起来是要做什么事情的样子，

1　Bernard Bailyn , *The Ordeal of Thomas Hutchinson*, p.229.

2　埃德蒙·柏克：《美洲三书》，第 58 页。

但实际上什么都没做。"在另一处，这位明眼人抱怨道："他们的政治作为听起来是这样的：'我们知道最近的法案很糟糕，但是我们不准备撤销它。因为是你们首先指点出了错误，取消它会让你们满意。确实，这个法案是不明智也不公正的，你们有理由抱怨，但是一旦你们这么做，你们就是在搞煽动、搞暴乱，在图谋叛变。我们再也不会制定类似的法案，也不会保留基于这个法案之下的原则。但是我们得留着手头这个，这样我们就还是有点什么由头来争吵。我们会搞到议会的授权和国王的命令，以作惩罚之备，但是我们向你保证，我们实际上不会那样做。我们就是想吓唬你，甚至把炮口都对准你，但是在同时，我们又告诉你，你不需要害怕，我们甚至不会伤害你一根头发。'"[1]

一个普通的美洲人恐怕是不会理解不列颠政府这种进退失据的，恐怕在他们看来，政府之所以这么做，要么是虚伪，要么是昏聩。

三 失去耐心的乔治三世

"如果其他人无法做主，那么只能我来驾车前行。"这句话确实是乔治三世心声的写照。他对目前的僵局也看在眼里，痛在心中。

乔治三世并不是一个大权独揽、事必躬亲的专制君主。霍瑞斯·沃尔波尔（Horace Walpole）是权臣罗伯特·沃尔波尔之子，

1 Robert W. Tucker, David C. Hendrickson, *The Fall of the First British Empire: Origins of the War of American Independence*, pp.272-273.

跟乔治三世不算友好。他也评论道："他从不干涉自己的大臣……他似乎完全任其（大臣）作为。"[1]希尔斯伯罗勋爵也说道："（国王）总是将自己的意见放在一边，同他的大臣们保持一致，虽然他会和他们争论，但是如果他们坚持自己的观点，他就会说：'好吧，如果你觉得这事应该这么办，那就这样吧。'有的时候他会加一句，'你必须自己承担后果'。"[2]

现代史家多半认为，在独立战争之前，乔治三世对内阁的美洲政策是被动的接受者，他的大臣时时将北美的新闻和内阁的决定通知给他，但他总是放手让他的大臣去办事。

不过应该说，至少一开始他和他的大臣在美洲政策上的意见根本上差异不大。在1762年冬天，他就开始考虑在美洲征税的可能。一开始，乔治三世和他的大臣对在北美重组帝国治理结构的可行性都没有什么怀疑。他们似乎认为，北美各殖民地会理所当然地服从不列颠议会的指示。当格伦维尔提出要在美洲征收印花税的时候，他催促格伦维尔尽快执行。格伦维尔后来回忆道："陛下特别热心，尽管叫他(格伦维尔)把这个摆上台面。他告诉陛下，这件事应该做，不过他希望这件事可以做得小心一点。"[3]

1　Andrew Jackson O'shaughnessy, "If Others Will Not Be Active, I Must Drive," *George III and the American Revolution, Early American Studies: An Interdisciplinary Journal*, Volume 2, Number 1, Spring 2004, p.7.

2　P.D.G.Thomas, "George Ⅲ and the American Revolution," *History*, Volume 70, Issue 228, February 1985, p.17.

3　P.D.G.Thomas, "George Ⅲ and the American Revolution," *History*, Volume 70, Issue 228, February 1985, p.18.

很快，北美人在印花税上的反应就给乔治三世上了一课。他说道："我对美洲发生的事情越来越感到忧虑。这股劲头到哪里是个头还不得而知。这无疑是议会所面临的前所未有的挑战。这需要我们付出更多的细心、坦率和耐心，而我恐怕这是有人做不到的。"[1]他开始反思帝国既往的美洲政策。1767 年 2 月 24 日，他在跟人谈话的时候，尖刻地批评了格伦维尔："格伦维尔先生在印花税事务上的做法是荒谬之极的，他首先限制了他们的贸易，限制了他们获取财富的手段，然后又要向他们征税。"[2]不过，在这里，乔治三世还是在用"经济"眼光来看待一个政治问题，他并没有接受北美各殖民地议会提出的宪法理由，也没有理解这背后的政治诉求。

乔治三世决定要保持同北美人的良好关系，但认为这是对"小孩"的暂时忍让，在必要的时候还是应该"做做规矩"。当罗金厄姆侯爵内阁打算完全推翻印花税法的时候，乔治三世迟疑了，这太像是对北美人的单方面投降了。他的老师布特勋爵在议会里反对这个做法，他自己在私下场合也并不赞成（他认为有违国家荣誉，也伤了北美效忠者的心）："我曾经想过用最明智和最有效的方法修正一下印花税法，首先，（修正了的印花税法）会肯定母国对殖民地的征税权，但它也会显示我们乐意矫正任何公正的冤屈。但是如果正在分裂这个国家的愤怒派别不想这么做的话，那在我看来，公正的做法是，推翻肯定要比强制执行它更合适。强制执行只会扩

1　P.D.G.Thomas, "George Ⅲ and the American Revolution," *History*, Volume 70, Issue 228, February 1985, p.21.

2　P.D.G.Thomas, "George Ⅲ and the American Revolution," p.20.

大这个国家与美洲之间的鸿沟。"[1]乔治三世最后决定支持自己的内阁，放手让他们办事。正是在乔治三世的大力支持之下，取消印花税法的提案才在议院撞险过关。

乔治三世本人却对这个决定抱憾不已。1779 年的一次会议记录道："在他的生命中，他有一项行动是要痛责自己的，那就是在 1765 年更换了内阁，然后同意推翻印花税法，这是致命的举措。如果他事先预料到结果，他肯定不会通过印花税法，不过正是否决这一法案带来了所有后续的不幸。"[2]他痛惜自己不够坚定，才让北美的某些不逞之徒觉得有机可乘。不过，他恐怕不是在 1779 年才后悔，而是 1766 年之后就已经暗藏暗隐担心了。

在"绥靖"与"遏制"之间犹疑，也是乔治三世一段时间内对美思考的特点。1768 年之后，北美的反抗日甚一日，内阁派遣军队进入波士顿镇暴，这基本上是一种技术性的应对，背后没有什么大的方略。乔治三世觉得这种做法是温和而中庸的。当时希尔斯伯罗勋爵提出，目前马萨诸塞殖民地闹得最凶，该殖民地政府又最软弱，原因是该殖民地的首要行政机构参事会（Council）是选举出来的而不是王室任命的，那么应对措施就是更改马萨诸塞殖民地宪章（charter），使当地政府驯服一点。乔治三世的回应是："将马萨诸塞湾参事会的任命权放到王室手中这件事从以后看来也许是有需要的，但是应该力图避免这么做，因为在任何时候更改一部宪

1　P.D.G.Thomas, "George Ⅲ and the American Revolution," p.23.
2　P.D.G.Thomas, "George Ⅲ and the American Revolution," p.24.

章都是令人生厌的措施。"[1] 他也反对对北美人大幅度采取强制措施（比如说希尔斯伯罗有个建议是，凡不承认议会主权的殖民地议会就应该被废除），他对各殖民地各总督提出要求，"应该指示他们尽量避免刺激各（殖民地）议会，免得他们再次失控"[2]。乔治三世说："他期望用耐心来使他们重归理性，而不是用暴力来驱使他们（服从）。"[3] 当时希尔斯伯罗勋爵的另外一个建议是，既然汤申税不起作用，就干脆完全废掉算了。国王赞同，但觉得可以修正一下，保留茶税，以此作为议会对美主权的象征。

从乔治三世自己的自我认知来看，他是一个温和派——国会对美征税不是没有正当理由的，但是北美人既然抗议了，他也就同意废除了。保留下来的税收，微不足道，只具象征意义。不列颠内部想要对各殖民地大动干戈，严加管理，他也是反对的。总的来说，他不过是想因循旧章，一切都为维护既存秩序考虑。在实际利益上，他可以做相当大的让步，要求的不过是象征性的服从。

1770 年 1 月，他再次决定把自己的人安排到首相位子上（上次他这么做还是任命布特做首相，引起轩然大波），以便解决问题，他已经受够了愤怒的格伦维尔、怠政的皮特和放荡的格拉夫顿（这次他几乎没有遭到反对，极可能是因为全国也受够了近十年来的党争）。

这个人就是诺思勋爵（Frederick North, 2nd Earl of Guilford）。

1　P.D.G.Thomas, "George Ⅲ and the American Revolution," p.26.
2　Andrew Jackson O'shaughnessy, "If Others Will Not Be Active, I Must Drive," *George Ⅲ and the American Revolution*, p.9.
3　P.D.G.Thomas, "George Ⅲ and the American Revolution," p.26.

他和蔼可亲，有头脑，有才能，也极善于笼络人心。更重要的是，他忠诚老实，对国王绝无二心。他自己本身就是同乔治三世一起长大的童年伙伴。尽管诺思在日后饱受抨击，但其实他履历非常光鲜。他先后受教于伊顿公学、牛津大学，然后遍游欧洲，自 1754 年起就一直是下议院议员，在下议院人际关系极好，历任军队主计长、枢密院顾问官、财政大臣等公职，也算老于宦途，有丰富的政治经验。1770 年，他不过 38 岁。

1770 年 3 月 5 日（也就是波士顿惨案的同一天），诺思向国会提案，在保留茶税的同时废除汤申税。这个提案，其实是上届内阁的想法，早在 1769 年 5 月，当时的内阁就召开会议，商议是否干脆完全废除汤申税。国王要求保留茶税，以便申明权力，而格拉夫顿站在完全废除的立场上，觉得部分废除无济于事。内阁投票，五比四，决定保留茶税。这个决定的出台，跟乔治三世的个人坚定意见是分不开的。诺思本人决定遵从其主人的意愿。

在向下院提案的时候，诺思的说法，同罗金厄姆在四年前废除印花税时的言辞一模一样——之所以要废除其他商品的税收，是因为"违反商业原则"。这个做法果然两头不讨好。在美洲之友这边，密切注视国会动向的富兰克林认为："他们企图通过仅仅废除部分税收来消除我们之间的裂痕，这是拙劣之举。就像一个拙劣的外科手术那样，碎片仍然在伤口里，肯定要妨碍伤口的愈合，伤口早晚会重新裂开。"[1] 在强硬派这边，虽然也认为要废除，但是这个优惠

---

1 卡尔·范·多伦：《富兰克林》，第 394—395 页。

只能给那些没有反抗议会权威的殖民地。

诺思本人在没有当上首相之前，对美态度也是非常保守的，是议会至上的坚定支持者。但是很显然，他也不想以强硬手段来处置北美殖民地的反抗。在为废除汤申税辩护的时候（当时格伦维尔指责诺思压根就不打算在北美殖民地重建政府权威），他说道："我同意我们需要这样的计划，每个人都想使这个国家的权威在这些领土上延续下去。但是想要达成这点，需要的是极大的能力、经验与知识。在家里坐而论道的绅士这五年来一直在呼叫着要一个方案，但是无论是在内还是在外的人，都没有给出任何一个能让美洲和本国各安其位的建议。"[1]

诺思所做的，一开始还是一种软磨功夫。部分废除汤申税，是为了迎合殖民地的诉求；保留茶税，是为了证明议会还是有在殖民地的征税权（事已至此，不能再靠出台一个《权利申明法案》来做到这点，同样的东西要申明两次，已失去效力与可信度，只能用行动来申明议会主权了）。从效果上看，也确实不错。当年，北美的不进口运动就瓦解了；对纽约，准许该殖民地发行纸币以偿还公共债务；对马萨诸塞，当得知波士顿惨案发生之后，内阁允可惨案制造者在马萨诸塞受审，并追认将军队移出波士顿。1772 年 8 月，诺思还撤了希尔斯伯罗的职，代之以罗金厄姆派的达特茅斯勋爵（Lord Dartmouth）。该勋爵一向主张对殖民地友好。这个调换明显

1　Robert W. Tucker, David C. Hendrickson, *The Fall of the First British Empire: Origins of the War of American Independence*, p.285.

是对殖民地放出的政治信号。

另一方面，史家公认的是，诺思政府打算逐步缓慢增加不列颠政府对殖民地政府官员的控制，措施是由英方为部分高级官员提供工资（当然，史家对这一举动的评价不同，有人认为是进攻性的，有人认为是防御性的）[1]。

总的来看，诺思政府似乎也有息事宁人的打算。富兰克林当时写信给自己的儿子："他们似乎没有一个统治我们的明智的长远计划，而是过一天算一天。"[2] 比如说，1773 年早期的时候，马萨诸塞总督哈钦森跟殖民地议会又吵起来了，事情闹到不可开交的地步，殖民地议会发表了一份措辞强硬的声明，宣称它在立法上独立于不列颠议会。这就不仅仅是质疑不列颠议会征税权的问题了，而且是从根本上否定不列颠对殖民地的主权和管辖能力。美洲事务部大臣达特茅斯压根不想把这个消息提供给议会审议，他担心议会在一怒之下可能会要求对殖民地施加强制措施，而他不赞成这么做。他写信给哈钦森，要求哈钦森尽力避免再发生这种争论（要是殖民地议会再提这茬，就停会或解散当期议会了事）。[3] 揭开这道伤疤，争论谁对谁错，于事无补，追究起来更加棘手，不如漠视这种忤逆言论、行为，等待时日以求自然愈合。

1　Robert W. Tucker, David C. Hendrickson, *The Fall of the First British Empire: Origins of the War of American Independence*, p.298.

2　卡尔·范·多伦：《富兰克林》，第 463 页。

3　Robert W. Tucker, David C. Hendrickson, *The Fall of the First British Empire: Origins of the War of American Independence*, pp.300-304.

这里的问题是，诺思固然不愿前进找麻烦，但他同样也不愿后退。当下的息事宁人并没有战略眼光做支撑。他忽略了一点，权宜之计有时固然可行，但是这必须是在冲突源被堵住或暂时遮蔽的情况下才行，否则社会与政治冲突总有自动加速的倾向。

不列颠在美洲最被人所痛恨的，其实不是哈钦森这样的总督，而是缉私人员和海事法庭。历届内阁在废除印花税和汤申税之余，却也在加紧缉私力度。这在各殖民地引发了相当的反感情绪。[1]1772年6月9日，在罗德岛殖民地（罗德岛向来以走私闻名，跟英国海军过去就有若干冲突）的普罗维登斯（Providence）附近海域发生了一起袭击英国战舰的事件。英国海军"加斯比"号（Gaspee）被派到此处，加强缉私执法。据说船长执法严苛，很快得罪了该殖民地的许多人。罗德岛的自由之子趁一次搁浅机会登上该船，打伤船长，焚毁船只。

内阁的反应是派来了一个特别调查委员会，并企图把疑犯押到不列颠审讯。这种对地方司法机制彻头彻尾的不信任被美洲的爱国者理解为对独立司法制度的进一步攻击。波士顿的塞缪尔·亚当斯倡议建立了一个通信委员会，其成员通过一定的网络交换信息，随后，这种机制扩散到整个马萨诸塞，随即，又扩散到全体殖民地，弗吉尼亚尤其热心。其成员包括了许多殖民地议会的议员与各地的自由之子，事实上是建立了一个贯穿北美大陆的影子立法实体。由于各殖民地总督都有解散本殖民地议会之权，所以这种非正式机

1 卡尔·范·多伦：《富兰克林》，第468—469页。

制就成为组织抵抗的领导核心力量。贯穿整个殖民地的革命的组织
资源现在齐备了。

　　动乱的真正引子，还是出在茶之一物上。东印度公司在
1772—1773 年遭遇严重的财政危机，茶叶大量积压，由于不列颠
议会中多位议员与东印度公司有利益关系，所以要设法挽救。一开
始，东印度公司请求内阁完全推翻汤申税，以使北美放弃抵抗运动，
行销茶叶。但是诺思内阁觉得不妥。[1]1773 年 4 月 23 日，诺思首
相在议会提出《茶叶法》，不收一分关税，并允许东印度公司向北
美直接出口茶叶（从此不用在英国转口了）。由于不用支付关税，
也不用支付中间人的费用，这些茶叶价格就极其低廉，足以打败走
私茶（该法颁布之前，英国茶是每磅三先令，走私的荷兰茶是每磅
两先令一便士，该法颁布之后，英国茶卖到了每磅两先令）。当然，
诺思内阁也不是没有政治担心的，于是他们打算要么让东印度公司
在伦敦预先支付这笔税收（茶税），要么让东印度公司的美洲承销
商们等茶叶卖完之后再偷偷地结清茶税的款项，免得各殖民地因为
拒付汤申税坏了事情。[2]

　　问题是，在不列颠与美洲殖民地之间，相互猜疑已经成为一
种习惯。在美洲方面，许多人担心，这是腐败的议会更改殖民地
贸易体制的前奏，也就是说向西班牙学习，将所有的殖民地对外
贸易都交给一家垄断公司。他们认为，东印度公司作为一个富有

---

[1]　Bernhard Knollenberg, *Growth of the American Revolution: 1766-1775*, The Free Press, 1975, pp.90-91.

[2]　Bernhard Knollenberg, *Growth of the American Revolution: 1766-1775*, pp.76-77.

的寡头集团，是一个腐败政府在实行其阴险计划中的天然盟友，他们自然想到，政府还是要收茶税的（内阁那种掩耳盗铃的想法完全没起作用），而茶税中的大笔收入都会用来支付在美洲的王室官员和法官的薪水，从而破坏当地议会对他们的控制。他们也疑心，茶叶的价格这么低廉，就是为了在苦药上抹上一层蜂蜜，诱使他们接受殖民地一直在抵制的汤申税。有些人还感到失望，他们原以为议会不会进一步向美洲征税，会逐渐废除茶税，但是从议会的所作所为来看，遥遥无期。还有一部分走私茶叶的人利益受损，从其他渠道进口合法茶叶的人也感觉受到排挤，自然也是愤愤不平。于是各地的东印度公司茶叶承销商纷纷受到人身威胁。

接下来就发生了 1773 年 12 月 16 日的波士顿倾茶事件——塞缪尔·亚当斯率领一小群波士顿人化装成印第安人冲到运茶的货船上，将东印度公司的茶叶倾倒在海湾中，以示抗议。

这种暴力侵犯私人财产权的消息传回伦敦，引起一片哗然。破坏个人财产，在当时的绅士们看来，是最恶劣的罪行。即使是美洲之友们也纷纷抽身离去。富兰克林写信回美洲："我觉得我们从没有像现在这样孤立过，很多英国朋友离开了我们。"[1]当时也有许多美洲人觉得这事实在做得过头，拆高官的房子、烧缉私船都还说得过去，算是抵抗不义的公权力。但是侵害私人的财产，就过分了。当时有名纽约商人（Robert Murray）面见诺思，提出自己私人来补偿东印度公司的损失。

1　卡尔·范·多伦：《富兰克林》，第 498 页。

有一个人却不愿意再容忍下去，那就是乔治三世。恐怕他一直疑惑的是，在自己和不列颠政府做了如此多的让步之后，为什么北美人还是保持冷淡态度与抗议姿态，而且越来越暴烈。他的结论只能是，一小撮人藏在事态后面兴风作浪，想要颠覆正当的权威等级与帝国宪政秩序。他完全无法理解北美人既反抗不列颠议会权威又愿意保留在英帝国之内的行动和愿望。在他看来，这两者完全无法兼容。

有许多北美人认为存在一种英国阴谋。众所周知，有作用力就必然有反作用力，许多英国人也认为存在着一种美洲阴谋——一小撮人煽动"不明真相的群众"，阴谋破坏社会秩序，颠覆英国对美洲的主权。早在英美争执之初，马萨诸塞的总督伯纳德就已经得出结论，有一个小集团在阴谋反对殖民地的王室政府。这种想法现在前所未有地在伦敦获得了重视。

前面我们讲过，在对他人行动的观察中，人们通常对个人的个性、意愿、目的给予过多的关注，而漠视他（她）如此行动的情景。其实这种偏见是对人不对己的，行为者通常将自身行动归因于情景因素，而观察者总是把同样的行为归因于行为者稳定的性格特点。换句话说，人们虽然常常将别人的行动同其意图联系在一起，但是一涉及自己，就不是这样了。

与这个偏见相关的一个后果是在行动中过高地估计对方对自己的了解程度，由于对自己的意图十分熟悉，所以很难相信对方会看不出自己行为的目的；认为自己的行动即使带来不快的后果，也是由于种种情景的约束，并无恶意。结果是当一个人自认为不会对别人构成威胁的时候，他往往假定别人会明白他没有敌意。著名的国际关系学者罗伯特·杰维斯曾经说过这么一句话："如果一个行为体未能使对方明确地理解自己的非敌对意图，误解升级现象就会出现。如果一个行为体认为对方怀有敌意，同时又认为对方明白自己的行动是出于和平意图，他就会感到对方具有明确的侵略性，因此必须以实力和强硬态度对待之。"

这种误解升级现象就发生在不列颠君臣身上，阴谋论也被他们所接受。马萨诸塞总督哈钦森提出，殖民地有些人一开始的目的就是独立，他们欺骗群众进行叛乱，这跟英国政府是否征收赋税无关，再次妥协是无济于事的。1773 年波士顿倾茶事件发生之后，乔治三世写信给大臣："我极为痛心地知道坏人的煽动又一次把波士顿人导向如此不可原谅的行动。"[1] 他认为，目前的困境来源于不列颠的一再忍让，从而让一小撮坏人利用局势煽动无知群众。他决定要施以薄惩，显示坚定。因为这样，就能把这一小撮人孤立出来。"我们是绵羊的话，他们就是老虎。但是，如果我们坚定起来，他们毫无疑问会被证明是非常温顺的。"[2]

当乔治三世这样的"温和派"强硬起来，是非常可怕的，因为他自觉受到欺骗、好心被人滥用、荣誉遭到损害，而又不无懊悔内疚之心。这反过来加剧了他的坚定。他对自己的品格、自己对国家的忠诚与奉献越是毫不怀疑，对自己的"敌人"就越是冷酷。

1　P.D.G.Thomas, "George Ⅲ and the American Revolution," p.28.
2　Andrew Jackson O'Shaughnessy, "If Others Will Not Be Active, I Must Drive," *George III and the American Revolution*, p.10.

1774 年 2 月，乔治三世写信给诺思首相，说道："所有人现在都感觉到 1766 年那次致命的让步鼓励北美人每年都在增长其独立的抱负。"[1] 他督促诺思同盖奇会面，以便想出一个强迫波士顿人服从的法子。相当多的史家，比如托马斯（P.D.G Thomas），认为诺思内阁在 1774 年后，明显是被乔治三世推着走。[2] 哈钦森本来已经相信诺思内阁会向后退缩，避免与北美发生冲突，但是乔治三世一直在鼓励他的内阁表现得更强硬。他决心这次再也不会后退了。

四　灰心丧气的富兰克林

当国王和内阁耐心丧尽，开始考虑用极端手段来维系帝国的时候，本杰明·富兰克林就处在一个非常尴尬的位置上，当时，他正在伦敦担任宾夕法尼亚、佐治亚、新泽西和马萨诸塞殖民地议会驻英国代理人。这种代理人职位，是帝国各部分之间互通消息的纽带，不过却并不在帝国政治体系的正式安排之内。其重要性，端在内阁重视与否。

这并不是他第一次到不列颠来了。这个时候，他已经是六七十岁的年纪。但我们看他现存的诸多画像，还能看出活力充沛的"调

1　Andrew Jackson O'Shaughnessy, "If Others Will Not Be Active, I Must Drive," *George III and the American Revolution*, p.10.

2　Andrew Jackson O'Shaughnessy, "If Others Will Not Be Active, I Must Drive," *George III and the American Revolution*, p.12;.P.D.G.Thomas, "George. III and the American Revolution," pp.28-29.

皮"劲。日后他的传记作者是这么形容他的："他有 5 英尺 9 或者
10 英寸高（1.75 米到 1.77 米高），有着一个大脑袋、一双结实而
灵巧的手。他的头发是淡黄色或者淡褐色的，眼睛是灰色的，眼神
饱满且透出沉着，他的嘴宽大，那尖尖的上唇给人以幽默感。"[1] 他
的传记作者纷纷称呼他是一个多面人，这首先体现在他的多才多艺
上——假如我们把爱迪生、马克·吐温和基辛格糅合成一个人，或
许与他有点相似。他宣扬节俭，但在伦敦的花花世界里却非常惬意，
也能摇身一变成为蛮荒世界的"伏尔泰"。别人一贯称赞他谨言慎
行，但他在本质上却是一个勇敢的冒险家。

　　他出身寒微，但精明能干、通晓世务、富于想象力与创新精神，
如此便一路向上，在科学、商业和本地的政务活动中都非常成功。
他年轻的时候是印刷工，青壮年时代放荡不羁，组建过消防队和
美国哲学学会，从事过多种事业。从 1748 年开始，在政坛上也突
飞猛进，很快就成为宾夕法尼亚议会中的头面人物，继而被派参
加奥尔巴尼（Albany）大会（该大会旨在处理诸殖民地共同面临的
印第安人问题，但富兰克林却力图借此实现各殖民地的政治联合），
与其他殖民地的精英人物同桌议事（他跟哈钦森共事愉快），并很
快显露出自己是他们中间的佼佼者。他的影响力已经超越单个殖民
地，而成为全美瞩目的人物。

　　美洲头号科学家的称号为他加分不少。当时仍然是启蒙时代，
从天空之中取得雷电之举让他在整个欧洲闻名。他的书《电实验与

1　卡尔·范·多伦：《富兰克林》，第 97 页。

观察》(*Experiments and Observations on Electricity*) 有五个英语版本、三个法语版本、一个意大利语版本、一个德语版本。德国哲学家康德甚至将富兰克林比作"盗火的现代普罗米修斯"。法国国王也给富兰克林发来私人贺信。

身处"荒野"而有如此成就，正好契合当时人们对拓荒者的浪漫想象。人们有意无意地将他看作一代"新人"的代表（旧文明之子，但脱离文明社会的束缚任意成长，从而在德性上和智力上都超乎前人）。正是由于上述因素的联合，他可以突破那层"透明天花板"，实现阶级流动，获得超越本地的政治影响，并让不列颠注意到他这么一号人物。1753 年，他被英国皇家学会选为院士，那年，他还被任命为美洲邮政总局副总监（实际上的负责人），这个职位是由英国王室任命的。1757 年，宾夕法尼亚议会看中他的跨大西洋影响力，把他派到伦敦去处理跟领主之间的纠纷。他在伦敦待了五年，如鱼得水，而英国的政治人物也看中他在北美本地的政治影响，对他优容有加。例如，他的儿子威廉·富兰克林一步登天被任命为新泽西总督（原本只想当个殖民地政府代理秘书或者海关人员）。至少在不列颠人看来，这意味着富兰克林被收编进了帝国政治的恩赐–附庸关系之中。

从很多角度讲，富兰克林对大英帝国都有特别的认同与利害。从个人利益或志趣角度讲，与宾夕法尼亚或其他还在开疆辟土的殖民地相比，不列颠显然更具有文化气息，有更多谈得来的学问人，也更尊敬思想家和哲人。他本人也曾考虑移居不列颠。况且，当一个人有世界声望的时候，往往也会以天下为念。一个大帝国的哲人，比起僻远之地的智者，要更配得上他的期许与眼界。况且他本人在这帝国之内也并不是无厚利可图的。至少有一次传闻，说他会被加爵为从男爵，再被任命为宾夕法尼亚总督。在之后的年月里，也有政府高官暗示，会让他进入高层圈子。

从地方政治的角度讲，富兰克林也有特别的理由认同帝国。这涉及宾夕法尼亚殖民地的特殊性。宾夕法尼亚不是王家直属殖民地，而是业主殖民地，是英王查理二世在 1681 年授给威廉·佩恩的，这块殖民地从法理上来说，属于佩恩家族。威廉·佩恩本人虽然贤良，但他的子孙同宾夕法尼亚的殖民者们闹得并不开心。原因在于这样一个问题，即佩恩家族作为领主，到底是殖民地社会的一分子，还是高居此社会上的存在。比如，殖民地议会认为，为公共福利计，佩恩家族也应该纳税（英国国王在本土也是要纳税的），但遭到佩恩家族的断然拒绝。又比如说，在总督的任命问题上，佩恩家族坚决认为这个权力应该掌握在领主手中，而殖民地议会却坚决反对。双方的关系闹得如此之僵，以至于佩恩家族将富兰克林看成是离叛乱就差一步的人。议会和富兰克林的打算是，向内阁和王室请愿，让国王收回授予，更改宾夕法尼亚殖民地的性质，使它也纳入到王室直属殖民地的序列中。这样借帝国之力，排挤掉佩恩家族。有求于人，自然就要格外忠贞。此外，宾夕法尼亚殖民地还有一点特殊，那就是德意志移民大量涌入该殖民地，而富兰克林对该殖民地的"日耳曼化"持坚决反对意见。1751 年他撰写了一篇文章，名叫《关于人口增长的意见》（"Observation Concerning the Increase of Mankind, Peopling of Countries, Etc."），在其中，他抨击道："为什么我们要允许这些德意志乡巴佬（Palatine Boors）蜂拥来到我们的定居地，聚居在一起，以他们的语言和规矩排挤我们？为什么英国人建立起来的宾夕法尼亚要变成外国人的殖民地，他们在短期内人数就能增加到足以将我们日耳曼化而我们却无法将他们盎格鲁化。他们不会采纳我们的语言和习俗，就像他们无法变更肤色一样。"[1] 由于这种意见，富兰克林更多地强调英国人血统上的统一，强调纵向的族裔亲缘，而不是横向的乡土团结。

从富兰克林自己的政治意见上来看，就在《关于人口增长的意见》这篇文章中，他也指出，以美洲人口增长之速，"到下一世纪将超过英国的人口，英国人中的大部分都将生活在海洋的这一边。大英帝国的权力通过海洋和陆地将有多么巨大的增长啊！"按照这种人口趋势估计，美洲人就是大英帝国的当然继承人。既然有此继承前景，就不存在美洲撇开帝国单干的问题。而且，他恐怕也不相信有人会这么愚蠢，破坏这么一个伟大的帝国前景。

"对富兰克林来说，大英帝国的兴起是 18 世纪最重大的现象，随着他日益增长的雄心，他也非常想成为帝国之一分子。"[2] 我们可以合理地推断，正是出于这种雄心，在 1754 年奥尔巴尼大会上，他力图统合所有殖民地，使之成为一个单一的实体（以提升在帝国中的地位）。他 1784 年在自传中提到此事的时候，对这个倡议的

1　http://www.americaandtheworld.com/assets/media/pdfs/Franklin_increase.pdf. 又注，富兰克林并不认为德国人是白种人。他认为西班牙人、意大利人、法国人、俄国人、瑞典人和德国人的皮肤都是黝黑的，而纯种的白种人只是撒克逊人和英格兰人。

2　Gordon S. Wood, *The Americanization of Benjamin Franklin*, p.72.

失败还非常遗憾："到现在我还以为假如当年我们采纳了这一计划，对大西洋两岸都有好处。按照这个计划联合起来之后，殖民地一定会有足够的自卫能力，那就不需要英国的驻军了，当然也就没有以后向美洲征税的借口了，因课税而引起的流血斗争也都可以避免了。"[1] 1754 年，当时的马萨诸塞殖民地总督威廉·雪莱（William Shirley）特意邀请富兰克林对帝国治理发表意见，富兰克林与之达成一致意见，那就是英国国会里面应该包含美洲代表。当时他说："通过这样一种联合，大不列颠和殖民地的人民都将学会不再把自己看成是属于不同利益的不同集团，而是属于利益一致的同一个集团。我想这肯定会增加我们的团结，大大地减少今后分裂的危险。"[2]

在富兰克林的设想中，大英帝国将在美洲一路向西扩展，造就一个囊括整个北美与大西洋的国家。历史学家戈登·S. 伍德对此评论说："富兰克林很长一段时间都执着于这个西部大陆帝国之梦，这也是他同其子一起拥有的梦想。"[3] 富兰克林说道："大英帝国未来伟大和稳定的基石应置于美洲……（我这么认为）不仅仅因为我是一个殖民者，也因为我是一个英国人（Briton）。"[4]

"富兰克林到了 18 世纪 60 年代早期已经成为一个彻头彻尾的帝国人士和效忠分子……他抓住一切机会要他自己的同胞美洲人

1　富兰克林：《富兰克林自传》，姚善友译，生活·读书·新知三联书店，1985，第 186—187 页。
2　卡尔·范·多伦：《富兰克林》，第 235 页。
3　Gordon S. Wood, *The Americanization of Benjamin Franklin*, p.81.
4　Gordon S. Wood, *The Americanization of Benjamin Franklin*, p.91.

尊敬母国，羡慕不列颠的一切。"[1]当他出使不列颠的时候，一些不列颠人向他表露对殖民地将来有可能选择分裂之路的担忧。富兰克林的回答是："绝没有这样的危险，美洲人不会'联合起来反抗那个保护他们、激励他们的国度，他们（与之）共享着血脉上、利益上和情感上的纽带'。"[2]他对王室，尤其是对乔治三世，有着非常浪漫的忠诚。他对乔治三世的"贤明""品德"与"想使其臣民幸福的诚挚的意识"深信不疑。[3]当然，这种效忠意识并不妨碍他对具体的帝国政策——比如重商主义——表示不满。不过，他多半归结为执政者的愚蠢，而不是恶意。

1763 年，宾夕法尼亚议会再次派遣富兰克林出使不列颠。这一次，他将在那里安家十年之久。他恐怕没有预计到，很快，内阁的政策就将他置于一个尴尬境地，他对乡土的忠诚与他对帝国的认同开始相互冲突。为了弥合这种冲突，他愿意做很多事情。

一开始，比起他的那些美洲同胞，富兰克林显然对不列颠以及不列颠与美洲的利益一致性有更多的信心。他并不反对糖蜜法，他告诉英国朋友："我并不担心你们从我们身上收钱的计划。""你们会为了自己的缘故不去在我们身上撂上我们不能承受的负担。因为你们不可能在伤害我们的时候不伤害到自己。""这是我们首要的保险。"[4]但很显然，不列颠没有从长远利益考虑它的美洲政策，在

1   Gordon S. Wood, *The Americanization of Benjamin Franklin*, p.91.

2   Gordon S. Wood, *The Americanization of Benjamin Franklin*, pp.91-92.

3   卡尔·范·多伦：《富兰克林》，第 320 页。

4   Gordon S. Wood, *The Americanization of Benjamin Franklin*, p.107.

1765 年推出了印花税。在推出该税之前，格伦维尔将各殖民地的代理人召来咨询其意见，每一位代理人都持反对意见，富兰克林也不例外。格伦维尔却反问诸位代理人可有什么替代办法。只有富兰克林一人出了个主意，那就是要不列颠议会在殖民地发行纸币，然后收取一定利息，这就相当于对纸币征税。富兰克林预想，这么做会让殖民地人难受的劲小一些，因为该税针对的对象只是少数富人。格伦维尔拒绝了这个建议。之后，富兰克林默默地接受了印花税这一现实，甚至让他的朋友担任印花税票的分销人。马萨诸塞的托马斯·哈钦森引他为同道，向他抱怨群众在波士顿的暴行。[1]富兰克林家也受到了群众的威胁，他们觉得他也有份参与印花税的制定。

对殖民地的激烈反应，富兰克林真是大吃一惊。戈登·S. 伍德指出，富兰克林对帝国的税收政策及其理由其实不无同情，"如果必须收税来支持军队，那就这样吧。花钱才成就帝国"[2]。但是他也理解，在政治权利缺失的情况下，一种正当的政策也容易被人看成是暴政，而这样的误解也是正当的。于是他积极游说（同罗金厄姆和达特茅斯都有碰面），要英国议会容纳美洲代表。在一份游说稿中，他提出：

允许每个殖民地都有人参加国会。理由是，他们的吵闹

1　Gordon S. Wood, *The Americanization of Benjamin Franklin*, p.107-110.
2　Gordon S. Wood, *The Americanization of Benjamin Franklin*, p.106.

将会停止。……这样做有两个有利的方面。可以给这个大参事会带来情况和消息，可以向帝国遥远的部分传递回对有关公众问题处理的道理；这样就防止了因欲求或误解而引起的不满与反叛。一个帝国越是扩展，就越有必要这样做。在这些地区要保持安宁，这样做比派驻军队更合算；这是人民自己来支付费用。这将吸引大多数有钱人住在伦敦，吸引来他们的财富，因为只有这样才负担得起做议员或求得庇护的费用。这样将永远维护住团结。……如果允许每个殖民地都可有国会议员，在目前可能并非所有殖民地都愿意派人来；有些可能是出于经费的考虑，等等。那么好了，这些殖民地就不再有什么说三道四的权利了。他们不履行责任就等于他们默认了他们不在场时其他人有权处理问题。[1]

作为说客，自然是要站在被游说一方的利益上讲话，才会有打动人心的力量。但即使我们从这个角度考虑，富兰克林为大英帝国谋利益的心情，也是可以推想而知的。

内阁和议会对富兰克林的这一建议未加理会。伍德在著作中很辛辣地提起不列颠人当时的虚骄心态、他们对美洲"乡巴佬"的蔑视，以及美洲人的怒气。一份北美报纸如此质问道："难道变更住所就污染了祖先的血脉？他们之前还是不是英格兰的自由人，难道经过六个星期的航行来到美洲就把他们变成了奴隶？"[2]

1　卡尔·范·多伦：《富兰克林》，第 342 页。

2　Gordon S. Wood, *The Americanization of Benjamin Franklin*, p.114.

幸好，这个时候罗金厄姆内阁上台，他们需要找到一个合适人选，为推翻印花税提供论证。富兰克林本人向来以实际、理性和中庸著称，在大西洋两岸都有足够的分量。1766 年 2 月 13 日，他被召至议会听证会，回答了 174 个问题。

其中有些问答如下：

问：1763 年以前，北美人对大不列颠的印象是怎么样的？

答：真是天下第一。他们发自内心地服从王国政府，所有法庭都遵守国会的法令。……

问：那么他们现在的倾向如何呢？

答：唉，变化很大。

问：在最近以前，你听说过人们质疑过议会为美洲立法的权威吗？

答：议会在一切立法上都拥有权威，除了征收内部税。人们从没有争论说议会不能为规范贸易而征收关税。……

问：美洲人往往用什么样的眼光来看待大不列颠国会呢？

答：他们把国会视作他们自由与权利的伟大堡垒和屏障，总是以无可比拟的尊敬与崇敬谈起它。……

还有一些问答如下：

问：如果印花税得到适度修正，你认为美洲人民会承担起纳税义务吗？

答：不，绝不，除非靠军队来强征。

问：对国会（有权为殖民地立法的）那些决议，美洲人会怎么看，假如印花税法被废除的话？

答：他们会满意的。……假如你们不把这些权利付诸实施，我想北美人就不会多加关注。……他们也许会相信你们绝不会在殖民地行使这些权利，除非有某种极不寻常的情况发生。[1]

有大量的问题是在追问，假如废除了印花税这种内部税，殖民地人会不会继而要求废除外部税。对此，富兰克林做了相当否定的回答。后世的历史学家往往指责富兰克林犯了错误，但是这种批评，近乎苛责。当时的不列颠政治家们，无论格伦维尔、罗金厄姆还是威廉·皮特，无不把《航海条例》看作大英帝国富强的基石。如果富兰克林的反应是否定的，那么只会把亲近殖民地的人推向强硬派一方，增加对立，而非缓和局势。富兰克林承认议会有权征收外部税，这是审时度势给议会留面子的做法。

富兰克林对议会否决印花税之举深感欣慰，他写信给自己的朋友："一旦他们（议会）得知真实情况，他们就会立即纠正它，这增加了我们对此威严机构的尊敬，以及对它实行的公正与平等的

1　Benjamin Franklin, "The Examination of Doctor Benjamin Franklin, Before an August Assembly, Relating to the Repeal of the Stamp-Act," New London : Timothy Green, 1766.

信心。"[1] 他还买了大量的英国物品，寄回家给自己的妻子，以弥补之前由于贸易抵制而给家里造成的不便，也顺做庆祝。

不过，他也开始越来越怀疑内阁和议会中有些人的用心，怀疑他们根本不是从帝国整体利益的高度来考虑问题，而是在犯傻。他已经意识到不列颠人乃至议会可能并没有把殖民地人民看成是利益共同体的一部分。"在这里他们（殖民地人民）可能被视为外国人。"他抱怨道。

他在给朋友的信中说道："如果我们请求加入国会，国会在目前自视过高，不接受我们的代表；而当他们将来想接受我们时，我们又会自视太高而不去接受。"在另一封给英国高官的信中也写道："我，还有你，都完全相信，只有在国会中建立起这个帝国所有部分都能公开平等地参与的代表制，从而实现一个巩固的联合体，才是达到政治昌明的唯一稳固的基础。……每一个英格兰的人似乎都把自己视为统治美洲的一员，似乎都在向国王的宝座上挤，并且奢谈'我们的殖民地臣民'。国会不能准确、真实地得知有关殖民地的处境、能力、情绪等情况，就不能妥善、明智地制定出适合于殖民地的法律。也可以说，没有殖民地来的代表，就制定不出这些法律。国会只喜欢这种权力，却反对获取这种权力所必要的知识的唯一手段：这就是不求无所不知，却想无所不能。"

这封信接下来论述了不列颠需要北美更甚于北美需要不列颠。"那里的人民现在仍对不列颠保持着尊重、崇敬和爱恋，只要能细

1　Gordon S. Wood, *The Americanization of Benjamin Franklin*, p.121.

心维护，友善而谨慎地对待他们的特权，就可以长期而不费劲地统治他们，而用不着使用武力或付出巨大的开支。然而，我看不到这里有实现这种行动所必需的足够的智慧，我对此深感遗憾。"[1]

既然英国议会在可望的将来不可能出现美洲代表，于是，他开始认为，只有英国国王才是帝国的维系点，目前最好的办法是保持不列颠与殖民地之间的隔离，不要再生事了。

汤申税的出台，意味着富兰克林的期望破产。这个时候，这位"帝国之友"也开始受到一些权贵人士的猜忌——"为匪张目"。富兰克林在各种场合下发言，把北美人的诉求和不满转达给旁人，希望政府注意美洲问题的严重性。庸人几乎都会把带来坏消息的信使或者是卡桑德拉看作是邪恶本身。许多英国要人开始把这个恼人的中间人看作阴谋捣乱分子，富兰克林与希尔斯伯罗的关系就极为糟糕，希尔斯伯罗称富兰克林是"英格兰为害最甚的人之一"。[2]在富兰克林的嘴里，希尔斯伯罗也以傲慢无礼、偏执无知著称。富兰克林的来往信件开始遭到检查。内阁对各殖民地的代理人也冷淡了许多，再也不像以前那样频繁地来征询意见。格拉夫顿内阁时期，他曾经想过进入内阁成为美洲事务部的次官，以便在帝国各部分之间互通款曲。格拉夫顿也曾经有意招纳，但是遭要人反对，也就不了了之。无疑，富兰克林在生活中也开始感受到这股恶意。在他的私人信件、发表在报纸或小册子上的作品中，相应的辣味与

1　卡尔·范·多伦：《富兰克林》，第 364、373—374 页。

2　卡尔·范·多伦：《富兰克林》，第 410 页。

讽刺意味也越来越重。

"对贸易法案的每次小小侵犯，或一小撮暴徒对那个国家的某个海关官员的小小冒犯，他们都叫嚷着要把全体人民当作造反者与卖国贼去报复。我一听到他们这样指责美洲人时，就忍不住要想，世界上竟还有这样的人，对兄弟的小缺点他们能明察秋毫，对自己的大错误却视而不见。"[1] 在 1768 年他如此写道。

1771 年下半年，富兰克林开始长时间走访伦敦以外的世界，在爱尔兰、苏格兰，他目睹当地农民的生活，深感阶级分化与贫富悬殊。在伦敦，他也耳闻当时盛行的对议会腐败的批评，还有普遍的社会骚动。这使得他对"文明社会"的敬仰之情减少了许多。

他还是愿意做出努力，不求最好，但求避免最坏的场景——帝国的分裂与内战。他还是不愿意把英美失和的原因归结到议会的恶意上，也努力劝说朋友们相信这一点。1771 年 5 月，他写信给波士顿的通信委员会，把他对英美关系恶化的理由归结为两点，一是有些"存心不良"的殖民地王室官员吃"分裂饭"。他们"对居民污蔑中伤，说他们不满，有反叛倾向。（为了鼓励政府严厉镇压）又说他们软弱、分裂、胆小和怯懦。政府相信了这些说辞，觉得有必要支持它的官员"。这又反过来鼓励了这些人的作为。二是冲突与对抗循环升级的自然趋势——人民若对这些官员不利，就会招来严厉惩罚和进一步的镇压。"人民越是不满，严厉就越被认为是必要的。将实施严刑峻法以儆效尤；将取消权利与特权，接着

1　卡尔·范·多伦：《富兰克林》，第 384 页。

将要有更多的军队来保证命令的执行和让人民顺从；将会出现庞大
的费用开支；再接下来，就需要征收新税……"于是引发新的反抗，
鲜血因之流洒。结果要么是殖民地的全面奴役，要么是英国失去殖
民地。富兰克林督促他的同胞表现出更多的谨慎，以推迟这种后果，
或者向世界显示，错不在我。[1]

　　从汤申税出台到 1774 年，富兰克林之所以要求美洲一方谨慎
从事、避免冲突，也是因为他认为，北美殖民地根本没有必要卷
入一场与母国的激烈抗争中。他判断，时间和未来都在殖民地一方，
假以时日，殖民地的人口繁盛、财富聚集是当然之事。到那个时候，
大不列颠政府就再也无法轻视和拒绝殖民地的正当要求。他说道：
"这个清教国家（是我们的母亲，尽管近来不怎么友善）是值得保
存的，她在欧洲的分量，她自身的安全，在很大程度上要依靠与
我们的联合。"[2] 而且，他在 1773 年 3 月的一次通信中写道，不列颠
正深陷债务之中，等到下次战争的时候财政一定万分窘迫。"这个
时候我们就应该说，'为我们平愤'。这个时候不列颠一定会让步。"
在这之前，应该做的是不给别人以借口来强力镇压，破坏这个和平
发展机遇期。7 月，他又说道，不列颠的态度和政策短时间内不会

1　卡尔·范·多伦：《富兰克林》，第 364、399 页。"From Benjamin Franklin to the Massachusetts House of Representatives Committee of Correspondence, 15 May 1771," Founders Online, National Archives (http://founders.archives.gov/documents/Franklin/01-18-02-0071, ver. 2014-02-12). Source: *The Papers of Benjamin Franklin*, vol. 18, January 1 through December 31, 1771, ed. William B. Willcox. New Haven and London: Yale University Press, 1974, pp.102-104.

2　Bernard Bailyn, *The Ordeal of Thomas Hutchinson*, p.234.

有什么突然的改变，殖民地人民必须像"忍受上了年纪的父母的缺点一样，对我们的政府的缺点睁一只眼闭一只眼"。[1]

他的这种主张，颇不受殖民地内部极端人士的欢迎，许多人怀疑他已经被不列颠的精致生活所俘获，为名位所诱，成为内阁手中的顺服工具。这种压力，想必富兰克林是能觉察到的，他需要有一些业绩。

1772 年下半年的某个时间，富兰克林在与"一位声名显要的先生"谈话时被告知，向波士顿派兵以及"所有其他令我们怨恨不已的苦难并非起源于英格兰政府，而是我们的美洲同胞中的某些最有身份的人在维护国家利益的名义下向政府谋划、建议、请求并得到批准的结果"[2]。作为证据，这位先生在随后带来了一些信件。这些信件来自托马斯·哈钦森及其妻弟安德鲁·奥利弗（写信的时候分别是马萨诸塞殖民地的代理总督和秘书，现在则是总督和副总督）。通信方则是格伦维尔的助手托马斯·惠特利（Thomas Whately），通信时间是 1768 到 1769 年。在其中一封信中哈钦森写道："一个距离母国三千英里之遥的殖民地，从字面上说是不可能享受母国所享有的所有自由的。""应该对所谓的英国自由有所删减。"奥利弗则建议，应以某种独立于殖民地议会的方式来任命殖民地的政府官员。

在这些通信之后，不列颠政坛就出现了更改马萨诸塞殖民地

1　卡尔·范·多伦：《富兰克林》，第 466 页。

2　卡尔·范·多伦：《富兰克林》，第 459 页。

宪章的提议。这些信件似乎证实了富兰克林在前一年就有的猜测，即存在一个在帝国政府与美洲社会之间搬弄是非的小阴谋集团。他不相信哈钦森和奥利弗是真心诚意地持有以上政治意见。

帝国政府对美洲形势、诉求与情绪的无知本来就令富兰克林感到惊异[1]。他也相信帝国政府的美洲政策多半是应激性的、防御性的，是面对幻想中的高风险局势的自保行为。他写信回马萨诸塞："我最近得到了一些信件，而我有理由相信，我们目前所受的大部分——如果不是全部——苦难都起源于这些信件。""这些信送到他手上本来就是为了让他相信，内阁与其说是暴虐成性的，不如说是被人蒙蔽的。一旦波士顿了解到事情的真相，这一愤恨不平的城市就会知道谁是他们应该加以谴责的，而在推进和伦敦方面的相互理解上再度表现出耐心。"[2] 富兰克林本人恐怕也希望把这个意思转达给马萨诸塞方面，他自述在得知此消息后，对政府的怨恨减轻了许多。局势弄得这么坏，总要有人承担责任。不管富兰克林是真诚的、故意的或潜意识希望的，他都指出这个责任要由哈钦森来承担。

富兰克林恐怕错怪了人。据伯纳德·贝林的考证（Bailyn，1974），哈钦森颇为无辜。事情的真实原委大概是这样的：惠特利在美洲组织了一个私人通信网，同若干人等有信息交流，人们写

---

1   1773 年 7 月 7 日，富兰克林写信给库珀："此间之大患在所有人民皆不注意美洲一类远方国家之情形；在于不愿浏览有利此类远国之文字，若此类文字稍微冗长；在于不愿即刻考虑其所认为最后必须考虑之事，庶有时间考虑与彼等直接有关之事，而即因此享其娱乐而恣意放荡焉。"乔治·特勒味连：《美国革命史》，第 8 页。

2   卡尔·范·多伦：《富兰克林》，第 460 页。

信给他诉说各种事项（比如求职），也从他那里获得有价值的伦敦政坛信息，以及宝贵的政治支持（人人都知道他背后是格伦维尔），这是当时侍从－庇护体制的典型做法。这些人在通信的时候，多多少少都谈到了对美洲当前局势的看法。哈钦森其实是这些人中出言最谨慎的一个。固然他要求内阁和议会对殖民地政府的支持力度应该更大一点，也痛惜于殖民地行政机构的软弱，他也主张与母国联合是极大的善，为此目的殖民地人民需要牺牲一些自由权利，但这都是以前他在公开场合就已经说过的。

问题主要出在有人断章取义。1769 年年底希尔斯伯罗想对马萨诸塞殖民地宪章动手，让参事会不由民选产生，改由皇家任命。为了达到这个目的，需要找一些舆论支持。于是某人（可能是前总督伯纳德，当时他正在四处活动）从惠特利手上拿到了这批信件，筛选了一下，找出了有利于自己意见的那些内容，在一个小圈子里面传播。

哈钦森与惠特利通信至少二十次，其中六封信被筛选出来。在被筛选出去的其他信件中，哈钦森谈到自己作为殖民地政府首脑，行为举止要更慎重、更细心才行；他仍然相信大部分美洲人都是忠于不列颠的，也希望这种情势能够维持下去；英国军队在殖民地根本无法得到有效运用，除了极端情形，也根本不该得到应用，即使得到应用，也应该早点结束；以及，他对未来感到迷茫，看不出有什么好的办法可以确保英美关系的安好。[1] 可见这种筛选在某

1　Bernard Bailyn , *The Ordeal of Thomas Hutchinson*, pp.224-230.

种程度上扭曲了哈钦森的本意。

柏林认为，这批经过筛选的信件在流传中可能落到了托马斯·伯纳尔的手中——他就是那位"声名显要的先生"。这位前任马萨诸塞总督现在是下院的议员，一向持对美友好意见，当时正致力于英美的和解，于是暗中给富兰克林带来了这些信，以便通过富兰克林去做殖民地人的工作。富兰克林在 1772 年年末将这批信寄给了马萨诸塞殖民地议会，事先约定好不公开传播，因为这毕竟还是私人信件。但是殖民地议会在 1773 年 3 月得到这批信件之后，在内部政治斗争下，还是选择了在该年 6 月公开出版发行这些信件，并通过决议，向国王请愿，以撤销哈钦森的总督职务。

应该说，马萨诸塞殖民地在一定程度上接受了富兰克林的解释，把英美失和的罪责归于哈钦森一人头上，指责他"干扰与离间我们最仁慈的国王乔治三世与其忠实、挚爱的省份之间的关系，摧毁不列颠与殖民地之间的和谐与善意，刺激不列颠政府对本省份产生不满"[1]。

这个消息在 1773 年下半年被传回了不列颠，至少三四个月内不列颠的政坛一片沉默，没有什么反应。假如当时的内阁和议会能够抓住这个机会，向马基雅维利学习，把责任全都推到哈钦森的头上，就坡下驴，派出一个国会特别代表团到北美殖民地巡游，未必不能缓和日益紧张的局势。他们并没有这么做。一个重大机会，就此失去。

1　Bernard Bailyn, *The Ordeal of Thomas Hutchinson*, pp.241.

有件事情更是雪上加霜，那就是该年 12 月 16 日的波士顿倾茶事件。当时，哈钦森因为那些信在波士顿声名狼藉，东印度公司运到波士顿的茶叶恰恰又是他的两个儿子和侄子在分销。波士顿人痛恨哈钦森到极点，塞缪尔·亚当斯带着人上了船把东印度公司的茶倒在海里，不无私人报复之意。但是这个消息在来年（1774 年）1 月传回不列颠，引发大哗。连富兰克林自己也认为这是"一个令人震惊的非正义的行动"。此举坐实了信件中对殖民地人民无组织、无纪律、不讲道理、粗野不堪的指控。在这个时候，朝野的主要批评对象显然不会是哈钦森。

该年圣诞节，富兰克林对英国公众坦承自己就是那个泄密者。1774 年 1 月 29 日，枢密院召开听证会审议马萨诸塞的请愿。就像哈钦森在波士顿被怀疑吃"分裂饭"一样，政府也怀疑富兰克林在伦敦吃"分裂饭"，决定利用这个道德丑闻把富兰克林批倒批臭。

几乎所有的政府高级官员和贵族都出席了这场听证会。政府的总律师韦德贝恩（Wedderburn）出面指控"富兰克林博士显然是这场反对国王的两位总督的整个阴谋的策划者和总指挥"。他称呼富兰克林是小偷和窃贼，"毫无廉耻之心"，是"诡计多端的美洲人"，"殖民地议会的大多数成员都是清白无辜、天性善良的农场主"，不幸被富兰克林利用，"他既是演员又是幕后操纵者"。韦德贝恩说，"大人们，大美利坚合众国的想法是如此使富兰克林博士心醉神迷，以至于他常常不知不觉地流露出一个独立的外国的大臣的口气"，由于有此野心，富兰克林在"政府的不同机构中挑拨离间，对国王的臣民煽风点火"，希望凭此建立自己的僭主政治国家。[1]

富兰克林戴着老式假发，穿着天鹅绒大氅，面无表情地站在那里一言不发。第二天，他被正式解除副邮政总监的职位。"可以想象，"他在 2 月 15 日写信回马萨诸塞的时候说，"我当时非常愤怒……当我看到政府是如此地讨厌任何请愿和不满的申诉，以至于仅仅传送它们就算是大逆不道时，我对在帝国的不同部分之间维持或恢复和平团结不能不感到灰心丧气。"[2] 很显然，他不仅仅是灰心丧气而已，四年以后当他出使法国，为独立的殖民地寻求经济援助和军事同盟时，他就穿着同样一件天鹅绒大氅（很久没穿过了）出席了签字仪式。日后，英美双方的历史学家们、富兰克林的好几位传记作者都提到了这件天鹅绒大氅的象征意义：绝望、愤怒、嘲讽与报复。

五　无能为力的美洲之友

为帝国感到担忧的，还有一批英国人。这些人人数不多，但是整个英国社会从上到下都有这样一批人存在。他们通常被称为"美洲之友"。从社会阶层、政治观点与立场来看，他们又通常是由两种人组成的。

第一种是查塔姆伯爵（威廉·皮特）这类人，基本阵地是议会。

1　卡尔·范·多伦：《富兰克林》，第 484—488 页。

2　卡尔·范·多伦：《富兰克林》，第 491 页。

这包括威廉·皮特、威廉·皮特的政治继承人谢尔本伯爵，以及
一小批他们的追随者；还包括罗金厄姆侯爵及其策士埃德蒙·柏克，
还有他们的党派小集团；查尔斯·詹姆斯·福克斯（Charles James
Fox）——他在1774年倒向美洲之友一方，但保持相当的政治独立。
这些人算是统治集团中的反对派。对美洲事务发声算是因为治国理
念的不同——他们同情美洲人抗争的宪法理由，对英美关系有敏锐
的政治嗅觉。

　　一般而言，他们是旧有的英格兰治国常识的信奉者，相信在
集中的单一帝国之中，应该采取多元治理方式，中央政府应该注
意自我设限。这使他们同显性化管理思维的"格伦维尔和诺思们"
发生了重大分歧。

　　埃德蒙·柏克是这群人中的思想家和雄辩者，他在议会中论
争道，不列颠与其属地之间的关系，应该是头脑与肢体之间的关系，
头脑指挥肢体但不代替肢体，中央政府的功能是监督而不是取代
地方政权，"指导它们、控制它们，却不吞灭它们。……她必须有
至高的统治权，去制服玩忽为心者，约束性格暴烈者，扶持贫弱
者。……为了使议会适应于这监督权的目的，它的权力必不能加
以限制。……但这一权力不该纳入常制，也不能上来先用它。"[1]"（国
家）部分之间的从属关系，是排斥这种简单的、铁板一块的统一的，
英国是脑袋，这没错，但她不能脑袋四肢全占了。从一开始，爱尔
兰就有一个虽不独立、却分离的立法机构，这并不曾破坏，相反是

1　埃德蒙·柏克：《美洲三书》，第63—64页。

促进了整体的团结。"[1] "在地方特权与共同的最高权威之间，界线当极端微妙。争端、甚至激烈的争端和严重的敌意，往往无可避免。但是每一项特权，固然都使它（在这一特权适用的范围里）免受最高权威之运行的约束，但这绝不是对最高权威的否定。……一旦发生这种不幸的争吵，则最轻率的做法，我看莫过于帝国的首脑坚持认为：任何违逆它的意愿和行为而申明的特权，都是对它整个权威的否定。……这岂不是教导他们不去区分各种形式的服从吗？"[2]

尽管如此，我们也要看到，这些美洲之友的思想同样被旧有的帝国理念所束缚。这一旧有的帝国理念似乎是不列颠国内政治中的等级-庇护关系的国际版。对不列颠的"脑袋"地位，他们似乎没有，或不愿意去怀疑其当然性。面对一个扩大了的帝国，他们的反应是相当保守的。在他们的眼中，帝国中央与边缘的关系是依附-保护型关系，而不是契约关系。

还是以柏克为例，当他论述帝国维护之道的时候说："我把不列颠宪法的一份股权授予她（以换取她的服务）……我持有殖民地，是靠亲密的感情，它来自我们共同的姓氏、共同的血缘、相似的权利和一体的保护。……我要让殖民地的人民，总把他们的公民权利的观念与您的政府相联结。"[3] 在这段话中，我们可以看到的是，柏克是用给予公民个人的"好处"来解释帝国的维系的，谁来认定这些"好处"，当各地方由于不同的认知而起纠纷之后依何裁判，

1　埃德蒙·柏克：《美洲三书》，第 142 页。

2　埃德蒙·柏克：《美洲三书》，第 106—107 页。

3　埃德蒙·柏克：《美洲三书》，第 150—151 页。

以及谁来裁判这些事则置诸不论。

这种帝国观其实同皮特、柏克诸公的保守主义政治观息息相关。在日后的新时代里，政治的重点由人事关系转向组织关系，权利归属的依据也由历史因循转向普遍抽象的法则。但这批保守主义政治家对此是不感冒的。"经验是我们唯一的向导"，是这批人的圭臬。这些人认为，政治秩序与社会秩序的产生与维系，是自然生成物，而不是人为设计的结果。他们从根本上抵制对帝国政治关系的重新构建。这是一种经验主义与反政治设计的思路。

身为贵族阶级一员，他们对政治中的不平等与等级差距并不陌生，也不反感，更视为自然秩序的一部分。"在由各色公民组成的一切社会里，某类公民必定在最上层。"[1]他们的出身、他们的经济地位和他们所受的训练，都使这批精英必定成为"人上人"，享受领导地位，而在下者的当然角色是服从和制约。柏克明确主张，人民是国家权力的制约力量，而不是国家权力的管理和执行者，更不能以多数形式决定国家的大政方针。

既然政治权利的分配并不是按人头、按抽象权利来进行的，既然社会可以有等级，那么为什么帝国的部分与部分之间不能有等级呢？不列颠由于它的人口、财富、经验与绅士阶层，居于帝国的领导地位，而帝国的其他部分自然无法享受与不列颠同等的待遇。这种"领导—服从"思路与联邦制自然背道而驰。

话说回来，也正是他们的保守，使他们把格伦维尔开始的帝

1　Edmund Burke, *Selected Writings and Speeches*. p.652.

国管理方式改革看作是对旧秩序的破坏，"郁郁乎文哉，吾从周"
就是当然的反应。从这种反应出发，面对美洲事务，他们所采取
的政策就是绥靖，而非改革。他们觉得，不列颠作为强者和上位者，
可以主动砍掉课税权，以取信于美洲，在英国与美洲之间重建信任。
"我舍去它，是作为身体的一肢，目的是为了保住身体；假如有必要，
我还愿意多舍，舍什么都行，只要能避免一场无益的、无希望的、
反伦常的内战。"[1]

第二种人的成分就要复杂得多，既包括一些不信奉英国国教
的新教徒（换言之，宗教上的异端分子）或英国国教中的自由派信
徒，如理查德·普莱斯（Richard Price）和约瑟夫·普瑞斯特尼（Joseph
Priestley），也包括一些政治运动家和改革家，如约翰·卡特莱特
（John Cartwright）。他们是一群对英国现行政治制度不满的人，他
们批评英国国会是一小群寡头当政，要求进行选举制度改革，增加
大众政治参与，革新政治。威尔克斯本人也在其中，不过他是真心
诚意支持美洲事业，还是只是想给议会添堵，现在还没有定论。

大体而言，同美洲人一样，他们都是帝国体系中的边缘人物，
很自然对美洲人抱有一份同情之心。此外，这些美洲之友的政治观
点也让他们偏向于美洲殖民地人民。历史上，他们通常被称作"真
辉格"（Real Whigs 或者 Commonwealthmen）。他们认为，英国革
命所取得的政治成果已经被无处不在的腐败所腐蚀，腐败的议会
与大臣在美洲的作为是一个密谋，意在颠覆美洲殖民地上人们的

1　埃德蒙·柏克：《美洲三书》，第 202 页。

个人自由以及司法与民意代表的自治性。他们担心内阁在美洲的
作为是不祥先兆。他们自问，既然内阁可以践踏美洲人的自由，为
什么不会在不列颠同样行动。他们觉得如果不闻不问的话，那么
当内阁镇压完美洲人之后很可能就会回过头来对付他们，对不列
颠的政治改革运动进行压制，对国教之外的信仰更予歧视。[1] 当时，
无论是这些人，还是许多美洲殖民地人民，都把美洲的抗争看成是
全帝国政治改革运动的一个组成部分。他们的目标虽不相同，但面
临的阻碍力量是一样的。

这样，皮特、罗金厄姆与柏克等人是在保守一端抵制格伦维
尔一系的帝国管理改革，而普莱斯等激进派是从政治改革的角度
来思考英美问题的。他们的出发点很不相同，但暂时有一个共同
的目标。

这两种美洲之友中，能够直接影响政府决策的，自然是威廉·皮
特和罗金厄姆伯爵这样的权贵。前文也说到，在英美争执的早期，
1764 年糖蜜税法、1765 年印花税法，无论是在内阁，还是在议会，
都没有遭到认真的反对。是殖民地人民的激烈反抗触动了皮特、罗
金厄姆和柏克的心弦。直到这个时候，这些美洲之友的主要姿态
还是"父慈子孝"说——"这个国家作为父母，应该温柔与公正；
殖民地，作为子女，应该尽忠职守"。[2] 皮特坚决反对向北美殖民地

---

1 John Sainsbury, Disaffected Patriots, *London Supporters of Revolutionary America 1769-1782*, McGill-Queen University Press, 1987,pp.7-10.

2 Colin Bonwick, "Opposition in Britain," in Jack P. Greene and J.R. Pole edit, *A Companion to the American Revolution*, Blackwell Publishers Ltd, 2000, pp.248-249.

征收赋税，但是也坚持说："（我们要）尽可能强有力地表达、确定这个国家对殖民地的主权与权威，在无论什么样的立法上都要做到这点。我们可以规范他们的贸易，限制他们的制造业，行使一切权力，只是不能未经同意就拿走他们的钱。"[1] 到了 1775 年 2 月份，双方即将迈入内战的时候，皮特还在议会中发言："假如他能够说服自己，（美洲人）他们的意图是颠覆不列颠议会在立法上的至上地位、在宪政体系中的指挥权和控制权，那么他就会第一个站出来，尽这个国家所能来保全、实施这种权力。"[2] 这种说法未必是皮特为了说服他人做战术妥协而要故意坚持原则。

1778 年，美国独立战争已经开打三年，当时议会有人提议无条件结束与北美的战争，威廉·皮特站起来以手抚胸，说道："大人们，什么状态都比绝望好，如果我们必须倒下，也要像个男人。"他随即倒下，这是他最后的遗言。另外一个不同的历史描述是，在议会中，他最后的遗言是："如果美洲人想要独立，那么他们会发现我挡在路上。"然后对自己的儿子说："离开你将死的父亲，去保卫你的国家。"[3] 这个反应并非威廉·皮特一人独有，当柏克日后回忆他在 1776 年听说美洲各殖民地发表了独立宣言时说："他对此感到深恶痛绝：他简直六魂出窍，因为在他看来，独立不止对美利坚根本不利，而且大不列颠也绝不会答应。绝不会！绝不会！

1　Colin Bonwick, "Opposition in Britain," p. 249.
2　*The Parliamentary History of England From the Earliest Period to the Year 1803*, Volume 18（Google eBook）, A.D.1771-1774, pp.203-204.
3　Jeremy Black, *Pitt the Elder* , Cambridge University Press, 1992, p. 299.

绝不会！"[1]

此外，这些美洲之友对美洲抗议的原因和进程有太"玫瑰色"的观察。国王把各殖民地议会中抗议的殖民地人士当作在伦敦街上挥舞旗帜的威尔克斯之友一样看待。这些贵族美洲之友则倾向于认为殖民地人士是帝国结构中的既得利益者，只是由于其固有权利受到侵犯起而抗议。例如，他们在介绍华盛顿的时候，会特别提到华盛顿名下的千顷土地，意在强调华盛顿的家世身份非乱民可比，其实是"自己人"。强硬派则愤愤不平地指出，北美地贱，华盛顿的身家不过相当于英国的富裕自耕农。这样他们就不可避免地对殖民地的政治诉求有所误解——或许一开始真的只是如此，但是政治冲突有自己的生命与逻辑，到了最后，殖民地人民不得不去考虑，殖民地在帝国政治结构中的依附地位是否恰当。

殖民地所理解的 1763 年前体制同皮特或柏克所理解的并不一致（一个帝国，两种理解，这点在第一章中已有描述）。关于这点，罗伯特·图克和大卫·汉德瑞克森两位学者在其《大英帝国的衰落》一书中花费大量篇幅予以介绍。他们指出，威廉·皮特和柏克在各自的演讲中都对旧秩序下的不列颠—北美殖民地关系进行了美化，意在造成一种印象，即旧秩序、旧制度下北美忠心不二、对帝国政治并无想法、两地关系也毫无摩擦，从而把英美失和的责任完全归罪于自格伦维尔以来历届内阁的错误判断与施政失误。[2] 换句话说，

1　大卫·阿米蒂奇：《独立宣言：一种全球史》，孙岳译，商务印书馆，2014，第 44 页。
2　Robert W. Tucker, David C. Hendrickson, *The Fall of the First British Empire: Origins of the War of American Independence*, pp.384-410.

车不错，只是驾驶员技术不行。

由于上述保守政治态度和"玫瑰色"的眼光，贵族美洲之友们往往处在落后一步的尴尬局面中。假如在格伦维尔还没有来得及推出糖蜜税和印花税之前，威廉·皮特等人就能大声疾呼，力加反对，而不是坐待事情已经恶化之后再来出声，格伦维尔很可能不会一开始就采取那么刚硬的手段，英美之间的关系也不会一下子恶化。假如在推翻印花税之后，贵族美洲之友们不是心满意足，认为已经消除了英美争执的根源，不是继续把规制帝国贸易看成是不列颠的特权，不是把从贸易管制中取得岁入看成是理所应当的事实，注意到北美人微妙的情绪，不要轻易地把外部税看成是北美人应该接受或已经接受的政策底线，那么汤申税也不会在一个"美洲之友"的内阁中出台，从而二度恶化英美关系。假如在 1774 年大陆会议召开之前，美洲之友们就主动提出各种大英帝国政治改革计划，如类似于盖洛韦方案的计划，也有可能在大陆会议内部寻找到足够的支持者，从而使美洲的保守派能够占据上风。他们也失去了这个机会，而历史也并没有假如。

贵族抵抗运动的第三个缺陷是，他们始终拧不成一股绳。原因倒很简单，那个时代的英国政治还没有进入大众政治时代，主持朝廷的，主要还是贵族和乡村里有家势的绅士。他们可能持有相同的政治意见，却还没有形成有组织的政党——因为参与政治的玩家就这么少，而且那个时代的政治人物多多少少带有一点玩票的性质。当时虽然已经有了所谓"辉格党"（Whig）和"托利党"（Tory），但是这些"党"与其说是现代党派，倒不如说是一群具有相似政治观点和利益之人的松散聚合，内部未必有什么组织制度。在"辉格党"和"托利党"内部，形形色色的人以私人关系结合起来，又形成了若干小圈子。这些美洲之友也是以私人关系结合起来的，如前所述，以不同人物为中心形成若干的小圈子。

这些中心人物之间彼此的私人关系并不融洽，如威廉·皮特就颇得罪了一些人。由于没有政党组织制度，这些私人关系上的冲突就没法得到抑制。由于这些反对派的内部分裂，诺思在1770年上台之后，就一直牢牢掌握着议会多数。此外，还有一点，那就是国王讨厌这些反对派，尤其是对查塔姆伯爵（这种相互讨厌是由乔治三世上台以来就开始的新君与权臣之间的矛盾所衍生的）。例如，1775年8月9日，乔治三世写信给诺思的时候，不禁称呼查塔姆伯爵是"煽动叛乱的吹鼓手"。[1]查塔姆有时也自比"布鲁图斯"。国王的身边有一群王室之友，他们的政治取向视乎乔治三世的好恶而定。由于国王的恶感，反对派的政治影响也受限。

相比之下，平民美洲之友在思想上要大胆得多。18世纪60年代，他们就开始同情北美殖民地的事业，他们曾联手反对在殖民地传播英国国教，他们曾支持北美代表进入不列颠议会。到了1774—1775这个关键年代，他们中有些人已经开始呼吁改革整个帝国政治结构。如约翰·卡特莱特1774年的著作《美洲独立：大不列颠的利益与荣耀》（*American Independence: the Interest and Glory of*

1　George III, *The Correspondence of King George the Third with Lord North from 1768 to 1783*, Volume 1, J. Murray publisher, 1867，p.261.

Great Britain）就认为，殖民地议会可以与不列颠议会平起平坐，互不统属；普莱斯则在《论公民自由本质》（*Observations on the Nature of Civil Liberty*）一书中提出，不列颠应该欢迎在帝国之内出现多个独立的政体（states），而帝国各个部分应该通过感情与利益相互联合起来。换言之，他所提议的，是一个邦联体制，在其中，每个政体都自我管理、自我约束，然后选出代表参加一个总的邦联议会。该议会将在帝国整体利益和个别利益之间进行协调。

问题是，他们不但在政府中不受欢迎，在平民中也属于少数（如果不是极少数的话）。[1] 大致来说，伦敦以外的普通人似乎很少关注美洲人的抗争或予以同情。富兰克林在 1767 年辛辣地写道："每一个在英格兰的人似乎都把自己视为统治美洲主权的一员，似乎都在朝国王的宝座上挤，奢谈'我们的殖民地臣民'。"[2] 而且，除了最关键的 1774—1775 年，美洲事务也很少进入普通人的眼帘。帝国太大了，殖民地事务只是诸多帝国麻烦中的一个。与法国或西班牙再次发生战争的可能几乎随时都存在，爱尔兰也在骚动不安。在国内，威尔克斯分子在"暴动"，卢德分子则在四处捣毁机器。整个社会正在经历政治与经济转型的阵痛。不列颠的国内群众实在无法

---

1   John Sainsbury, *Disaffected Patriots, London Supporters of Revolutionary America 1769-1782*, p.12.

2   John Sainsbury, *Disaffected Patriots, London Supporters of Revolutionary America 1769-1782*, p.6.

把注意力专注在美洲事务上。[1]

1765 年之前，绝大多数不列颠人都对美洲事务一无所知，认为这是少数政治家与商人该去管的事情。1765 年之后，他们开始意识到美洲的存在，但是直到 1769 年，对美洲的支持基本上还是一个小众事业。平民美洲之友对在公开场合赞同美洲殖民地的政治要求，似乎还有所顾忌。1769 年以后，支持美洲事业的不列颠人则有了实质性的增长，原因是威尔克斯站出来把美洲事业同其他的自由运动联系在一起，从而开辟了新的可能。至少在 1766 年之前，威尔克斯对美洲人的遭遇还很少关心。关于各殖民地对印花税的抗议，他在 1765 年 11 月称之为"叛乱精神"。但是当威尔克斯锒铛入狱的时候，许多北美人把他看成是捍卫普世自由价值的烈士，向他致敬并馈赠礼物，于是威尔克斯投桃报李，摇身一变成为坚定的美洲事业支持者。[2] 不管怎样，即使在势头最大的时候，威尔克斯所动员起来的美洲之友仍然占人口的少数，而且局限在伦敦城内。[3] 而且，虽然说美洲问题凸显了议会的代表性问题，为议会改革运动增添了弹药，但很难说议会改革运动反过来为北美殖民地的抗争加了多少分。帝国政治结构的改革和不列颠政治结构的改革虽然相互关联，但是两者联合在一起，只会增加前者所遭遇的政

1 Dora Mae Clark, *British Opinion and the American Revolution*, Russell & Russell, 1966, pp.1-2.
2 John Sainsbury, *Disaffected Patriots, London Supporters of Revolutionary America 1769-1782*, pp.31-33.
3 John Sainsbury, *Disaffected Patriots, London Supporters of Revolutionary America 1769-1782*, pp.163-164.

治困难。我们不知道有多少人因为顾忌威尔克斯的"激进反对主义"
而置身事外，或干脆站出来反对之。

当时的观察家普遍认为，"支持美洲诉求的思想主要局限在
较高的社会阶层中，而没有成为一种大众舆论"[1]。罗金厄姆勋爵在
1775 年承认，"在这个国家，不论何种阶级、职业或工作，大部分
人都赞同对美洲采取暴力手段"[2]。这是当时人的观感。

即使在知识分子与社会运动家之中，至少也有两位重量级的
知识分子在 18 世纪 70 年代公开反对殖民地的政治抗争，他们都
多多少少把美洲的抗议与伦敦的抗议连在一起看，觉得它们都要颠
覆现有政治与社会秩序。一位是著名的功利主义哲学家杰里米·边
沁（Jeremy Bentham），另一位是作家、评论家，也是那个时代最
出名的文人和公共知识分子塞缪尔·约翰逊（Samuel Johnson）。

边沁对后期殖民地人从自然权利出发论证其抗争的合法性这
件事深恶痛绝："如果他们想要的东西有'自然神明'的律法可依，
他们尽可以拿出那样一部律法，一切争执便可以告停了。他们却没
有这么做。……（他们）根本认识不到，或不愿了解：任何既有的
或即将成立的政府都必然意味着上述权利或部分权利的某种形式
的牺牲。……看来他们是要打倒一切形式的政府了。"[3]边沁敏锐地

1　James E. Bradley, *Popular Politics and the American Revolution in England, Petitions, the Crown and Public Opinion,* Mercer University Press, 1986, p.5.

2　James E. Bradley, *Popular Politics and the American Revolution in England, Petitions, the Crown and Public Opinion*, p.6.

3　杰里米·边沁：《对"宣言"的短评》，转引自大卫·阿米蒂奇《独立宣言：一种全球史》，第 108—109 页。

察觉到，天赋权利说太过"革命"，过往的一切统治合法性主张都要因之作废，听之任之，恐成大患。日后柏克对法国大革命也是这个批评意见。

约翰逊博士是当时英国文坛执牛耳者[1]，拳拳忠于王室，这可能跟乔治三世对他有过财务上和人际上的关照有关。对威尔克斯所代表的社会革新力量，他大加嘲讽，说出了那句名言："爱国主义是流氓无赖的最后庇护所。"在 1774 年的《爱国主义者》（"Patriot"）一文中，他在批评威尔克斯之际，顺手批判了此人对美洲殖民地人的态度，"爱国主义不一定要带来叛乱。一个人可能恨他的国王，但是仍然爱他的国家。……一个希望剥夺其国家权利的人绝不是一个爱国者"[2]。在 1775 年的《税收并非暴政》（"Taxation No Tyranny"）一文中，他又轻蔑地攻击了柏克在议会发表的和解建议。有一阵子他告诉自己的传记作者兼友人，每次看到柏克就会气血上涌不能自已。他认为，在帝国内，让殖民地自愿输将帝国的做法将酿造一种"统治者无权威，臣民无服从"的体制，压根行不通。在文章的最后，他更痛斥美洲人的奴隶制及其自由观的虚伪："我

1　当时伦敦有个文学俱乐部，聚集了文学家、戏剧表演家、画家、学问家和政界名人（柏克和爱德华·吉本都是会员），定期聚会，谈文论政，影响了一代的文学趣味和文化风尚。约翰逊文辞锋利，在里面影响很大。据说柏克本人曾认为，假如约翰逊竞选议员，一定会成为国会有史以来最为杰出的演说家。包斯威尔：《约翰逊传》，罗珞珈、莫洛夫译，中国社会科学出版社，2004，第 160 页。

2　Samuel Johnson condemns rebellion, 1774, in Martin Kallich and Andrew MacLeish ed., *The American Revolution Through British Eyes, Row, Peterson and Company*, 1962, pp.44-45.

们何曾听见黑人奴工渴望自由时声彻云霄的哀号。"[1]

这个意见并非约翰逊个人独享，由于奴隶制问题而抵制美洲自由呼声的人并不少。例如，英格兰废奴主义者托马斯·戴伊（Thomas Day）也说道："如果自然界有什么东西着实可笑的话，那就非美利坚的爱国者莫属了。他一只手签什么独立宣言，另一只手却挥舞着鞭子驱赶他那些惊恐万状的奴隶。"[2]

说实话，这些知识分子的思考，并不一定完全来自理性的知识与判断，恐怕也夹杂了私人情绪。1769 年，约翰逊博士对朋友如此评论："先生，他们（美洲人）是一伙囚犯，我们能饶他们一命，就应该感激涕零才对。"[3] 这句话中，意气表露无遗。部分知识精英也如此想，可见部分大众的情绪、认知都是怎么样的了。

历史学家一般认为，在 1775 年，不列颠大众的情绪是倾向于支持政府对美采取强硬政策的。有一位历史学家有不同意见，詹姆斯·E. 布兰德利（James E. Bradley）对 1775 年至 1778 年英国部分市镇、郡送往议会的请愿书进行调查分析，指出当时有 11 个郡和 47 个市镇就美洲政策向国会和国王请愿（并非郡或市镇的全体居民都参与进去，只是其中一部分人。总请愿人数大概在 9 万到 10 万之间），要求和平的意见占了大多数。以 1775 年 1 月到 3 月的

1　Samuel Johnson on Taxation: Taxation No Tyranny, 1775, in Martin Kallich and Andrew MacLeish ed., *The American Revolution Through British Eyes*, pp.60-64.

2　大卫·阿米蒂奇：《独立宣言：一种全球史》，第 47 页。

3　包斯威尔：《约翰逊传》，第 234 页。

数据为例，一共有 17 个地方送出了请愿书，其中 11 个要求和平，2
个要求战争，4 个摇摆不定。[1] 布兰德利认为，根据这个数据，之前
历史学家认为不列颠大众一致支持对美用强的意见是错误的认知。

这里有几点可以注意：一是当时政府本来就持镇压意见，赞
同政府决策的地方并没有动力请愿（petition），而是以致辞（address）
的方式表达自己的满意。如果把这些也算进去的话，那么赞同方
与反对方的请愿 / 致辞次数基本上是一半一半（赞同方略占优势）。[2]
二是和平请愿书的主要内容是要求政府保障不列颠与美洲的商贸
通畅，而非宪政议题。这是因为有许多人基于意识形态理由反对北
美殖民地的政治事业，但是害怕商业会因此受到影响，所以只就商
业谈商业。[3]

布兰德利自己计算的结果是，差不多 1/5 的不列颠选民通过请
愿或致辞的方式表达了自己对美洲问题的看法。约 1/10 的选民反对
政府对美洲用强。[4] 总之，在对美政策上，不列颠社会是非常分裂的。

综上所述，我们至少可以谨慎地说，美洲之友们实际上无法
动员起整个社会反对政府的决策。

---

1 James E. Bradley, *Popular Politics and the American Revolution in England, Petitions, the Crown and Public Opinion*, p.22.

2 James E. Bradley, *Popular Politics and the American Revolution in England, Petitions, the Crown and Public Opinion*, pp.65-69.

3 James E. Bradley, *Popular Politics and the American Revolution in England, Petitions, the Crown and Public Opinion*, p.30.

4 James E. Bradley, *Popular Politics and the American Revolution in England, Petitions, the Crown and Public Opinion,* pp.208-209.

第五章

帝国的解体

1774 年是一个"滑坡"年份，不列颠和北美殖民地的关系就像越过了某个点，加速向悬崖边上滑去。

1774 年 2 月，乔治三世写信给诺思首相说："所有人现在都感觉到 1766 年那次致命的让步鼓励北美人每年都在增长其抱负。"[1] 他催促诺思下定决心，对美强硬。

3 月 14 日，诺思在下院发言："在波士顿，我们被认为是两个独立国家。这里我们不是在争论立法与征税之间的区别，我们现在要考虑的是，我们在那里到底还有没有权威。如果我们拱手让我们臣民的财产遭到破坏，那只能说明我们毫无权威可言……我们必须惩罚、控制他们，或者向他们屈服。"[2]

1 Andrew Jackson O'shaughnessy, "If Others Will Not Be Active, I Must Drive," *George III and the American Revolution*, p.10.
2 *The Parliamentary History of England From the Earliest Period to the Year 1803*, Volume 17（Google eBook），A.D.1771-1774,pp.1166-1167.

4 月 22 日，诺思首相再次在下议院发表演说："北美人对你们的臣民横加人身侮辱（涂柏油、粘羽毛），掠夺你们的商人，焚烧你们的船只，对你们的法律和权威置之不理。我们虽心怀仁慈、忍隐至今，但采取另外一种措施已成我等职责。不管后果如何，我们必须冒险一试，如果我们毫无作为，那么一切都将终结。"[1]

一言以蔽之，诺思内阁将英美争端提升到主权层次来考虑，要么有，要么无，别无中间层次。

正是在这种心态下，英国议会在 1774 年 3 月到 5 月间，以绝对多数投票通过了一揽子立法（被称为强制法令——coercive acts），企图以雷霆手段震慑"宵小"。这些法案包括（1）波士顿港口法令。在东印度公司得到正当补偿前，强行关闭整个波士顿港，对波士顿港进行封锁。（2）马萨诸塞政府法令。取消马萨诸塞下院投票产生参事会的权利，由总督任命所有法官、首席检查官、治安推事和县的行政司法长官，陪审员今后不再由不动产所有人选举产生，实际上由英王所选派的行政司法长官遴选。除了一年一度的对城镇和殖民地议会代表进行选举的市民大会，未经总督的书面批准，不得召集市民大会。所有这些大会，如无总督批准，不得讨论其他问题。（3）司法法案。允许总督下令审判殖民地居民，如果总督认为他在马萨诸塞未受到公正审判，则可在其他殖民地或英国举行审判。（4）驻营法。总督有权征用平民房屋来为英国军

1　Reid, John Phillip, *Constitutional History of the American Revolution: The Authority of Law*, University of Wisconsin Press,2003, p.13.

队提供驻扎场所。这些法案等于从经济和政治上对马萨诸塞殖民地进行集体惩罚，从经济、政治和司法上剥夺其自由权。为这四个法令提供实施力量的，就是驻扎在波士顿的战舰。

这么做是在赌博，赌马萨诸塞要么屈服，要么孤立（赌其他殖民地不会支援）。乔治三世写信给诺思："骰子已经抛下，殖民地要么屈服要么胜利，我并不希望采取更严厉的措施，不过我们绝不能撤退。"[1]

除了少数人反对，不列颠议会、内阁、商界、公众舆论几乎一致坚持要给北美人一点颜色看看。

1774 年 6 月，议会又通过了魁北克法案，保护当地天主教徒的宗教信仰自由，扩展了魁北克的领土面积。这引起北美人民的宗教恐惧。

前述四项法令在美洲立即产生巨大反响。许多北美人早已认为英国政府秘谋策划剥夺他们的自由，现在可谓昭然若揭了。约翰·亚当斯在马萨诸塞把这些法令看成是英国企图夺走殖民地自由的"实例"。乔治·华盛顿在 7 月的通信中写道，内阁的罪恶意图表现在这些法令上，"我们如果因循苟且，就会坐视一个殖民地接着一个殖民地沦为专制的牺牲品"。托马斯·杰斐逊声明："单独的暴虐行动可以归咎于一天的偶然想法，但是开始于一个异乎寻常的时期，而接着又为历届内阁一成不变加以推行的一系列压迫政策，明显证明有一个奴役我们的处心积虑的一贯计划。"理查德·亨利从弗吉

1　P. D. G.Thomas, "George III and the American Revolution," p.29.

尼亚写信给自己在大不列颠的兄弟："这需要所有的殖民地坚定地团结起来抗争这一共同的危险。"[1]

　　殖民地人士的一个担心就是，这些法令是蓄意而为的，目的就是要驱使殖民地反叛，让帝国的镇压师出有名。诺思一方却并不觉得这些法令特别严酷，只是把它们看作坚定态度的宣示，可能很强硬，但并不特别逾分。诺思预计马萨诸塞会屈服，甚至都没有做好假如波士顿人不屈服该怎么执行法令的准备（诺思告诉议会，这个法令的好处就是除了动用四五条战舰，不需要动用任何军队）[2]。诺思没有做军队动员工作。4月9日，达特茅斯下指令给驻波士顿的英军总司令，要他做好准备用武力维持秩序，"然而，国王希望你不至于有这样的需要，也指示我告诉你，要尽你所能来避免这种情况发生"[3]。

　　整个1774年，内阁除了声色俱厉，没有做任何对抗升级的物质准备。这样，就产生了一个循环刺激，每一方都把另外一方的举动看作进攻性的，自己的举动则是出于防御目的，但是却不明白在对方眼中自己的举动是何等的挑衅和富含危险企图。于是事态逐步循环升级，直至最后地步。

　　北美人中原来有大批的温和派，持极端观点的人只是少数，

1　John Phillip Reid, *Constitutional History of the American Revolution*, The Authority of Law , p.11.

2　John Phillip Reid, *Constitutional History of the American Revolution*, The Authority of Law, p.10.

3　Robert W. Tucker, David C. Hendrickson, *The Fall of the First British Empire: Origins of the War of American Independence,* p.328.

但是此时，越来越多的温和派发现自己越来越难以为不列颠政府的所作所为辩护，事件的发展已经到了"非此即彼"的份上。殖民地社会开始出现大分裂。

由于当时的地方政府、司法和地方民兵都还掌握在地方领袖手中，所以得知不列颠出台此等强制法令之后，北美十三殖民地纷纷绕开易被不列颠官方解散的议会，自行组织代表大会，遴选参加首次大陆会议的代表（这次大陆会议是弗吉尼亚代表大会所建议的）。当时的人们感到，需要成立一个不针对特定目的的常设机构，以统一行动，维护殖民地利益。

一　第一次大陆会议

1774 年 9 月 5 日，来自 12 个殖民地的 56 名代表在宾夕法尼亚殖民地的首府费城碰头，召开了第一次大陆会议。这些代表由本殖民地议会选送，前来商讨利益攸关的大事：对母国的共同对策。面对咄咄逼人的母国，各殖民地单打独斗已经不可能了。

就在 6 个月前，为了报复波士顿倾茶事件，不列颠议会刚刚颁布了一系列"强制法令"。这些法令反映的是不列颠政治家越来越焦躁的政治情绪与越来越深的恐惧，他们力图以铁腕方式解决北美—不列颠之间的政治难题。

对于帝国的雷霆之怒，北美人民自然心怀忐忑。这些代表天南地北地聚到一起，大半彼此未曾谋面，一开始做的事情并不是共商国家大事，而是在酒会餐桌上彼此刺探各殖民地的舆情政意。

各殖民地虽然号称要携手共进退，但些许的好奇与猜疑也是免不了的。[1] 马萨诸塞殖民地的代表——约翰·亚当斯和塞缪尔·亚当斯——尤其关心其他代表怎么看待当下正发生在马萨诸塞的一切，毕竟，这里才是殖民地与母国冲突的第一线。英国北美驻军总司令托马斯·盖奇已经下令改组马萨诸塞政府，但是在马萨诸塞殖民地"爱国人士"的怒火下，新被任命的政府参事辞职，法庭休庭，陪审员也拒不履行公民义务，市镇会议照常举行。总之，这是一次席卷整个殖民地的公民不服从活动。英国政府则以强硬手腕回应，就在开会前 5 天，一支英军袭击了马萨诸塞殖民地的一个军械库。有谣传说 6 名殖民地居民因此丧生，波士顿本身也遭到了轰炸。突然之间，一场内战似乎近在眼前。

纽约、新泽西、宾夕法尼亚、特拉华、马里兰和南卡罗来纳的代表被特别训令，不得投票支持独立。北美人的反抗运动并不统一：少数极端派认为与英国的分离必不可免（这批人的人数正在日益增长），许多温和派批评英国政策失误，但并不愿意冒险脱离（有许多人日后投向了效忠派一方）。

在殖民地社会中，有一大批人认为英国错误地对待了美洲，但也不相信"独立"这一治疗办法不会比疾病更坏。毕竟英国200 年的统治如果不是甚为有益的话，至少无害，为了避免将来的专制危险而冒现在的风险逞刀兵之快并不符合很多人的兴趣。他们曾支持抗争英国种种殖民地政策，但他们却希望继续在英国

1　Jack N. Rakove, *The Beginnings of National Politics*, Random House USA Inc, 1988, p.43.

政治体系中寻求英国的自由，维持协商并努力达成妥协。

就地区而言，弗吉尼亚经济境遇糟糕，反对最力，南卡罗来纳境遇不错，就有点三心二意。中部殖民地的代表是和解的最大倡导者，而新英格兰地区则是主要反对者。

来参加大陆会议的人，是实干家，他们大多在各自的殖民地议会中担任过多年的议员，是事业有成的律师、商人与种植园主，是各自社区中的领导人物，对政治、经济与社会都并不陌生。他们同时也是知识分子，55 名出席者中的 33 人不是在殖民地大学就是在国外大学拿过学位，2 人是大学校长，3 人是大学教授。[1]实干家限于狭隘，思想者偏于空谈，大概是免不了的事情。但在 18 世纪英美这种贵族乡绅社会，理念与权力实践几乎完美地结合在了一起。

虽然实践的是前无古人的大事，大陆会议的气氛却是异常平静的。大会里，没有骤然提出的议案，没有激情洋溢的演讲、狂风暴雨的争辩，更没有登高一呼万众一心。如前所述，大陆会议之中存在持有不同意见的两派。但正如后来学者所观察到的那样，"他们（这些政治人物）清楚，当政治家讨论和争辩当今的重大问题时，争论与冲突是存在的，但冲突不能妨碍克制语言和尊重他人的规范。相反，如果政治冲突要维持非暴力、正常化和礼节化的状态，礼貌是最重要的……政治家或许与另一个人意见不一致——

1　苏珊·邓恩：《姊妹革命：美国革命与法国革命启示录》，杨小刚译，上海文艺出版社，2003，第 33 页。

但应该像个绅士"[1]。换句话说，所有人都理解合理政治的边界在何处。会议的气氛平淡琐碎到这种程度，以至于约翰·亚当斯当时写下笔记，略微抱怨了一下议事的缓慢。

> 所有的事情都一拖再拖。如果有人提出并同意我们必须对三加二等于五形成决议的话，我相信，我们会花两天时间，饶有兴趣地从逻辑、修辞、法律、历史、政治和数学角度讨论这个议题，最后全体一致表决通过该决议。[2]

正是因为这样，所有的决策都经过了反复的考量，力图取得共识。没有一派强行压倒另一派的情况，几乎所有的决策都是在妥协下进行的。就像一个护航编队，最敏捷的船只总要等待那些迟钝、缓慢的舰船。[3]

例如，像塞缪尔·亚当斯这样的少数激进分子，希望大陆会议能够明确表示对马萨诸塞的共同支持，甚或提供军事援助。1774 年 9 月 9 日，马萨诸塞殖民地的萨福克郡出台了一份决议，决议的主要内容有：禁止马萨诸塞人进口并使用英货并限制出口；拒绝遵守各项强制法令；要求马萨诸塞殖民地皇家政府成员辞职

1　苏珊·邓恩：《姊妹革命：美国革命与法国革命启示录》，第 122 页。

2　戴维·麦卡洛：《约翰·亚当斯》，第 61 页。

3　对于英王和不列颠国会来说，大陆会议实际上是一个非常难得的谈判对手。它的理性程度使得与它接头非常地方便。一个不稳定的政治组织是很难打交道的。但是英国人浪费了这个机会。

抗议；停止缴税直到不列颠方面放弃强制法令；对民兵进行军事训练。这份决议被人带到了大陆会议上，希望大陆会议能够支持这份决议。

一场社会抗争运动向内战转化，这并不是大多数大陆会议代表所预料和期待的。这份决议措辞强硬，其性质介于公民不服从运动和武装对抗之间。如果接受这份决议，就意味着宣示一个更强硬的对抗态度。如果不支持它，就意味着殖民地全体一致反抗运动的终结。

大陆会议成员思来想去，在 9 月 17 日，最终决定接受这个决议。约翰·亚当斯欣喜万分，说道："今天使我确信，全美都会支持马萨诸塞，与之共生死。"[1]确实，这正是大陆会议想要传递给不列颠议会的信息：不列颠想要孤立某一殖民地、各个击破是做不到的。

也正因为这主要是个姿态性的宣示，所以许多代表实际上对马萨诸塞殖民地的激进做派仍不以为然。当时马萨诸塞殖民地已经在讨论是否要根据宪章另立政府，或直接使用武力驱逐波士顿英军，但大陆会议坚决反对之：摆出防御性姿态，可以；直接挑战或攻击不列颠的权威，不行。约翰·亚当斯写信给同仁："他们一想到流血就不寒而栗。"[2]大陆会议代表还建议马萨诸塞殖民地人民"不要破坏国王陛下的财产，或侮辱陛下的军队……而应该和

1　John Adams, *Diary and Autobiography*, L. H. Butterfield, ed., Belknap Press, 1961, 2:134-135.
2　Jack N. Rakove, *The Beginnings of National Politics*, p.48.

平与坚定地维持现有防御性姿态"[1]。持有这些主张的代表主要来自中部殖民地，如宾夕法尼亚、纽约、新泽西和马里兰。在临行之前，这些代表都已接到殖民地议会的指示，要他们寻求与英国的和解之道。到了费城，这些殖民地的代表为了相同的目的迅速走到了一起。这四个殖民地的代表人数，加在一起有 27 人之多，占了全体代表的近一半（尽管投票还是以殖民地为单位举行，不按照人数）。

大陆会议上，温和人士同激进人士还有其他几番交锋。比如说，大陆会议的任务之一就是宣示北美人民的正当权利。但是这个权利从何而来呢？是来自历史和传统，还是来自自然法？前者实实在在，后者则出自观念上对人权的推导。按道理讲，引用前者要比后者来得扎实有效。但是历史上常常发生的事情是，理念是否得到应用，通常要看理念背后的政治含义。如果坚持前者，那么北美人民的权利就来源于英国宪政传统和英王认可的殖民地宪章，这实际上就蕴含着北美人民承认自己是不列颠属民的意思，间接认可英国议会的权威。如果是来自自然法，那么就意味着北美人民可以依据此革命性原则另起炉灶同英国议会分庭抗礼。大体而言，温和人士拥护前者，激进人士则坚持后者。结果是一个妥协，大陆会议的决议中既写上了自然法，又写上了英国传统。

又比如，有代表问，英国从前为北美制定的那些贸易法规，还合不合法？激进方坚持认为，在没有北美人民的参与下，对北美贸易的管制是不合法的，正如征税一样。而且有汤申税的前例在先，

---

1   Jack N. Rakove, *The Beginnings of National Politics*, pp. 48-49.

不能不愈加警惕。但是温和派人士认为，这种举动是对英国议会权威的过度挑战，大陆会议应该把向国王陈情的内容局限在当下，而不是从历史上根本质疑英国议会管辖北美殖民地的权力。为了达成妥协，必须给不列颠一个台阶下，而不是无限制地扩大争议的范围。最后双方达成了一个妥协，大陆会议通过决议称："由于情况需要，考虑到我们双方的共同利益，我们欣喜地同意不列颠议会制定类似（管理我们的）法案，只要它们出自善意，其目的是使母国获得商业优势，帝国各成员也获得商业利益。此种法案只限于规制我们的外部贸易。征税，无论是内部税还是外部税，都不在此列。"[1] 尽管该决议承认伦敦议会有管理贸易（为殖民地立法）的权力，但也认为伦敦议会能这么做的前提是维护帝国共同利益以及出于殖民地的同意。换句话说，他们并不承认伦敦的无限主权。

　　当然，大陆会议的参与者们不是学者，而是政治家，他们集合起来的目的主要不是探讨英国宪政的法理和历史根据，而是寻求一条出路。他们中的大多数相信，基于美洲殖民地对大英帝国的重要性，只要殖民地团结起来抗议，帝国最后还是会妥协退让了事，不至于撕破脸皮。代表想来想去，觉得对不列颠的统一经济抵制方式还是最有效、最稳妥的抗争方式。他们自认是受害者，也不想过于软弱以免被人所轻。一项经济抗争看起来最能够展示他们既坚持立场，又不轻于决裂的态度。他们想让英国议会看到，他们是大英帝国内"忠实的反对派"，毕竟，北美的经济也会因此受损。而且

---

[1]　Jack N. Rakove, *The Beginnings of National Politics*, pp.58-59.

在几年前抵制印花税时，类似举措曾大获全胜，大陆会议未曾忘怀。

其实这招已经不太管用了，英国首相诺思已经牢牢掌握了议会中的稳固多数，对经济抵制所能带来的政治冲击有了免疫能力，诺思也下定决心承受一定的经济损失，一劳永逸地解决北美难题。大陆会议的代表们有没有想过这个方案可能失败？也许想过。但这个方案失败的前景让几乎所有人都不寒而栗。在最坏的事情发生之前，必须首先尝试那些可能会生效的举措。

总的来说，大多数大陆会议代表的目标是保守的，那就是回到 1763 年前的状态：帝国统而不治，各殖民地各自为政，过好自己的小日子。

在激进和温和两端，都有人认为这种状态不可能再维持下去，对此保守态度不以为然。激进一方要求明示殖民地与英国国会之间的权界区分，以疏离的方式永绝后患；温和一方也有人觉得应该明晰大英帝国的政治结构，在其中为殖民地找到一个合法、正式的空间，以靠拢的方式处理掉这个隐患。宾夕法尼亚的代表约瑟夫·盖洛韦打的就是这个主意。

总之，当第一届大陆会议闭幕的时候，代表们的显性成果如下：作为一个集体，他们决定在全体殖民地范围内展开一个不进口、不出口、不消费英货的计划；他们向英王提交了一份陈情书；他们向不列颠的人民直接展开呼吁（把希望诉诸民族共同体情感）。他们所没有做的事情要多得多：他们没有提出一个改革大英帝国政治结构的方案；他们也没有打算赔偿波士顿倾茶事件中东印度公司的损失（这本来可能是一种有效的妥协手段）；他们没有承认不列颠议会有管制帝国事务的无限权力；但他们也没有通过任何谋求独立的宣言或有类似举动。

简言之，大陆会议的政治态度并不激烈但姿态僵硬。他们列出自己的怨情，要求不列颠一方先递出橄榄枝。他们就像是感情生活中受伤害的恋人，希望由自己的男女朋友来赔礼道歉，然后就坡下驴。

二 挽救帝国的最后努力

大陆会议的统一行动对诺思内阁无疑是一次重大打击。在此之前，他们一直预料其他殖民地不会参与进来。之前诺思自己就对议会说："当我们对那些不遵守你的权威的人施加正当的惩罚时，其他殖民地是不会火中取栗的……我们的行动越是坚定、大胆，他们就越有可能服从于我们的权威。"[1] 诺思似乎全然不顾之前各殖民地统一行动的前例，也不知道他是真心认为吓阻能够成功，还是心愿如此。

另一个坏消息是，马萨诸塞殖民地拒不听号令，已经武装起来。英军所在的波士顿实际上已成孤岛。

诺思政府似乎并没有觉察到危险。1775 年 10 月，当时全面战争已经爆发，诺思对议会辩解说"他在很多事情上被欺骗了……他

1　John Phillip Reid, *Constitutional History of the American Revolution*, Volume IV, *The Authority of Law*, p.10.

没有想到全美洲都拿起了武器。政府是根据它所得到的信息采取行动的"[1]。纽约的副总督在 1775 年年初报告说，大部分居民都反对派出代表继续参加大陆会议，弗吉尼亚的总督则报告说只要少量军队他就能重建秩序，北卡罗来纳的总督则宣称只要得到武器和弹药，他就能立即组建一支 3 万人的军队，控制南北卡罗来纳。其他总督的报告也大致与之相似。

这种"欺骗说"似乎不能完全成立，因为从 1774 年 9 月份开始，盖奇将军就从波士顿一直源源不断地发来报告，对形势表示悲观。盖奇警告说，新英格兰殖民地已经处于事实上的独立状态，除非调集大军（他手头有 3,000 人，他要求增至 2 万人），否则暂停强制法令为好。

不管内阁是错误地估计了形势，还是不愿面对艰难的选择和行动，他们都继续保持了某种乐观态度。达特茅斯直到 1776 年 3 月 14 日才承认："在那一国度之内发生的混乱是地方性的，而且已经侵蚀了难以想象多的人们的心灵。"[2]这里有一个看起来很奇怪的现象，那就是不列颠的内阁对美洲抗争的后果估计得如此严重，但对美洲抗争的规模却猜得如此之轻。内阁之前一直认为，北美的抗争也就是一小撮人的喧嚣，它的危害在于其煽动的声势，而沉默的大多数一直是站在母国一方的。内阁似乎把其在美洲的作为看作

1　Robert W. Tucker, David C. Hendrickson, *The Fall of the First British Empire: Origins of the War of American Independence*, p.357.

2　"The Parliamentary History of England From the Earliest Period to the Year 1803," Volume 18, A.D.1771-1774, p.1254.

一场"警察行动",是维和,是镇暴,但绝不是战争。当盖奇建议政府对征服北美需要的人力物力进行一下考虑,达特茅斯的回答是他不愿相信事件已经朝着那个方向前进了。[1] 接着他指示盖奇逮捕叛乱的领导者。

当然,这倒不是说内阁没有预计到任何风险,否则无法解释这一时期诺思内阁提出的针对北美殖民地人民的一项建议——不列颠可以放弃行使对殖民地征税的权力,只要殖民地为帝国防务与殖民地政府开支事宜(使后者的收入成为常态,免遭殖民地议会控制)自愿捐输。这是最后的橄榄枝,是 1775 年 2 月 20 日发生的事情。

诺思的这一和解计划,未必真的存心不良。从事后看,其实诺思的底线同殖民地内的温和派差不多,那就是只要殖民地不质疑不列颠议会管理帝国事务的权力,不质疑不列颠议会是美洲各殖民地议会的上级机关,那收税不收税的事情其实可以再谈,不列颠甚至可以永久搁置征税权。[2] 但有两个重大缺陷使这个建议被彻底埋没。

首先是这一计划的模糊性。该提案的原文是"陛下的海外省或美洲殖民地的议会按照该省或殖民地的条件、环境或局势提议(propose)筹集款项……(由)陛下和议会两院批准"[3]。第一,诺

1　Robert W. Tucker, David C. Hendrickson, *The Fall of the First British Empire: Origins of the War of American Independence*, p.364.

2　Robert W. Tucker, David C. Hendrickson, *The Fall of the First British Empire: Origins of the War of American Independence*, p.376。

3　托马斯·杰斐逊:《杰斐逊集》(上卷),第 353 页。

思并没有说明殖民地该给多少。第二，提议（propose）这个词虽然可以被理解成允许讨价还价，等同商议，但是由各殖民地各自来提议（而不是由大陆会议统一来做），然后由不列颠行政与立法机构来批准这件事，也可以理解成故意在各殖民地之间制造竞价关系。

其次，同一时期不列颠的决策层们所发出的信号是含混不清的。这体现在好几个方面，比如英国议会对大陆会议提交的陈情书不理不睬，查塔姆伯爵在贵族院提出的和解法案也被忽视（这个稍后再说）。议会决议，除了纽约、北卡罗来纳和佐治亚殖民地之外，其他殖民地的商业都将受到更严格的限制。3月末，议会还宣布，马萨诸塞殖民地处在叛乱状态之中。这就使得诺思的这一后退姿态被淹没在噪声之中，或是可以做另外的理解——唱白脸，用心不良。曾经有人建议诺思在提出和解建议的时候暂时悬置上述惩罚措施，诺思予以拒绝，他自己是这么解释这种混合信号的："让我们自己放弃警戒，肯定不是自保之道。"[1]

果然，因其模糊的内容和笨拙的政治运作手法，诺思的和解建议遭到普遍猜疑。就在不列颠议会内部，也有若干美洲之友做此结论。比如柏克，他认为这是"出于治术的考虑、挑动帝国的各部分之间产生普遍的不和""分化而治之的图谋"。[2]这同样是许多殖民地人士的结论。日后（1775年7月）第二届大陆会议在答复诺

1　Robert W. Tucker, David C. Hendrickson, *The Fall of the First British Empire: Origins of the War of American Independence*, p.370.

2　埃德蒙·柏克：《美洲三书》，第73页。

思的这一建议时，评论道：

　　我们认为，英国议会决议中的建议是无理的和恶毒的，说它无理是因为，如果我们屈从于它，就等于毫无保留地宣布我们将购买英国议会的欢心，而同时却不知道议会想为这个欢心索取什么代价。说它恶毒是因为，个别的殖民地一次次出价，而当他们发现卖者太贪婪以至竭尽全力也无法满足其要求而再回到抗争的行列时，结果发现自己与兄弟殖民地已经分道扬镳了，因为这些兄弟殖民地或者由于在早些时候接受了内阁较优的条件，或者因为在等待那巧妙地拖延着的答复而放弃了反抗……这些阴险的建议是在侮辱和蔑视的气氛中提出的。建议给我们钱，却同时派来一支庞大的舰队和陆军，这似乎更像是恐吓我们，而不是向我们的自由献殷勤。[1]

　　大陆会议更指出，即使这个和解计划完全为真，那还是不够的，因为这是"企图欺骗全世界使之相信我们与英国议会之间除了征税的方式之争之外没有别的什么不和"[2]。大陆会议正确地指出，这远远不是英美宪法之争的全部，往近的说，不列颠有没有权力更改殖民地的宪章、停止殖民地议会的运作就是一个问题。简而言之，即使为真，诺思的方案也只能作为和解程序起步阶段的措施，

1　托马斯·杰斐逊：《杰斐逊集》（上卷），第 354 页。
2　托马斯·杰斐逊：《杰斐逊集》（上卷），第 356 页。

需要进一步从宪法高度澄清帝国政治结构，约束中心，保护边缘。但这远远地超出了诺思的接受程度。

除了诺思的计划，在第一次大陆会议到第二次大陆会议的中间期内，不列颠还有另外两项和平努力。其中之一是内阁中人通过私人关系同富兰克林（当时尚留在伦敦）暗中接触，想找一条转圜的门路。富兰克林拟定了一个"17点计划"。不列颠方面应该废除茶税，调整航海法和海关人事，也放弃其任意修改殖民地宪章与法律的权力，也要放弃其在殖民地内部立法方面的全部权力。在美洲方面，为了给母国保留尊严和面子，润滑双边关系，波士顿要赔偿被销毁的茶叶；平时不负担帝国税收（原因是由于不列颠贸易垄断已经间接支付了相关份额），但在战时可自愿捐输 1/4—1/2 的地方税收。[1] 但这明显超出了诺思的可接受范围，富兰克林徒劳无功，失望地离开了不列颠。

另外一项和平努力来自查塔姆伯爵（威廉·皮特）与柏克。查塔姆 1 月 20 日在上议院提出动议，立即从波士顿撤走所有英国军队。查塔姆伯爵为美洲人抵制不列颠立法的举动辩护，称美洲人正在做英国人该做的事情——捍卫英国的自由。上议院投票否决。2 月初，他又在上院提出，只有美洲人可以向美洲人征税，而各殖民地的特许状（宪章）是神圣不可侵犯的。他建议正式承认大陆会议的合法地位并使之成为常设机构，也应中止现行受到殖民地反对的法律。至于殖民地对帝国承担的财政责任，应该由殖民地议会自

1　卡尔·范·多伦：《富兰克林》，第 514—515 页。

愿输将来完成。上议院再次否决之。[1]

不过，推敲查塔姆伯爵的提案，我们也可以发现其中并无新意，基本上还是固守 1763 年前体制的老想法。他一方面强调不列颠议会的主权地位不容挑战。国王单方面有权在美洲部署军队，而不列颠议会也可以单方面规制帝国贸易。但他在另一方面也没有为不列颠与北美殖民地的纠纷仲裁与解决给出一个宪法机制。美洲一方已经得出一种模糊性的结论，认为在旧体制下中心和边缘双方的利益并不天然一致，他可能没意识到，在此情况下，在政治冲突的背景下，那样的提案已经不再容易被人接受了。

1775 年 3 月 22 日，柏克也做了最后一次挽救不列颠帝国的努力，在议会发表了《论与美洲和解的演讲》的演说。他的主张与查塔姆并无太大不同——与美洲之间立即实现无条件的和平，重归旧章，撤销一切加诸美洲之上的赋税，并申明放弃课税之权。

他几乎是在乞求：

> 和平意味着和解；凡有重大的争端，和解总意味着某种让步，或是甲方，或是乙方。在眼下的局面下，我不难证明（让步的）主张应出自于我们。力量强大，为举世所公认，只因不愿意动用它，就会削弱它的力量，损伤它的形象——天下必无此理。力量强大的一方提出和平，是既体面又安全的。

1　Speech of Lord Chatham on a motion for an address to his majesty, to give immediate orders for removing his troops from Boston, January 20, 1775, http://www.classicpersuasion.org/cbo/chatham/chat13.htm.

这样的提议、出自于这样的力量，人将归之于高尚与宽宏的心。而弱者的让步，则是胆怯的让步。弱者一旦被解除了武装，他就完全受制于强者了……

美洲不是小菜一碟，不可以小视，不可不予以法律的重视。……不能以小小的伤害去狎弄它，不能以轻微的怨隙去激恼它。……（从人口、经济和气质来说，美洲的分量摆在那里。就内在价值而言，敌对关系对不列颠也是灾难性的。）为了证明美洲人没有自由的权利，我们天天在拼命颠覆自己的自由精神赖以保全的准则。为了证明美洲人不该自由，我们被迫去贬低自由本身的价值……

每当我想起我们之拥有殖民地，目的不在于其他，只为了有益于我们，则为驯服他们而使之变得无益，这种做法，我诚然愚钝，实在是觉得荒唐了点。……不满将随苦难而增加；所有的国家，莫不有国运危机的时刻，到了那时，他们固然贫弱，无所贡献于你的繁荣，但完成你的毁灭却有余力……彻底铲除他们的律师坐议其中的民选议会，也不太可行。取代它们而治理美洲的军队，糜费将更大，效果则不如；事到后来，军队会变得像它们一样难以驾驭，真也未可知……

个别人，甚至一伙人行为无状，因而扰乱国家的秩序，是事诚然有之；国民在重大问题上与政府分歧，从而扰乱一庞大帝国的若干政区，也时时而有。但依我对这类事情的看法，则两者的处理方式，无论从情理还是从策略上讲，都有极大的区别。把刑法的常规概念，运用于这场重大的社会纷争，依我看是浅陋的，是书呆子的作风……

我们的不幸在于：我们苦于眼前的大害之不暇，却以过度的精明、过分的敏锐预测着来事。……什么才能平息我们对和解会导致敌视之结果的无谓恐惧呢？臣民有不满，当轴者该让步，这样的事，天下就不能有一桩么？万事只有常，难道就不该有变么？权威不用绝，就会全部丧失？政府越铲除不满的根源，臣民就越是抗拒，越要造反，天下有这样的道理吗……

为把自己纳入一大帝国、以体会那虚假的显赫，却不惜付出人类的所有基本权利、所有内在的尊严，这代价，无乃也太高了。[1]

他的建议，也被打回。

三　大英第一帝国落幕

大陆会议代表一直在期盼英国方面的回应。有人心情灰暗："我们会被径直当作叛贼和仇敌对待。"另外一些人则预料英国国会会像推翻印花税和汤申税那样推翻各项强制法案，"只要我们为那些（在波士顿被倒在海里的）茶做出赔偿，并且承认英国议会的上级

1　埃德蒙·柏克：《论与美洲和解的演讲》，载《美洲三书》，第74—140页。

地位"。[1]

这可就是"俏媚眼做给瞎子看"了，英国的反应总的来说让乐观派们大失所望。在议会讨论中，有议员甚至引述了古罗马政治家加图对罗马死敌迦太基所发出的诅咒："迦太基必须被摧毁。"乔治三世已经下定决心，要保持高压态势直到殖民地屈服。乔治三世在 1774 年 11 月写信给诺思首相："新英格兰政府处在叛乱状态中。打击行动将决定他们究竟是这个国家的臣民还是独立出去。"[2]当时英军总司令盖奇向政府提出建议，干脆放弃 1774 年这些强制法令，乔治三世嗤之以鼻，认为荒谬之至。乔治三世认为，他的职责，是坚定政府的信心，在危机时刻，政策要贯始至终。过去几次对殖民地让步，最后换来的是殖民地进一步的要求。这一次，不行。

乐观派所寄予厚望的英国人民，也没有给政府施加什么像样的压力。乡村诸郡支持英国对美洲采取坚决行动，而伦敦、布里斯托尔诸城镇的主要要求是让政府采取措施，减轻由于美洲贸易中断而给本地工商业造成的困难。之前站在美洲一边的商人和工厂主因为担心殖民地居民会要求废除《航海条例》，"越来越同意，强制虽然令人遗憾，却是必要的"。1775 年夏天，柏克写道："我们指望商人是徒然的，他们远离了我们。"[3]

1775 年 4 月 18 日，一个偶然事件引起了战火，盖奇派遣大批英军偷袭马萨诸塞殖民地的军火库，"莱克星顿枪声"打响，几百

1　Jack N. Rakove, *The Beginnings of National Politics*, p.70.

2　P.D.G.Thomas, "George Ⅲ and the American Revolution," p.29.

3　R.C. 西蒙斯：《美国早期史——从殖民地建立到独立》，第 449 页。

名殖民地民兵与英军血洒疆场。马萨诸塞民兵蜂起，准备围攻英军驻守的波士顿。战争已经打响。消息传到英国，柏克沮丧地说道："完了。与美洲和解的希望，只怕是全完了。血已经流了，闸门开了。流到何时，流到哪里，怎么停下来，只有上帝知道。"[1]

　　震惊之下，当 1775 年 5 月第二次大陆会议召开时，大陆会议的代表们开始提出这么几个问题："我们应不应该召集一支军队，为可能出现的武装冲突做准备？我们的目标是什么，独立吗？还是仅仅恢复我们在历史上曾经享有的那些权利和自由？"

　　看到此劫，宾夕法尼亚的另一位代表，约翰·迪金森忧心忡忡。那一年，他 43 岁。看他的画像，脸颊修长但不消瘦，一个大鼻子，一副内敛、温和的表情，有一堆皱纹在他的眼皮底下，眼神看起来思虑重重。约翰·亚当斯第一次见到迪金森时便在日记里写道："迪金森先生是非常温和的人，他细腻、胆小。"

　　在这个表象下面，迪金森有一颗勇敢的灵魂，他柔弱的外表掩盖的是自制与深思熟虑。他出生在马里兰，是一位大种植园主的儿子。其家庭是虔诚的贵格教徒（贵格教以和平待人暨反战著称）。20 岁，他被送往伦敦中殿学院修习法律。当他回到北美，就在宾夕法尼亚执法律为业。1765 年，当印花税出台时，他是首批站出来严正抗议的人，之后他也力拒汤申税。他是富人，与不列颠争吵并不符合他的私人利益，也会使自己失掉不列颠权贵的眷顾。但是他认为"千金散尽还复来"，权利则并非如此。到了 1774 年，

1　繆哲：《译者引言》，载埃德蒙·柏克《美洲三书》，第 13 页。

他被认为是宾夕法尼亚殖民地抵抗运动的领袖。

在激烈抗议之余，迪金森并不将殖民地自绝于英国之外。他认为殖民地与英国的争吵只是一国内不同部分的意见纠纷。迪金森认为殖民地是英帝国整体的一部分。英帝国的体制，一向是其各个构成部分都享有一定权利。从历史出发，他承认英王和英国议会既有的权威。他主张英王有权废除任何法律，握有"政府的行政权威"，对"所有的司法审判"具有终审权。他主张议会有权协调帝国各部分之间的关系，"有序地管理和维护（帝国各部分之间的）联系"。但是，英王和英国议会只具有维持帝国基本联系的必要权力，对殖民地并不具有全权；殖民地议会对于其内部事务拥有全权。这是他据以抗议议会僭权的理由。

他也反对殖民地与母国分离，因为"如果我们一旦与我们的母国分离，我们采取什么新政府形式，或我们何时找到另一个不列颠弥补我们的损失？……这些殖民地的繁荣建立在它们依附于大不列颠的基础之上"。[1] 双方一味对抗并不是一个办法。

说实话，这个观点在不久之前还几乎是全体北美殖民地人民的共识。帝国的分裂，对不列颠与北美双方都会是一场灾难。对北美一方来说，姑且不论双方的血缘联系和历史渊源、双方的紧密经济依赖和人员往来，也不说贸然更改政府形制将会带来的动荡以及失去帝国保护、强敌环伺的危险，脱离英国就是脱离文明之根，

---

1 梁红光：《约翰·迪金森的帝国体制构想及其意义》，《历史教学（高校版）》2009 年第 8 期，第 51 页。

北美的艺术、哲学、法律思想一向都是从不列颠输入，不列颠也是北美子弟游学受教育的场所，无论于公于私，切断这份联系都等同自断手足。

当时即使是最激进的大陆会议代表，对于要骤然断绝与英国的联系，也是有感情冲突的。约翰·亚当斯当时写信给自己的妻子，说道："一想到我们可能会被迫采取悲伤的必要措施，即断绝我们和大不列颠的关系，更别提会因此带来的屠杀和毁灭，我就感到非常悲痛。"[1]

为了这个公益，就必须有一个大事化小、小事化了的妥协过程。何况殖民地人民也不是一点错处都找不到。本杰明·富兰克林之前在伦敦担任宾夕法尼亚等殖民地的代理人，他当时也认为，波士顿人毁坏东印度公司的茶叶并不是什么光彩的举动，他写信给激进派的朋友："尽管这件事情是一帮平民百姓干的，一般不可能找到他们，或者叫他们站出来说个明白，但是，对发生这件事的地区提出合理的赔偿要求也是说得过去的。"[2]他本人在1773年也对朋友如此说过："并不是朋友间的每一次侮辱都需要一场决斗，并不是国家间的每一次损害都需要一场战争，同样，在统治者和被统治者之间，政府的每一个错误和对权利的每一次侵犯也并不需要一场反叛。"[3]再说，"在美洲和英格兰，有一批重视、欣赏、热爱大一统帝国构想的开明人士们，他们认为利用人们的聪明智慧是会搞出使大家满

1　戴维·麦卡洛：《约翰·亚当斯》，第63页。
2　卡尔·范·多伦：《富兰克林》，第499—500页。
3　卡尔·范·多伦：《富兰克林》，第465—466页。

意的行政机制的。智慧是持久的，暴力只在一时"[1]。为了让这些人有足够的空间能够展开手脚，有时间来斡旋，殖民地这方也应该不要过于咄咄逼人，以便为妥协留下余地。简单地说，上述共识就是，帝国这艘大船是大家的，不能因为英王、英国议会这帮达官贵人不明事理地在船上凿了个洞，就把船也给拆了。

在不列颠咄咄逼人的攻势下，有相当多的人却已经越来越怀疑自己的这个立场是否还有意义。战火已经打响，要么痛苦地分裂，要么屈辱地屈从，该何去何从呢？其中就包括帝国统一的强烈拥护者富兰克林。他在伦敦最终被折腾得身心俱疲，对英王和议会失望透顶。1775 年当他回到美洲，他找到自己担任新泽西总督的儿子和自己的忘年交盖洛韦，告之应该做好与不列颠武装对抗的准备。他要求儿子辞去政府职务，要求盖洛韦继续做自己的助手。这两个人都拒绝了富兰克林的要求，最终成为效忠派。选择前者，就选择了革命，选择后者，在大环境下就成了效忠派。第二次大陆会议就是这么一个大分化的时期。

迪金森并没有丧失希望。他在大陆会议上，是意见领袖，能有力地影响一大批代表。用托马斯·杰斐逊的话来说，"（迪金森）他为人非常正直，也非常能干，就连那些不能对他的顾虑表示同情的人也对他十分迁就"[2]。5 月 23 日，他在大陆会议发言，提出要战和相济——既要做好战争的准备（迪金森本人也同意，和的

1   卡尔·范·多伦：《富兰克林》，第 504 页。
2   托马斯·杰斐逊：《杰斐逊选集》，朱曾汶译，商务印书馆，2011，第 41 页。

前提是要有战力，各殖民地纷纷组织本殖民地军队），也不要过早地放弃希望。大陆会议应该向英王再次请愿，并向不列颠派出一个得到授权的代表团，向其宣示殖民地是忠于王室和帝国的。他还觉得，为表诚意，不妨让步，再次承认不列颠议会有权规制帝国贸易。

大陆会议里面的激进人士，如弗吉尼亚的帕特里克·亨利，马萨诸塞的约翰·亚当斯，都不觉得这是一个好主意。他们反问：我们已经向英王一而再、再而三地提出了陈情，他们反馈的又是什么呢？再次让步，只能惹来他们对我们决心的轻视与更强硬的举措。

双方争执不下，两三天之后大陆会议内部再次达成了一个妥协——在准备军事斗争的时候，还是决定采纳迪金森的建议，准备同不列颠政府展开谈判（不过谈判的前提被规定为不从第一次大陆会议的立场上撤退），并再次向英王陈情（大陆会议让迪金森起草请愿书）。换句话说，这是一个姿态大于实质的动作。但有的时候，姿态也非常重要，只要对手能够了解姿态的含义。

请愿书还在起草时，富兰克林写信给自己在英国的朋友："现在需要大洋的你们这一边的伟大的智慧，来阻止完全分裂；我希望能在你们之中找到这种智慧。我们将再给你们一次机会来恢复我们的友谊并继续保持联系，恐怕这是最后一次机会了。"[1]

在此最后关口，强硬派人士自己心里也并不那么坚决。比如，

1　卡尔·范·多伦：《富兰克林》，545 页。

马萨诸塞在当时急需另组政府，以便同英王任命的英国总督（盖奇将军）分庭抗礼。但是以什么根据另组政府呢？是根据马萨诸塞殖民地原宪章，还是另外制定一部宪法？后者当然是革命性的做法，意味着同英王一刀两断。如果是前者，那就要和缓得多，殖民地宪章是得到英王认可的历史文献，在此基础上组织政府，是能体现出合法性的继承关系的。塞缪尔·亚当斯自己写信给自己的朋友，让他们少安毋躁，现在不要挑衅英国，取前法为当。

之后的一个月，几乎是在同一时刻，温和派与激进分子之间的脆弱平衡被战事打破。大陆会议方面，迫于时事需要，6 月 14日通过了一项决议，为共同防御起见，成立一支大陆军，乔治·华盛顿受命领军增援马萨诸塞民兵。英国方面，英军于 6 月 17 日大举进攻波士顿港口附近的邦克山，在付出惨痛代价后将马萨诸塞民兵赶下了山头。这是美英之间的第一次大规模战斗。

大陆会议里，激进分子开始讨论组成邦联，以及同欧洲列强接触以刺探他们的意见。就在这一年，法国也派出了一个名叫邦武卢瓦的特使来到费城，刺探大陆会议独立的决心。

迪金森反对这种做法，他仍然试图开启殖民地与帝国之间的谈判，他对英国公众仍抱有希望。7 月 8 日，大陆会议在迪金森的推动下，通过了要递给英王的请愿书。

托马斯·杰斐逊写信给自己在英国的朋友，谈起这封请愿书："我宁愿有适当限度地依附于大不列颠，而不愿附属于其他国家……但是，我也认为，与其屈服于英国议会为我们立法的权力（最近的经历表明议会在残酷地行使这种权力），毋宁尽我之力使整个岛沉入海底。"[1] 请注意这一段结尾那可怖的警告。

迪金森的这个希望并没有得到英国方面的配合，甚至也许都没有得到注意。6 月 10 日，乔治三世声称："我不由自主地相信，只要坚定、不屈不挠，美洲还是会屈服的。如果我们不这样做，在欧洲人眼中，老英格兰恐怕就不会那么令人敬畏了。"[2] 乔治三世还说道："美洲要么是英国的殖民地，要么就是它的敌人。在平等的基础上，母国遥控殖民地，对母国来说，比起完全没有联系，是更具有毁灭性的。"[3] 乔治三世日后还这样为自己的强硬政策辩护："如果我们允许帝国的任一部分脱离对母国的依赖，那么其他部分必然会追随这个先例。"[4] 这是一种"多米诺骨牌"理论。乔治三世认为如果放任北美独立，那么加勒比群岛上的英国殖民地会首先保不住，因为这些殖民地向来依赖北美供给食物与其他补给，而这些加勒比殖民地虽然小，但是出产丰富，是英格兰的重要财源。接下来就会是爱尔兰。这么猜疑其实也不无道理，富兰克林曾经到访过爱尔兰议会，而爱尔兰议会予以热情欢迎，许多爱尔兰人引北美人为同志。

英国议会在 8 月 23 日宣布 13 个殖民地都处于叛乱状态。10 月 26 日，乔治三世御驾亲临议会，发表演说。在演说中，这位国

1　小诺布尔·坎宁安：《杰斐逊传》，朱士清译，世界知识出版社，1992，第 45 页；吉尔贝·希纳尔：《杰斐逊评传》，郭健译，中国社会科学出版社，1987。第 61 页。根据两位译者的译文做了修正。

2　P.D.G.Thomas, "George Ⅲ and the American Revolution," pp.30-31.

3　P.D.G.Thomas, "George Ⅲ and the American Revolution," p.31.

4　Andrew Jackson O'Shaughnessy, "If Others Will Not Be Active, I Must Drive," "George Ⅲ and the American Revolution," p.21.

王对这些大陆会议的代表们不屑一顾，称他们是"绝望阴谋的始作俑者与煽动者……意图谋反建立独立帝国"，大陆会议发给他的"口是心非"的请愿不过让他发笑而已。他说，北美尽有忠贞之士，目前只是被暴虐势力打压而不敢发声，他宣称，已调拨陆军和海军，前往镇压叛乱，援助良民。[1]

上下议院随后热议，反对派做了最后努力。前首相罗金厄姆伯爵警告说，国王建议采取的措施势必带来凶险和毁灭性的后果，另一位前首相格拉夫顿公爵则说此前他一直相信，政府处理美洲事务时越强硬，事态越有可能向良性方面发展，但他错了，他受到了误导和欺骗。[2]查尔斯·詹姆斯·福克斯（当时被公认是一位年轻有为的政治家）则尖酸刻薄地说："查塔姆勋爵，普鲁士国王，不，亚历山大大帝，在一场战争中赢得的东西也没有可敬的诺斯勋爵失去的东西多——他失去了整个美洲大陆。"[3]可是，议会的多数已经听不进什么了，他们的主流意见体现在一位议员的发言中："容我提醒诸位……本国在历次战争中无往不胜。……他们岂能抵挡我国的雄师。"另一位议员则说："我们的雷霆之师必须出动，美洲必须征服。"[4]最终，镇压派在上下议院均获得压倒性胜利。爱德华·吉本，后世著名的历史学者，当时正在润色《罗马帝国衰亡史》

1　King's Speech to Parliament October 26, 1775, http://http-server.carleton.ca/~pking/docs/docs75.htm#8.

2　戴维·麦卡洛著：《1776：美国的诞生》，刘彤译，商务印书馆，2015，第 14 页。

3　戴维·麦卡洛著：《1776：美国的诞生》，第 20 页。

4　戴维·麦卡洛著：《1776：美国的诞生》，第 16、18 页。

的第一卷，他当时也在现场。他信心满满："征服美洲是一项伟大的事业。"[1]

12 月 22 日，英国议会颁布"禁止法"（Prohibitory Act），宣布对十三殖民地进行商业封锁，不准片帆出入殖民地海岸。

事后来看，不列颠对美洲民情的这种应对真是糟糕：迷信武力、政策僵化、不知变通。执政者从阴谋论的眼光出发，看不到美洲社会情势的复杂性。如果不列颠一方当时能稍稍放松压力，反抗运动内部就会发生分裂。

当时许多中、南部殖民地的上层人士发现普通的北方人谈的尽是平等和民主，令人不安。的确，有许多证据表明，这些北方人中有很多人"把独立等同于新英格兰原则的胜利，把新英格兰原则等同于共和主义，把共和主义等同于社会平等和一个谦恭服从的社会的终结"。[2]

就在 7 月 8 日大陆会议通过请愿书那天，约翰·亚当斯同迪金森吵了起来，迪金森愤怒地责问："亚当斯先生，究竟是什么原因使你们新英格兰人反对我们的和解办法？""你瞧，如果你们不赞成我们的和平计划，我和我们中的许多人就同你们这些新英格兰人一刀两断，然后以我们自己的方式开展抵抗运动。"[3]

可这个机会，不列颠没有抓住。

当托马斯·杰斐逊知道了不列颠的这一答复之后，他再度写

1 戴维·麦卡洛著：《1776：美国的诞生》，第 16、21 页。
2 R.C. 西蒙斯：《美国早期史——从殖民地建立到独立》，第 453 页。
3 David McCullough, *John Adams*, Simon & Schuster, 2001, p.57.

信给自己在英国的朋友。

> 对整个帝国来说，在这种时刻有一位这种素质的国王，实属不幸至极……在这次斗争的早期，我们曾多次向国王请愿，声明我们对他只有一个要求。这个忠告被置若罔闻，还向我们反咬一口。要毁掉他的帝国的前程，只有一条路可走。现在他们通过他们采取的措施把这条路强加于我们，好像他们生怕我们不走这条路似的。相信我的话，亲爱的先生，大英帝国没有一个人比我更真心诚意地赞成与大不列颠联合。但是我对天起誓，如果我同意按照英国议会提出的条件进行联合，我就不复是我了，在这一点上，我认为我说出了美国人的心声。我们不需要诱因，也不需要强力来宣布和维护独立。唯一需要的是意愿，而它在我们国王的抚育下正在迅速增强。……我们必须予以迎头痛击，让掌握王权的暴君知道我们并非奴才，会跪在他面前，吻他打算用来抽打我们的鞭子。[1]

到了1776年，"独立"这个词和这个概念不再是不可言说之物，人们开始考虑这件事的利弊成败。仅仅将这个概念纳入公共讨论的视野之中，其实就意味着重大的政治突破。许多大陆会议的代表开始感到，"虽然一个独立的国家并不是我们所希望的，但是却有可

---

1 托马斯·杰斐逊：《杰斐逊选集》，第355—356页。

能是我们和我们的同胞所面临的命运"[1]。这种念头所造就的政治势头有自我放大的功效，最终淹没了迪金森等人的和解努力。

这开始于 1776 年年初，当时英王演讲与"禁止法"的内容传到殖民地，所有的温和派顿时哑然。新年里，英军炮击了诺福克，大规模的战事蔓延开来。在一场政治博弈中，所谓的温和，总需要对方一定的善意回应，才有生存的空间。现在的局势是，英王的强硬迫使温和派要做出选择。不管之前谁对谁错，不列颠—殖民地关系的历史与现状又是如何复杂，现在的问题是，要么无条件地向英王宣示效忠，要么同自己家乡的人民站在一起武装抵抗。英王让复杂的形势简单化了，也迫使温和派做出简单的选择。迪金森选择了抵抗，而盖洛韦则投向了英王。

约翰·亚当斯日后叹道："（禁止法）将十三殖民地一起赶出皇家保护之外（尽管各殖民地在抵抗问题上态度迥异），不顾我们的恳请与乞求，迫使我们独立。独立之事实与其说是来自大陆议会的决议，不如说是英国议会，这对我们可能是件幸运的事。"简而言之，是英国议会的压力，硬生生地将强硬派与温和派挤压在一起。

对于约翰·迪金森及其同志来说，他们还有一个底线，那就是抵抗归抵抗，但不能宣布北美独立。他们的一个希望是，用逐步升级的抵抗向英王、英国议会和不列颠人民显示征服的代价，迫使他们回到谈判桌上，以战促和。一位温和派自述道："我一开始

---

1 Jack N. Rakove, *The Beginnings of National Politics*, p.90.

期待他们（英国）的正义，现在则寄希望于他们的恐惧。"[1] 尽管当时的北美已经事实上处于独立状态——政府被建立、军队被召集、赋税被收聚——但如果北美在名义上也宣布独立的话，在迪金森看来，就再无转圜的余地，战事绵延，就再无终止之日了。面对世界上最强大的帝国，北美诸殖民地即使最后能够获胜，代价必然惨重无比。更何况获胜之后呢？各殖民地又能达成什么样的政治安排以确保共存共荣？这些都还是未知之数。

实际上，到这个时候，迪金森确实也意识到，再要同英国复合，重归旧章已经不可能了。他的目标也是功利性的：尽可能减少战事的破坏程度，减少英国与北美分离所造成的痛苦。他认为，为了这个目的，就要缓缓前进，"广积粮，缓称王"，一方面等待北美各殖民地人民就独立达成共识（当时，中部殖民地如马里兰、特拉华、宾夕法尼亚、新泽西和纽约，南部殖民地如南卡罗来纳，要么事先指示其代表不要寻求独立，要么对独立与否不予置评），而不是单兵突进、自乱阵脚；另一方面采取低姿态等待不列颠社会的分化、自省，不让"北美人一开始的意图就是叛乱独立"的判断坐实。

激进派方面，却也没有狂飙突进。4月底，塞缪尔·亚当斯写信给自己的朋友："我们不能制造事端，我们的事业在于如何明智地利用它们。要安抚心怀疑问的盟友、增加他们的勇气，还有很多事情要做呢。要使诚实的人们在重大事务中做出一致的思索、决策，是需要时间的。人类倾向于受其感情而非理性支配。能够激

1　Jack N. Rakove, *The Beginnings of National Politics*, p.86.

发出这种感情的事件就会产生非常可观的效果。波士顿港口法案使得各殖民地瞬间联合起来，而这是我们反复讲道理、摆事实（为了公共安全必须联合起来）所做不到的。"[1] 换言之，激进派的重心也是放在劝说其他代表、人民跟上自己的步伐，而不是胁迫一致。正是因为这样，尽管激进派同温和派反复争论，却也没有挽起袖子单独干革命的打算。他们也确信，独立在此时，早已不是一种选择，而是一种必须，各殖民地人民是会认识到这点的。他们的耐心在四五月见了成效，佐治亚、北卡罗来纳和弗吉尼亚纷纷修改了自己给大陆代表的指示，撤回了英美和解的要求。

激进派不急于求成的另外一个主要原因是外部环境还晦暗不明。要独立就要有外部援助，可欧洲宫廷会做何反应呢？他们是否甘愿冒与英国作战的风险来援？北美殖民地可予的报答可并不多。来援之后也不是万事大吉。这些盟友可靠吗？他们会不会反客为主？会不会狮子大开口索要领土、收益？会不会中途受诱惑抛弃北美殖民地？

许多北美人也自问：要维持作战，他们就必须获得资源，要获得资源就必须恢复海外贸易，而要恢复贸易他们又必须得到对贸易的保护，要得到保护他们就必须得"与外国订约"。但是，"我们该以何种身份订约呢？""是英国的臣民呢还是英国的反叛者？如果我们自认是臣民的话，倘若我们向法国宫廷提出贸易的要求，他们对我们所提要求的注意岂会超过对布里斯托尔和利物浦所提

---

1 Jack N. Rakove, *The Beginnings of National Politics*, p.92.

要求的注意？当然不会。我们必须宣告自己为一个自由的民族。"[1]
换句话说，要获得外援，就必须获得如此行事的合法性，就必须独
立建国。

面对这外交中的两难境地，不由得大陆会议代表们不愁楚。
如果外部条件宽松，他们大概会一直踌躇下去。

在这里也要为欧洲列强说句公道话，法王虽然派出特使同大
陆会议勾勾搭搭，可也一直对大陆会议心存疑虑，担心大陆会议
中途背盟，同母国和解，留下法国单独承受英国的怒火。只有当
他们确定北美人没有同英国和解的打算和可能之后，他们才会实
际投入资源。换句话说，为了坚定法国的信心，争取法国的援助，
是需要北美人缴纳一份"投名状"的。

为了澄清局势，了解外部情形，大陆会议派出塞拉斯·迪恩
（Silas Deane）作为特使前往法国。

这个时候，一个消息传到了大陆会议代表耳中，不列颠开始
同德国一些邦国展开谈判，从这些国家收买雇佣军前往北美作战。
这表示英国继口头宣布平叛之后，实际也在动员大量人力投入战
争。更何况，不列颠出人出枪还可以说是兄弟阋于墙，现在牵涉外
国武力，就只能说明不列颠是把北美当敌国对待了。

5月10日，大陆会议终于授权各殖民地议会或大会另立宪法、
重组政府。比起召集一支军队同母国作战，这项举动更能显示大

1　转引自卡尔·贝克尔《论〈独立宣言〉：政治思想史研究》，彭刚译，江苏教育出版社，
2004，第83页。

陆会议离心离德的程度。大英帝国在北美的政治架构与存在的痕迹，开始被系统地抹去。尤其是宾夕法尼亚和马里兰两个殖民地，二者之前都是业主殖民地，根据殖民地宪法，业主及其附庸对这些殖民地都有较大政治影响。作为英国贵族后裔，业主们对独立一事自然踌躇万分。这两个殖民地因此成为独立最有力的反对者。有正常思维的人都知道，独立，兹事重大，是不能用多数压倒少数的方式来决定的，它需要举国齐心。现在，这个障碍终于被搬开了。

5 月 15 日，弗吉尼亚代表大会训令他们派往大陆会议的代表向会议提出动议——殖民地脱离英国独立。6 月 8 日，大陆会议就此动议进行了讨论。在温和派一方，是威尔逊、罗伯特·利文斯顿、拉特利奇和迪金森等人，他们做了最后一次努力，呼吁推迟宣布独立。他们的理由并没有变化，大致如下：

> 中部殖民地，如马里兰、宾夕法尼亚、新泽西、特拉华和纽约，都在召开或将要召开代表大会，讨论独立事宜。等它们的结论出来，再宣布独立与否不迟。否则的话，这些殖民地的大陆会议代表由于没有得到授权，就有可能会退出联合。可想而知，联合破裂会极大削弱北美人民整体的力量，这种损失是任何同外国的结盟都难以补偿的。何况，万一殖民地自己尚不能共处，外国列强要么拒绝与北美联盟，要么就会乘分裂北美的虚弱，提出更苛刻与不利的条件，从而成为北美人民的主宰。外国宫廷并不可靠。首先，法国人和西班牙人本身对北美也怀有戒心，担心其在美洲的属地日后会

丧失在一个独立的北美国家手中。其次，他们也很可能被英国人以领土为饵收买，共同分割北美。[1]

在激进派一方，则是约翰·亚当斯等人。他们的回答则大致如下：

> 这几个落后的殖民地，我们怀疑是故意为之，以便搭便车。荷兰革命当初也只有三个邦先站出来，这个历史证明少数殖民地不参加邦联并不像某些人担心的那样危险。只有发表独立宣言才能名正言顺地同欧洲国家交往。尽管法国和西班牙也许会对我们日后崛起怀有戒心，但他们更怕拥有北美的英国，因此，出于利害关系，他们会组织两种力量联合起来。如果它们拒绝援助我们，我们反正还是老样子，总比不试的好。[2]

大家争论了两天。6 月 10 日，大陆会议还是决定要审慎从事，等待中部殖民地代表大会的决定，把最后的决定日期推迟到 7 月 1 日。但是为了不耽误时间，就任命了一个委员会来起草一份独立宣言，委员会成员包括约翰·亚当斯、富兰克林、罗杰·谢尔曼、罗伯特·利文斯顿和杰斐逊。到 28 日，消息传来，除了纽约，其

---

1 托马斯·杰斐逊：《杰斐逊选集》，第 42—44 页。

2 托马斯·杰斐逊：《杰斐逊选集》，第 44—47 页。

他所有的中部殖民地代表大会都赞成独立。障碍被扫除了。

1776 年 7 月 1 日，天气又湿又热。约翰·汉考克作为会议主席宣布开会。憔悴、苍白的迪金森立即站起来发言。他知道自己已经变得相当不受欢迎，他也知道，这样出于原则坚持立场无异于结束自己的政治生命。"我预料，今天的行为将给予我曾经很高的声誉（现在已经很低了）以终结性的一击，但在我就这个话题展开辩论时，我认为，沉默就是罪过。"他还是反对独立，认为这就像"用纸做的小船冒险面对风暴"。他坐下时一片沉静，只有雨点敲打窗户的声音。没人说话，没人站起来回应他的发言。[1]

初步投票，新罕布什尔、康涅狄格、马萨诸塞、罗德岛、新泽西、马里兰、弗吉尼亚、北卡罗来纳和佐治亚投了赞成票，南卡罗来纳和宾夕法尼亚（四名反对，三名赞成）投反对票，特拉华的两名代表意见不一致，纽约则要求暂不参加投票。

这是一个决定美洲命运的时刻。虽然那九个投赞成票的殖民地代表了北美人民的大多数和主流政治意见，但是如果这四个殖民地的大陆会议代表坚持反对独立，那么联盟将就此分裂，至少也会遇到重大挫折。

在这个时刻，是迪金森挽救了局面。他和另外一名宾夕法尼亚代表罗伯特·莫里斯在第二天（7 月 2 日）投票的时候主动缺席，从而使得宾夕法尼亚殖民地以三名赞成两名反对的结果加入了赞成独立的阵营。没有了迪金森这位领袖和宾夕法尼亚的坚持，特拉

1　戴维·麦卡洛：《约翰·亚当斯》，第 94 页。

华和南卡来罗纳也就顺从了主流。纽约仍然弃权。

那天晚上，不知道迪金森是否同人达成了什么秘密协议，以自己的退出挽救了殖民地的政治团结。要战要和，他自然倾向于后者。不过，他也知道，战就要专心战，和就要专心和，在政治上切忌战和不定，自我分裂。他虽然不赞成激进者的政治意见，但对他们的爱国热情与人格，总持一份尊敬的态度。碍于自己的政治意见，他无法赞同独立，但他又不愿意反对，他只能缺席。

7月4日，《独立宣言》表决通过。约翰·迪金森随后参加了第一支前往保卫新泽西的部队，离开费城时就走在部队前面。他用行动表明，自己是当之无愧的爱国者。

美国历史学家卡尔·贝克尔日后这样解释杰斐逊在《独立宣言》中提出的理念：

> 我们并不臣服于国会。我们是一个自由的民族，我们的祖先依据人人都有的自然权利，移民到美洲的荒野，在那里他们冒着生命和财产的危险建立了新的社会，建立了适合他们的环境并合乎他们意愿的政府形式。我们有自己的立法机构来统治我们，正如我们英国的同胞们有他们自己的立法机构一样。他们的立法机构英国国会没有凌驾于我们之上的权力，有如我们的立法机构没有凌驾于他们之上的权力。我们在《独立宣言》中不提及国会，那是因为我们曾经通过臣服于帝国元首而自愿地缔结了这一联系。作为一个自由的民族我们承认我们忠诚于国王个人，因此我们自由地承担了与忠

诚相伴的义务，只是在这一意义上，我们才声称自己是国王的臣民，而且是他忠顺的臣民。但是这种对于国王的忠诚，在使我们尽自己所能以自己认为合宜的方式来支持帝国的同时，并没有给他以任何压迫我们的权利。如果我们要从帝国分离出来，那是因为国王企图如此压迫我们，而他以三番五次的侵权行为表明了他要使我们屈服于他的专断权力的决心。在宣告我们独立于国王时，我们并不是要切断由实在法和悠久的风俗习惯所裁可的一系列复杂而亲密的联系。相反，我们只是割断了自愿效忠于君主个人的单薄的金线。过去，作为一个自由的民族，我们曾经宣告要效忠于帝国的元首。现在，作为一个自由的民族，我们撤销这一效忠。我们以为这种撤销之为合理正当，不是出于我们作为英国臣民的权利，而是出于我们与所有人都共同拥有的不可离弃的那些自然权利。[1]

就这样，大英第一帝国落幕了。

---

1 卡尔·贝克尔：《论〈独立宣言〉：政治思想史研究》，第84—85页。

结语

美国革命是一次奇怪的革命。"在其他的革命中，人们拔剑出鞘是为了捍卫受到侵犯的自由，反抗那正在威胁着社会核心的压迫。"但很难说美国革命也是为了这个目的。北美的保皇主义者彼得·奥利弗（Peter Oliver）批评说："这是地球上从未有过的最胡闹和不自然的叛乱。"美国建国之父之一的埃德蒙·伦道夫也承认："（美国革命）没有直接的压迫因由，不是基于仓促的感情之上……（实际上）是理性的结果。"另一位建国之父约翰·迪金森说："（殖民地人民心中考虑的）不是某一措施实际上带来了什么弊端，是从事情的性质看可能带来什么弊端。"[1] 马萨诸塞律师兼政治家丹尼尔·莱昂纳多写道："当得知现时的烦恼出自议会为 1 磅茶减免了 1 先令税，而征收 3 便士税（1 先令在当时等于 12 便士），我们的

1　Gordon S. Wood, *The Creation of the American Republic: 1776-1787*, University of North Carolina Press, 1998, pp.3-5.

后代不会感到迷惑吗？"[1]

当独立战争于 1775 年打响时，也真是一场奇怪的战争。无论是英国人还是殖民者都对战争不太起劲。英国处在既想教训一下北美人，又不想把他们搞垮这种矛盾心理中，他们从来没有投入足够的兵力（连占领全部战略性港口都做不到）。北美殖民者一方的军事行动规模也表明他们没有完全致力于独立事业。殖民地人口在 1775 年达到 300 万，从理论上讲，殖民地军队可从约 30 万青壮年男子中选取志愿者。但事实上，大陆军从未超过 2.5 万人。绝大多数的殖民地男人，他们要么只是暂时性参战，要么根本不参与这场爱国运动。许多殖民者并不支持独立事业，战争结束的时候，有 5 万多效忠派跟随英军撤离，之后大概还有同等数量的人遭到流放。

那我们该怎么理解这场奇怪的革命和奇怪的战争？

要充分解释一件错事发生的原因，总可以有两个理由：人的愚蠢或时势的必然。我们已经在前文中看到了这两者的结合是怎样一刀一刀地斩断不列颠人与美洲殖民者之间长久建立起来的纽带。在这里，作为作者，我只想再重点强调其中的几点。

首先，与其说美洲革命是一场反抗暴政的起义，不如说这是一次"跳船"行动。美国史家贝林慧眼如炬，他指出，从根源上看，北美人之所以离心离德，原因在于他们对英国统治的不放心。再具体一点，就是英国国内政治的弊陋和腐败导致它丧失统治合法性。

1　尼尔·弗格森：《未曾发生的历史》，丁进译，江苏人民出版社，2001，第 53 页。

对腐化的指责，对失去自由的忧虑，在富兰克林和亚当斯等人的笔下回响，"德性"这个词被反复提到。将英国同罗马帝国的衰落进行类比几乎出现在每一个评论家的著作中。在美洲观察家的眼中，英国宪政既有的平衡正在被财富和贪婪腐蚀，肆无忌惮的政治腐败和民众的普遍堕落使他们惊骇不已。他们断言："腐败像一股来势凶猛的洪水，淹没了一切，并成为不列颠永久的国家耻辱。""如果自负、专断、自私以及贪污腐败的思想无时无刻都在不列颠朝臣中盛行……如果统治政策就是靠贿赂与腐败，那么国家的贸易与制造业就会被人们藐视并会遭到肆意践踏……那么人民在各个方面都将遭到压迫铁掌的残酷压榨。""奢侈、毫无阳刚之气以及贪赃枉法已经达到如此令人震惊的程度……在这种情况下我们还能期望从中能产生自由吗？"腐败，在他们看来，既是极端权力的伴随物，也将导向宪法的崩溃和民众的普遍奴役状态。

直到 1775 年，殖民地人士都确定自己处于一场由政治和社会腐败引发的宪法危机之中，这种危机心态极大影响了他们对英国诸项殖民地政策的判断。

在那些殖民地的睿智之士看来，阴霾渐浓，不列颠的自由之光业已渐渐熄灭，为了挽救自己，尽管水还没有浸到脚面，也必须从不列颠这艘正在沉没的大船上跳出来。诸殖民地将"由于腐败和随之而来的暴政所驱使，成为不远的未来人类自由的避难所"。

这样，美国革命就是 18 世纪不列颠国内政治的副产品，当时似乎出现了某种治理的失控与政治社会的崩坏。要追究这种失控与崩坏，又要回溯光荣革命之政治遗产——光荣革命建立了一个古典共和政府，这个政府的基础是阶级分权，而这种基于社会地位而非基于政治角色的分权并不足够稳固。如果说权力分立自然会引发权力之间的争执，那么当权力分立同阶级界限相一致时，这种争执就更加具有破坏性，更难妥协，更具有道德意味，而这一切，都对当时的政府权威构成了严重打击，从而使政府很难调解美洲的分离主义。

其次，这种没有明显物质理由的革命，才能更好地说明英美冲突的宪法性质。

大英帝国的国体与政体自相矛盾。在帝国的统治阶级看来，帝国是一个等级—附庸体系，不列颠是中心，而各殖民地构成边缘地带，一如在不列颠岛内，英格兰是中心，苏格兰、威尔士是边缘一样。即使在英格兰内部，又以东南部英格兰为核心，其他地方为边缘。中心—边缘的政治比重不一，强干弱枝。但是英国此时的政治已经模糊承认大众的政治参与与同意是统治合法性的来源之一，代议制政府成为合法统治的标配，国家施政将不得不考虑各地的特权与民意，不能徒以国家或集体需要压制之。在这种国体—政体中，不列颠的首脑地位是由历史承袭而来，但自治领的地方议会拥有政治代表的合法性，双方非要争个高下，实在是两败俱伤的事情。

我们至少可以说，帝国的正式制度和政治惯例，是不适应这个帝国的。它倾向于放大而不是消弭争论。简言之，大英帝国的治理结构，来自历史，是英美双方妥协的产物。但正是因为这种结构是隐性的，所以面对风浪和冲击，就显得很脆弱。一旦遇到地缘政治局势的变化和思想、政治、经济危机的冲击，在上者不能克制，在下者则惴惴不安。由于结构的不合法，虽然不存在实际的压迫，但总使人感到不安，害怕此次的让步成为将来被对方进一步剥削的先例，双方的关系就有失衡的倾向。换句话说，统治结构的不合法（尽管未必是不合理）有一种放大效应，放大了一般的争端。英美争端起因虽小，但英美双方对此争端背后的宪法意义了解得非常清楚。我们可以看到，在长达十多年的时间里面，双方一直在寻找一条帝国框架下满足彼此需要的合法出路，但他们没有找到。体制确实影响人。英王、内阁与议会实际上虽没有压迫北美的计划与野心，但是形格势禁，却不能让人放心。即使贤王在位，内阁和议会都没有什么真正的恶意，但北美的反抗，也不是纯然的误会，不可以用"历史的偶然"来概括。

最后，不列颠人的应对实在不当。尽管从国王到大臣未必存心为恶，但是他们的反应却不好，一是回避真正的政治问题，把美洲问题简单归结为一小撮人野心作祟，把政治冲突庸俗化；二是在冲突显性化之后，却又实施"边缘政策"，又把政治斗争"零和化"。那个时候的不列颠，从上到下的大多数人都没有意识到大英帝国正在步入一个新的时代，需要新的认识，需要新的制度框架，需要更开放的心胸和头脑。他们的心胸与头脑，被民族国家的框架限制，被自身的历史限制。

如果要说得更深一层，那么我们似乎可以得出一个结论：英式保守主义也颇误事。

20 世纪初，英国的保守党政治家休·塞西尔总结道，保守是英人的天性，"它部分产生于对未知事物的怀疑以及相应地对经验而不是理论论证的信赖……为什么要抛弃安全的已知事物而去追求可能有危险的未知事物呢？"[1]自托克维尔、哈耶克、亨廷顿以降，东西方许多思想家、历史学家、政治学家都盛赞英国人的这种稳健性格，认为英国人凭借其保守精神脚踏实地渐进改革，没有"理性的自负"，不做凭空的政治构建，不搞"乌托邦工程"，而以既有的权利、法治体制为依托逐步改良，一事一议，不轻行根本革新。治大国如烹小鲜，从而避免了法国那种"凌空蹈虚"的大革命，是善治的良例。

英国人的这种态度、做法，美国学者约翰·凯克斯视之为怀疑主义、多元主义、传统主义与悲观主义的结合[2]，又有后人归结为若干信条，比如，要尊重社会连续性，尊重历史经验（传统是千万人既往实践智慧的产物）；解决问题的途径是多靠经验和模仿，少靠创新；对理论应持怀疑态度（理论往往是"空洞的、抽象的、脱离实际的冥想"）；人易出错，为政应审慎；不追求完美。[3]这些信条当然都有道理，但是，当过度依赖这些信条时，很容易成为一种反改革的思路与修辞。[4]以美国独立这个例子来看，英式保守主义

---

1 转引自钱乘旦、陈晓律《在传统与变革之间——英国文化模式溯源》，浙江人民出版社，1991，第173—174页。

2 约翰·凯克斯：《为保守主义辩护》，应奇译，江苏人民出版社，2003，第1页。

3 刘军宁：《保守主义》，中国社会科学出版社，1998，第23—26页。

4 这些修辞较易以以下三个命题表现出来：悖谬命题——任何旨在改善政治、社会或经济秩序的行动都将恶化其希望救治的状况，甚或走向反面；无效命题——如果没有触动社会深层结构（往往不是政制），任何所谓的变革甚至革命都将是表面的，终将归于失败；危险命题——人们提议的变革尽管其本身可能是可欲的，但会损害上一次变革所带来的成果，具有重大危险。见阿尔伯特·赫希曼《反动的修辞：保守主义的三个命题》，王敏译，江苏人民出版社，2012，第2—4章。

者的应对就不能说没有问题，这揭示出英式保守主义的一个重大缺陷——当没有传统可供借鉴时，执政者就显得既没有政治想象力，也缺乏解决问题的决心。或者用朱学勤教授的评论来说，"他们（不列颠人）客观上创造了现代制度（光荣革命后），但主观上却停留在古代社会，自以为还在古代制度的改良状态中得过且过，故而才有经验主义与保守主义的长短叠加，无事不滋事，一旦有事却应对失据"[1]。

固然，美国独立运动始自英国政客背离旧帝国的模糊治理传统妄自行事，但即使没有发生这种事，英美之间还是存在某种结构性紧张，只待时机。当时处于列强争霸之世，很难说不列颠能够在多大程度上忍受诱惑不去动员美洲资源。况且，当事态爆发，欲重回旧章而不能（像柏克所呼吁的那样），这场危机就不是单纯因循守旧就能解决的。

我们可以观察到，1763 年以后，随着英美冲突危机的加深，解决问题的良方是承认并构建一个正式的多元化的帝国政制架构，这在不列颠的国家传统中并无所本，原来运行良好的保守主义无可依托，于是哑火。拖延改革的后果就是帝国的瓦解。

朱学勤先生在《道德理想国的覆灭》一书的末尾总结法国大革命的教训，其中提到先验与经验的关系，他虽然在书中极力批评法国革命的理想性格，但同时也提出"人类切不断历史，也离不开逻辑。对前者的尊重，构成经验主义的历史态度，对后者的探索，

1　朱学勤教授语，摘自笔者与朱学勤教授的来往邮件。

构成先验主义的理想追求。前者是长度，累计人类历史之渊源，后者是宽幅，测量人类自由意志之极限"[1]。理想的状态是，"前者做轮，后者为翼"。从这个角度来讲，法国人有翼无轮，而英国人是有轮无翼，只靠一条拐杖走路。

大英第一帝国因此消亡。

以上种种因素，共同锻造了一个机会、一个传奇。大多数民族从未有过自创政制的机会，而现在，这个机会向北美人开放了。托马斯·潘恩在《常识》中写道："天日所照，不曾有比这更有价值的理想。这不是一城、一乡、一省或一国之事，而是一个大陆之事——至少占可居地表八分之一之事。此事所关，不是一时、一年、一纪，而是为千秋子孙而争，后代多多少少都将受眼前此事影响，直到永远。"

帝国的消亡并不是问题的结束，无论是在不列颠，还是在美利坚，都继续面对着如何与异己相处共存的问题。

在北美一方，十三个各有历史、政治形态、文化和独立主权的前殖民地该有一个什么样的政治关系？这个答案，还要再等四年，才能大致尘埃落定。如果说帝国的消亡是"特殊"对"统一"的胜利，是边缘对中央的胜利，是地方社群对议会主权的胜利，是权利话语对历史习惯的胜利，那么现在各个邦国面临着新的问题：如何再造中央？如何再次创造一个政治共同体？固然，在战时，大

---

[1] 朱学勤：《道德理想国的覆灭——林卢梭到罗伯斯庇尔》，上海三联书店，1994，第307页。

陆会议行使着中央政府的权力（宣战、媾和、发行纸币、组建军队、办外交），但这可以说是战时的必需和例外，来自各邦的自愿配合。在和平时期，这种权力是不可能继续维持下去的。

　　当时，可能没有任何一个国家比起美国人来说更自觉矛盾，因为在战前，每一种反对中央集权的论据他们都用过，每一种对地方自由和自主的强调，他们都熟悉且同情。也许正因为是基于这种对矛盾的自觉（以及它们之中没有一个霸主的有利条件下），他们有了崭新的创造：他们拟定了世界上第一个刚性成文宪法，建立了一个独立的最高法院来解释宪法，尽管有人会说最高法院的司法审查权是事后才在马伯里诉麦迪逊一案中才被提出、实现的，但是在《联邦党人文集》第七十八篇即明确指出，"法院必须有宣布违反宪法明文规定的立法为无效之权"，这说明建国者们是有此打算的。建立强有力的总统制，其着眼点之一都在于使此政治共同体摆脱对一部分人的依附。查尔斯·比尔德在《美国宪法的经济观》中认为这是阶级考虑，但从效果上来看，这的的确确是对中央—边缘关系的卓越解答。由于这套体制的弹性，使得美利坚合众国可以不受地理限制，对外社会生殖，然后接纳一个又一个新州。

　　至于不列颠，1783 年 9 月，《巴黎和约》签订，不列颠丧失了它的第一个帝国。1783 年，奥地利皇帝约瑟夫二世宣布"英国已降为二流强国"，而英王乔治三世心灰意冷，有逊位之念。[1] 经此一

1　郭家宏：《从旧帝国到新帝国：1783—1815 年英帝国史纲要》，商务印书馆，2007，第 53 页。

役，它们又有些什么经验和教训呢？

　　帝国虽然解体，但是帝国的问题依旧存在。不列颠版图内还有爱尔兰、魁北克、西印度、东印度诸属地，由于美国革命的昭示，日益显现出不列颠与这些地方之间关系的"非法"状态。须知，"无代表不立法"口号的第一个提出者，可并不是北美诸殖民地，而是1649年的英属巴巴多斯（Barbados）殖民地。[1]美洲危机期间，英属牙买加殖民地通常和北美殖民地采取一样的立场，而爱尔兰的许多人私下里对北美赞不绝口。[2]这些大英帝国的属地都在纷纷要求帝国宪法必须体现帝国的多元性。

　　制定一个帝国宪法的政治困难一如既往地存在，但这个时候，不列颠恐怕已经认识到了对此置之不理的危险。不列颠的对策似乎可以归为三条：一是不再倡导移民垦殖，害怕重蹈北美覆辙。美国革命之后的重要政治人物谢尔本勋爵谈到殖民地时如此说道："在经历了北美所发生的事情后，再来考虑殖民地似乎有些发疯。"[3]我们可以观察到，从此之后，英国在全球的社会再生殖活动趋于停止。澳大利亚虽是例外，但这是英国人将澳大利亚视为流放地而不是殖民地的缘故。以后英国人在全球再获取什么地域要冲，再派遣过去的人则往往是少数行政官僚、军人和商人，与本地人相隔离，绝无在某地重建英国社会的念头了。

　　二是帝国中心在既有边缘事务上的主动全面退缩。在经济上，

1　Jack P. Greene, *The Constitutional Origins of the American Revolution*, p.132.

2　Jack P. Greene, *The Constitutional Origins of the American Revolution*, pp. 170-171.

3　郭家宏：《从旧帝国到新帝国：1783—1815年英帝国史纲要》，第59页。

放弃重商主义，不再限制殖民地的产业发展。1782 年谢尔本勋爵提出"我们的贸易优先于统治"，[1] 可以为这个政策做一个注脚；在政治上，不再强行要求政治成熟的殖民地（标志是有自己的议会）接受不列颠的立法。比如在加拿大的问题上，小威廉·皮特（1783—1801，1804—1806 年任英国首相）指出："应该避免出现类似以前发生的那样的误解，没有税收即意味着议会不再强行征收有关加拿大的税收……在这种情况下，税款的征收处置应该由他们自己的立法机关决定。"[2] 再比如，1783 年，英国议会接受并通过《撤销法案》，规定："爱尔兰人所要求的权利，仅受英王陛下和爱尔兰王国议会所制定的法律的限制。"[3]

三是在特殊情况下，以合并的方式解决政治联系问题。这体现在英格兰、苏格兰与爱尔兰的合并上。1800 年 6 月，英爱签订《合并法案》，1801 年 1 月 1 日，法案生效。爱尔兰向不列颠议会派出100 名下议院议员和 32 名上议院议员。

总的来说，这还是一套保守主义方略，只在帝国政策上做文章。纵观之后的历史，我们可以看到，尽管大英帝国表面上在全球继续高歌猛进，但就其实质来讲，却无复此前若干世纪的自由气魄。在帝国的领土上，英国人更多的是作为不列颠的分遣队而存在，高居于本土社会之上。这样，帝国的枯荣，完全取决于不列颠的兴盛衰亡，帝国本身，是没有力量自我完善与充实的。

1　郭家宏：《从旧帝国到新帝国：1783—1815 年英帝国史纲要》，第 56 页。

2　郭家宏：《从旧帝国到新帝国：1783—1815 年英帝国史纲要》，第 154 页。

3　郭家宏：《从旧帝国到新帝国：1783—1815 年英帝国史纲要》，第 237 页。

参考文献

英文文献

Arend Lijphart, *Democracy in Plural Societies: a Comparative Exploration*, New Haven: Yale University Press, 1977.

Basil William, *The Whig Supremacy, 1714-1760*, Oxford: Clarendon Press, 1962.

Betty Kemp, *King and Commons, 1660-1832*, London: Macmillan, 1957.

Brendan Simms, *The Rise and Fall of First British Empire, 1714-1783*, London: Penguin, 2008.

Bernard Bailyn, *The Ordeal of Thomas Hutchinson*, Cambridge: Harvard University Press, 1974.

Bernhard Knollenberg, *Growth of the American Revolution: 1766-1775*, New York: The Free Press, 1975.

Benjamin Franklin, "The Examination of Doctor Benjamin Franklin, Before an August Assembly, Relating to the Repeal of the Stamp-Act", New London : Timothy Green, 1766.

Donald L. Horowitz. *Ethnic Groups in Conflict*, California: University of California press, 1985.

Dennis B. Fradin, *Samuel Adams: the father of American Independence*, Oxford: Clarion Books, 1998.

Dora Mae Clark, *British Opinion and the American Revolution*, New York: Russell & Russell, 1966.

Edmund Sears Morgan, *Prologue To Revolution: Sources And Documents On The Stamp Act Crisis, 1764-1766*, North Carolia: The University of North Carolina Press, 1959.

Edmund S. Morgan and Helen M. Morgan, *The Stamp Act Crisis: Prologue to Revolution*, North Carolina: The University of North Carolina Press, 1995.

Frank O.Gorman, *The Long Eighteenth Century: British Political and Social History 1688-1832*, London: Bloomsbury Academic, 1997.

Gordon S. Wood, *The Americanization of Benjamin Franklin*, New York: The Penguin Press, 2004.

Gordon S. Wood, *The Creation of the American Republic: 1776-1787*. North Carolina: University of North Carolina Press, 1998.

George III, *The correspondence of King George the Third with Lord North from 1768 to 1783*, London: Volume 1, J. Murray publisher, 1867.

Hiller B. Zobel, *The Boston Massacre*, New York: W. W. North & Company, 1971.

Iain Hampsher -Monk, *The Political Philosophy of Edmund Burke*, London: Longman Group,1987.

John O. Beirne Ranelagh, *A Short History of Ireland*, Cambridge: Cambridge University Press,1994.

Jack P. Greene, *The Constitutional Origins of the American Revolution*, Cambridge: Cambridge University Press, 2011.

Jack P. Greene, J. R. Pole edit, *A Companion to the American Revolution*, Oxford: Blackwell Publishers Ltd, 2000.

John Kendle, *Federal Britain: A History*, London: Routledge, 1997.

J. Holland Rose, A. P. Newton and E. A. Benians ed, *The Cambridge History of the British Empire,* Vol.1, Cambridge: the Syndics of Cambridge University Press, 1960.

John Phillip Reid, *Constitutional History of the American Revolution*, Vol. IV, *The Authority of Law*, Wisconsion: The University of Wisconsin Press, 2003.

Jane E. Calvert. *Quaker Constitutionalism and the Political Thoughts of John Dickinson*. Cambridge: Cambridge University Press, 2008.

James Kirby Martin, *Men In Rebellion*, New York: The Free Press, 1976.

John Adams, *The works of John Adams, second President of the United States*. Vol. 10, Boston: Little Brown and Company, 1856.

John C. Miller, *Sam Adams. Pioneer in Propaganda*. Stanford, CA: Stanford University Press, 1936.

Josiah Quincy, *Memoir of the life of Josiah Quincy, jun., of Massachusetts*, Boston: Cummings, Hilliard, & Company, 1825.

Jeremy Black, *Pitt the Elder*. Cambridge: Cambridge University Press, 1992.

James E. Bradley, *Popular Politics and the American Revolution in England: Petitions, the Crown and Public Opinion*, Macon, GA: Mercer University Press, 1986.

Jack N. Rakove, *The beginnings of national politics*, New York: Random House USA Inc, 1988.

John Adams, *Diary and Autobiography,* L. H. Butterfield, ed., Cambridge: Belknap Press, 1961.

John Sainsbury, *Disaffected Patriots, London Supporters of Revolutionary America 1769-1782*, Montreal: McGill-Queen University Press, 1987.

Lawrence A. Harper, *English Navigation Laws: A Seventeenth-Century Experiment in Social Engineering*, New York: Columbia University Press, 1939.

Ann Ward, Lee Ward ed., *The Ashgate Research Companion to Federalism*, Burlington, VT: Ashgate Publishing Company, 2009.

Labaree, Benjamin Woods, *The Boston Tea Party*, Boston: Northeastern University Press, 1979.

MartinKallich, Andrew MacLeish ed., *The American Revolution Through British Eyes*, Illinois: Row, Peterson and Company, 1962.

Michael Hechter, *Internal Colonialism: The Celtic Fringe in British National Development*, London: Rutledge and Kegan Paul. 1975.

Milica Zarkovic Bookman, *The Economics of Secession*, New York: St. Martin's Press, 1993.

MichaelHechter, *Containing Nationalism*, Oxford: Oxford University Press, 2000.

M. Forsyth, *Unions of States: The Theory and Practice of Confederation*, Leicester: Leicester University Press, 1981.

Michael Lynch, *The Oxford Companion to Scottish History*, Oxford: Oxford University Press, 2001.

Pauline Maier, *The old Revolutionaries: Political Lives in the Age of Samuel Adams*, New York: Random House, 1980.

Robert W. Tucker, David C. Hendrickson, *The Fall of the First British Empire: Origins of the War of American Independence*, Baltimor: John Hopkins University Press, 1982.

Rosalind Mitchison, *Lordship to Patronage: Scotland, 1603-1745*, London: Edward Arnold Ltd, 1983.

R. Mitchison,ed., *Why Scottish History Matters*. Edinburgh: Saltire Society, 1991.

Robert J. Allison, *The Boston Massacre*, Commonwealth Editions ,2006.

Ted Robert Gurr, *Minority at Risk, A Global View of Ethnopolitical Conflicts*, Washington, DC: United States Institute of Peace Press, 1993.

Ted Robert Gurr, Barbara Harff, *Ethnic Conflict in World Politics*, Boulder, CO: Westview Press, 1994.

Thomas Hutchinson, *The history of the province of Massachusetts Bay: from 1749 to 1774*, London: John Murray, 1828.

Wolf Linder, *Swiss Democracy: Possible Solutions to Conflict in Multicultural Societies.*, London: Palgrave Macmillan, 2000.

中文文献

赵一凡编：《美国的历史文献》，生活·读书·新知三联书店，1989。

李剑鸣：《美国的奠基时代》，中国人民大学出版社，2011。

里亚·格林菲尔德：《民族主义：走向现代的五条道路》，王春华等译，上海三联书店，2010。

乔治·特勒味连：《美国革命史》，陈建民译，安徽人民出版社，2013。

屈勒味林：《英国史》下册，钱端升译，中国社会科学出版社，2012。

斯坦利·L.恩格尔曼，罗伯特·E.高尔曼主编：《剑桥美国经济史》第一卷，高德步等译，中国人民大学出版社，2008。

查尔斯·A.比尔德，玛丽·R.比尔德：《美国文明的兴起》上卷，许亚芬译，商务印书馆，2010。

加里·纳什等：《美国人民：创建一个国家和一种社会》上卷，刘德斌译，北京大学出版社，2008。

伯纳德·贝林：《美国革命的思想意识渊源》，涂永前译，中国政法大学出版社，2007。

阎照祥：《英国政治思想史》，人民出版社，2010。

阎照祥：《英国贵族史》，人民出版社，2000。

阎照祥：《英国政治制度史》，人民出版社，1999。

阎照祥：《英国政党政治史》，中国社会科学出版社，1993。

塞谬尔·E.芬纳：《统治史》第三卷，王震译，华东师范大学出版社，2014。

中央编译局编：《马克思恩格斯全集》第十六卷，人民出版社，1964。

艾德蒙·柯蒂斯：《爱尔兰史》下册，江苏人民出版社，1974。

陈日华：《中古英格兰地方自治研究》，南京大学出版社，2011。

沃尔特·白芝浩：《英国宪法》，夏彦才译，商务印书馆，2005。

戴雪：《英宪精义》，雷宾南译，中国法制出版社，2001。

彭献成：《英国政体与官制史》，湖南师范大学出版社，1999。

埃德蒙·柏克：《美洲三书》，缪哲译，商务印书馆，2003。

郭家宏：《从旧帝国到新帝国：1783—1815 年的英帝国史纲要》，商务印书馆，2007。

赵鼎新：《社会与政治运动讲义》，社会科学文献出版社，2006。

福克纳：《美国经济史》，王锟译，商务印书馆，1989。

杰里米·阿塔克，彼得·帕塞尔：《新美国经济史：从殖民地时期到 1940 年》，罗涛等译，中国社会科学出版社，2000。

约瑟夫·J. 埃利斯：《.那一代——可敬的开国元勋》，邓海平等译，中国社会科学出版社，2003。

亚当·斯密：《国民财富的性质和原因的研究》下卷，郭大力等译，商务印书馆，1974。

莱斯利·贝瑟尔主编：《剑桥拉丁美洲史》第二卷，经济管理出版社，1997。

莱斯利·贝瑟尔主编：《剑桥拉丁美洲史》第一卷，经济管理出版社，1995。

许海山主编：《美洲历史》，线装书局，2006。

杰拉尔德·冈德森：《美国经济史新编》，杨宇光等译，商务印书馆，1994。

约翰·麦克里兰：《西方政治思想史》，彭淮栋译，海南出版社，2003。

丹尼尔·希罗：《为什么不杀光？种族大屠杀的反思》，薛绚译，生活·读书·新知三联书店，2012。

黄维民：《奥斯曼帝国》，三秦出版社，2000。

马克·布洛赫：《封建社会》下卷，张绪山译，商务印书馆，2004。

埃·邦儒尔等：《瑞士简史》，南京大学历史系编译组译，江苏人民出版社，1974。

莫里斯·布罗尔：《荷兰史》，郑克鲁等译，商务印书馆，1974。

亨德里克·威廉·房龙：《荷兰共和国兴衰史》，施诚译，河北教育出版社，2002。

张千帆：《宪法学导论》，法律出版社，2003。

尼尔·弗格森《帝国》，雨珂译，中信出版社，2011。

尼尔·弗格森：《未曾发生的历史》，丁进译，江苏人民出版社，2001。

R. C. 西蒙斯：《美国早期史——从殖民地建立到独立》，朱绛等译，商务印书馆，1994。

卡尔·范·多伦：《富兰克林》，牛伟宏译，中国社会科学出版社，1993.

戈登·S. 伍德：《美国革命的激进主义》，傅国英译，北京大学出版社，1997。

戴维·罗伯兹：《英国史：1688 年至今》，鲁光桓译，中山大学出版社，1990。

丘吉尔：《英语国家史略》下册，薛力敏等译，新华出版社，1985。

查尔斯·蒂利：《社会运动：1768—2004》，胡位钧译，上海人民出版社，2009。

托马斯·潘恩：《常识》，何实译，华夏出版社，2004。

戴维·麦卡洛：《约翰·亚当斯》，袁原等译，中国社会科学出版社，2003。

安德鲁·兰伯特：《风帆时代的海上战争》，郑振清等译，上海人民出版社，2005。

托马斯·杰斐逊：《杰斐逊集》，刘祚昌等译，上海三联书店，1993。

托马斯·杰斐逊：《杰斐逊选集》，朱曾汶译，商务印书馆，2011。

古德温编：《新编剑桥世界近代史：美国革命与德国革命》，中国社会科学院世界历史研究所组译，中国社会科学出版社，1999。

富兰克林：《富兰克林自传》，姚善友译，生活·读书·新知三联书店，1985。

大卫·阿米蒂奇：《独立宣言：一种全球史》，孙岳译，商务印书馆，2014。

包斯威尔：《约翰逊传》，罗珞珈等译，中国社会科学出版社，2004。

苏珊·邓恩：《姊妹革命：美国革命与法国革命启示录》，杨小刚译，上海文艺出版社，2003。

卡尔·贝克尔：《论〈独立宣言〉：政治思想史研究》，彭刚译，江苏教育出版社，2004。

一頁 folio

始于一页，抵达世界

Humanities · History · Literature · Arts

出品人　范　新

版权总监　吴攀君

印制总监　刘玲玲

营销总监　张延　戴翔

装帧设计　陈威伸

内文制作　燕　红

Folio (Beijing) Culture & Media Co., Ltd.

Bldg. 16C, Jingyuan Art Center,

Chaoyang, Beijing, China 100124

一頁 folio
微信公众号

官方微博：@一頁 folio ｜ 官方豆瓣：一頁 folio ｜ 联系我们：rights@foliobook.com.cn